Dieter Kreutzkamp, Jahrgang 1946, hat auf ausgedehnten Weltreisen mit Auto, Motorrad, Fahrrad, Kanu, Schlittenhunden oder Pferden fast jeden Winkel dieser Erde kennen gelernt. Zusammen mit seiner Frau und später auch mit Tochter Bettina ist er auf ungewöhnlichen Pfaden gereist. Er hat nicht nur ein Faible für die Länder des Polarkreises, besonders Namibia und das südliche Afrika haben es ihm angetan. Dieter Kreutzkamp berichtete in Zeitschriften und Reisemagazinen über seine Erlebnisse und veröffentlichte zahlreiche Reisebücher und Reiseführer.

Weitere Titel von Dieter Kreutzkamp:
Am schönsten Ende der Welt – Neuseeland
Husky Trail
Mit dem Kanu durch Kanada
Traumzeit Australien
Yukon River

ANGOLA
Katima Mulilo
ANGOLA
Caprivi
Victoriafälle
Kunene River
Oshakati
Skelett-küstenpark
Etosha-Pfanne
Etosha-Nationalpark
Otjikoto-See
Sesfontein
Tsumeb
Tsumkwe
Namib
Otavi
Grootfontein
Huab R.
Outjo
Waterberg
Otjiwarongo
Twyfelfontein
Khorixas
Ugab R.
White Lady
Uis
Omaruru
Brandberg
Usakos
Karibib
Spitzkoppe
Okahandja
Gobabis
Windhoek
Swakop R.
Swakopmund
Auasberge
Walvis Bay
Kuiseb R.
Rehoboth
Namib-Naukluft-Park
Tsauchab R.
Atlantischer Ozean
BOTSWANA
Mariental
Gibeon
Schloss Duwisib
Namib
Koichab R.
Aus
Keetmanns-hoop
Lüderitz
Kolmanskuppe
Huib-Hochplateau
Seeheim
Karasberge
Diamanten-sperrgebiet
Hunsberge
Fish River Canyon
Ai-Ais
SÜDAFRIKA
N
Oranjemund
Orange River
Augrabies-Fälle
Noordoewer
0
100
200 km

DIETER KREUTZKAMP

SPURENSUCHE IN NAMIBIA

Auf Entdeckungsfahrt

NATIONAL GEOGRAPHIC

Ein Buch der Partner
Goldmann und National Geographic Deutschland

Sämtliche Fotos
stammen vom Autor Dieter Kreutzkamp.

SO SPANNEND WIE DIE WELT.

Dieses Werk erscheint in der Taschenbuchreihe
NATIONAL GEOGRAPHIC ADVENTURE PRESS
im Goldmann Verlag, München.

1. Auflage April 2003, Originalausgabe
NATIONAL GEOGRAPHIC ADVENTURE PRESS
im Goldmann Verlag, München,
in der Verlagsgruppe Random House GmbH

Lektorat: Daniela Weise, München
Karte: Margret Prietzsch, Gröbenzell
Umschlaggestaltung: Atelier Seidel, Neuötting
Herstellung: Sebastian Strohmaier, München
Satz: DTP im Verlag
Druck und Bindung: Clausen & Bosse, Leck
ISBN 3-442-71202-5
www.goldmann-verlag.de
Printed in Germany

Das Papier wurde aus chlorfrei gebleichtem Zellstoff hergestellt.

Inhalt

Momentaufnahme

Die klare Luft lag wie ein herbes Parfüm über der Stadt. Sie stieg in die Nase, kribbelte im Hals. Das dralle Ovambo-Mädchen hatte sich zum Schutz vor der Sonne unter einen bunten Sonnenschirm verkrochen. Es kicherte in sich hinein, während seine Hand ein Tuch mit blaurotem Karomuster über die Schnitzereien fliegen ließ, die, akkurat aufgereiht wie die 7000-köpfige Terrakotta-Armee des chinesischen Kaisers Huangdi, auf ihren Einsatz warteten. Nur dass die Soldaten hier Nilpferde, Nashörner und Elefanten waren und nicht aus Ton, sondern aus bleischwerem Hartholz. Unendlich langsam gewachsen in der Savanne, in der Zeit nur ein Maßstab derer zu sein scheint, die keine haben. Alle warteten sie, säuberlich in Reih und Glied, auf die Käufer, die dann und wann stehen blieben, um die Divisionen mit abschätzendem Blick zu mustern.

Manche der Dickhäuter trugen blendend weiße Stoßzähne, andere hatten ihre Rüssel, wie um die Herde zu warnen, erregt zum Himmel geschleudert. Mir war, trotz der Stimmen der Menschen hier, als hörte ich ihr Trompeten, den klagenden Ruf der Herde, die die seit Generationen begangenen Fährten in dieser eng werdenden Welt nicht mehr erkannte.

Diese Tiere aber strahlten Ruhe aus. Es war eine paradiesisch friedliche Koalition von Dickhäutern, Kudus, Nashörnern, Warzenschweinen, Springböcken und Flusspferden, die alle eines verband: Sie waren gerade mal zehn Zentimeter lang und fünf Zentimeter hoch.

Das ebenholzfarbene Mädchen mit den halbmeterlangen Zöpfen schlug mit dem Lappen gegen seine drollige Stupsnase, um die eine freche Fliege summte, lachte keck dem Burschen neben ihr zu und griff zu der schlanken, schwarzbraun gefleckten Giraffe, die die anderen Tiere um Haupteslänge überragte. Sie zögerte, setzte die Giraffe ab, nahm die filigrane Impala-Antilope, auf deren Rücken der Künstler eine kleine Tischplatte, gerade mal groß genug für eine Tasse Tee, modelliert hatte, und begann diese mit Inbrunst auf Hochglanz zu polieren. Ein ums andere Mal tunkte sie den Zeigefinger in Schuhwichse, um den Farben der Natur auf die Sprünge zu helfen.

Der Zeiger der Uhr am Eingang der Post Street Mall zeigte auf ein Uhr Mittag.

Ein drahtiger Bursche, kaum älter als 18 Jahre, erwachte am Straßenrand aus seinem mittäglichen Energiesparmodus, als die Fremden an den Souvenirständen vorbei auf ihn zukamen.

»Allgemeine Zeitung«, gurrte er, zufrieden darüber, die Besucher mit dem Instinkt des Profis als »from Germany!« taxiert zu haben. Dann ein Zögern … Unsicherheit. Lächelnd waren die Fremden vorübergegangen.

Hatte ihn seine Menschenkenntnis im Stich gelassen?

»Deutschland?«, fragte er, setzte nach: »Germany?« Schon war er an ihrer Seite. Seine Hand wühlte in dem Wust von Papier über seinem Arm. Keck wedelte er mit »The Namibian«, dann mit der dritten Zeitung: »Die Republikein«, dem Blatt in Afrikaans. Doch dies war kein Tag fürs große Geschäft.

Um den rollenden Kiosk auf der gegenüberliegenden Seite der Independence Avenue tönte ein musikalischer Cocktail der Siebzigerjahre, nur gelegentlich durch das Summen und Brummen von VW-Bussen und schweren Toyota-Geländewagen unterbrochen, die ihre gegen Kudus mit Rammschutz gepanzerten Kühler wie Flaggschiffe gleichsam drohend die breite Hauptstraße der Metropole hinunterschoben.

»Ganz in weiß ...«, dröhnte es. Ich traute meinen Ohren nicht. Originalsound von Roy Black! Als hätte es das Festival der deutschen Schlagermusik unter den blauen Himmel Afrikas verschlagen. Die ungeteilte Aufmerksamkeit der adretten schwarzen Büroangestellten vor dem Kiosk aber galt der Bratwurst in ihrer Hand.

Lust auf Konversation? Bitte. Gleich gegenüber beim deutschstämmigen Apotheker, der seine Kunden freundlich und auf deutsch in der Luisen-Apotheke bediente. Derselben Sprache, die man auch nebenan in den bestens mit afrikanischer Kunst bestückten Souvenirläden sprach. Es war die Sprache, die auch im »Bücherkeller« summte, ein paar Straßenblöcke weiter, selbst wenn der Klassiker der Buchläden als Zugeständnis an die Veränderungen der Zeit im Untertitel als »Book Cellar« firmierte. Der schwarze Taxifahrer erzählte mir auf Deutsch von seinen Jugendjahren in Rehoboth und davon, wie ein Friedrich Müller aus dem Thüringischen vor 100 Jahren bei seinem Klan in Erscheinung trat und seine Urgroßmutter heiratete. So kam Taxifahrer Henny Muller zu Stammbaum und Namen. Nur die ü-Pünktchen blieben im Lauf der Zeit auf der Strecke.

Der Himmel über der Stadt war blau, abgrundtief, und ließ den Blick scheinbar bis ins Universum reichen. Das Licht der Sonne reflektierte von den Scheiben der Häuser entlang der Independence Avenue. Glückliche Stadt, ging es einem in solchen Momenten durch den Kopf. Die üppigen Auslagen in den Schaufenstern waren die Messlatte eines für Afrika durchaus nicht selbstverständlichen Wohlstandes und Selbstbewusstseins.

Nebenan auf dem sattgrünen Rasen im Citypark hatten sich ein paar Dutzend Büroangestellte – es mochten Herero sein – zum Lunch niedergelassen, adrette junge Frauen in weißen Blusen, mit sorgfältig frisierten Haaren. Ein junger dunkelhäutiger Mann im grauen Anzug, das Jackett neben sich gelegt, die Ärmel des blau gestreiften Hemdes sorgfältig aufgekrempelt, gab sich dem Genuss von Eisbein mit Sauerkraut hin, einem Takeaway von gegenüber, aus dem Café Schneider.

Diese Stadt war irgendwie anders, sympathisch anders. Auch wenn die Kaiserstraße schon vor Jahren zur Independence Avenue wurde. Oder gerade deswegen?

Vor gut 5000 Jahren pirschten sich in dieser Gegend Jäger an Elefanten heran, um ihre scharfkantigen, steinernen Speerspitzen in deren Körper zu schleudern.

Sand bedeckte die verblichenen Schädel jener Dickhäuter, als fast fünf Jahrtausende später die Nama auf der Bildfläche erschienen, um hier eine Niederlassung zu gründen. Wenig später tauchte eine Schutztruppe auf, die den Auftrag hatte, die kolonialen Interessen eines fernen Kaisers zu schützen. Die Spuren jener Schutztruppe sind längst vom Winde verweht. Jenem Wind, der manchmal auch den Staub der Vororte bis zur blank geputzten Independence Avenue trägt. Vororte mit Namen wie Katutura oder Wanaheda. Die Gesichter dort sind durchgängig schwarz. Mit lebenshungrigen, bisweilen lebensgierigen Augen.

Windhoek liegt in Afrika. Was man bei einem Bummel entlang der Independence Avenue manchmal vergisst.

Rückblende:
Erste Begegnung mit Afrika

Vater war zornig. Mutter traurig. Über beide hatte ich burschikos hinweggesehen, denn ich hatte nur das Ziel vor Augen. Vielleicht war ich ein wenig zu barsch gewesen. Aber wie soll man sonst je loskommen, wenn der Absprung schwer und die eigene Messlatte hoch gehängt ist …

Ich konnte sehr wohl die Enttäuschung meiner Eltern verstehen.

»Aufgeben, alles nur fürs Abenteuer?«

Was heißt »nur«?

Mein Ziel war der lange, staubige Weg durch Afrika, an dessen Ende ein kleines, provinziell anmutendes Städtchen lag: Windhoek.

35 000 Kilometer Straßenabenteuer lagen hinter uns, als ich den VW-Bulli bei Noordoewer über den Orange River lenkte und damit die Grenze zwischen Südafrika und Namibia überquerte. Nur eine formale Grenze zu jener Zeit ohne nennenswerte Abfertigungsmaßnahmen. Die Landschaft hatte sich zwischen Kapstadt und hier kaum verändert, die Gesichter in ihrer breiten Palette unterschieden sich kaum von denen drüben, die Bräuche glichen sich, auch bei denjenigen mit weißer Haut.

Man hatte mir gesagt, in »Südwest« werde das Bier nach deutschem Reinheitsgebot gebraut und stehe einem Dortmunder Pils in nichts nach. Ich wollte das demnächst überprüfen.

Damals schien es mir, als sei hier vieles entspannter als in Südafrika. Sicher, die Apartheid gab es hier wie dort, doch in Südafrika trug sie oft fratzenhafte Züge.

»Als ich in Louis Trichardt den Supermarkt betrat, standen da acht schwarze Frauen vor mir und warteten darauf, vom Shopkeeper bedient zu werden.« Juliana hatte Zornfalten im Gesicht gehabt, als sie das erzählte. »Doch der winkte nur über die Köpfe der Frauen und fragte mich, die letzte, die mit der weißen Haut, was ich wünschte.«

»Und du? Was hast du ihm gesagt?«

»Ich habe auf dem Absatz kehrtgemacht und den Laden verlassen.«

In Namibia hatte die Apartheid ein weniger grimmiges Gesicht, wenngleich es sie auch gab.

Wir waren auf der Nord-Süd-Achse der Straße B 1 mit unserem VW-Bulli nach Norden gerollt. Die Fahrbahn stieg an, kletterte aus der tiefen Furche des Orange River höher und höher. »Es geht aufs Dach Afrikas«, sagte ich zu Juliana. Zerborstenes Land, von der Erosion zertrümmert. Felsbrocken und Steine bedeckten den sandigen Boden, auf dem sich eine dürftige Grasnarbe einer sengenden Sonne ausgesetzt sah. Und nicht nur dieser. Die hungrigen Mäuler und die trippelnden Hufe der Karakulschafe gaben dem Gras und dem fragilen Boden den Rest.

»Hinter Asab rechts nach Osten hin abbiegen.« Juliana beugte sich über die wie handgezeichnet wirkende Karte, über die ein breiter Pinsel mit brauner, gelber und grüner Wasserfarbe hinweggewischt zu sein schien. Jetzt sah sie auf.

Im Westen tauchte die Sonne in den Staubgürtel über der Namib. Von Minute zu Minute glomm sie feuriger, und als sie den Horizont berührte, waren Himmel und Erde in einer rot verlaufenden Feuermasse verschmolzen. So muss am Schöpfungstag das Bild der Erde gewesen sein.

»Um ein Haar ...!« Ich stand auf der Bremse. Aber nicht mehr rechtzeitig. Was man im Auto nicht einmal als Ruck gespürt hatte, war für die gut eineinhalb Meter lange Puffotter der Todesstoß. Zusammengekringelt lag sie im weichen Sand, den die Fahrzeuge auf der Pad, dieser Farm- und Hinterlandstraße, aufgewirbelt hatten.

Wir folgten den reliefartigen Fahrspuren, die sich im letzten Abendlicht wie Mini-Kordilleren in West-Ost-Richtung schlängelten. Dabei waren die Grate und Hänge, modelliert durch das grobe Profil von Pickup-Truck- und Geländewagenreifen, gerade mal drei, vier Zentimeter hoch.

Wenige Minuten später befanden wir uns vor dem Wahrzeichen Südwestafrikas. »Vinger van god« stand auf meiner Karte. Wie ein mahnender Zeigefinger Gottes erhob sich der rotbraune, schlanke Felsstachel zwölf Meter über das Buschland, mit einem gut vier Meter breiten Kopf am oberen Ende. An diesem Abend erschien mir der »Finger Gottes« – »Mukorob« in der Sprache der Einheimischen – wie eine Siegessäule, deren Spitze rot verglühte.

Siegessäule? Sieg über wen? Warum gingen mir beim Anblick vom »Finger Gottes«, dem damals auf allen Landkarten, Prospekten und Reiseführern abgebildeten Felsen, Gedanken an Sieg und, auf der anderen Seite, an Unterwerfung durch den Kopf?

Wir parkten unseren Bulli unweit dieses Wahrzeichens. Ich setzte mich in die geöffnete Tür und atmete das Bild ein.

Es war das erste und letzte Mal, dass ich den »Finger Gottes« sah. Er stürzte Jahre später ein. Die »Siegessäule« und der Felskopf fielen als Folge eines weit entfernten Erdbebens. Es war im Dezember 1988, ein Jahr bevor die Freiheitskämpfer der SWAPO die Mehrheit in der verfassunggebenden Versammlung Namibias bekamen. Gut eineinviertel Jahre später erhielt Namibia seine Unabhängigkeit.

Die geheimnisvoll rot leuchtende Felssäule jenes Abends, einst Symbol der alten Südwester, wurde zu einer zerbröselten Geröllmasse. Auch dies ein symbolhafter Vorgang. Selbst wenn

Geologen darin nichts weiter sehen als einen konsequenten Prozess der Erosion, die seit Millionen Jahren das Gesicht unserer Erde verändert, indem sie feilt, meißelt und immer wieder neu modelliert. Auch indem sie ein Wahrzeichen vom Sockel stürzt.

Wiedersehen mit Namibia

Der große Vogel segelte mit ausgebreiteten Flügeln über die dichten Urwälder. Dann und wann gab es einen Ruck, einen Hüpfer, was die Insassen in seinem Leib nicht zu beunruhigen schien. Die meisten schliefen und hatten sich Decken bis über die Nasen gezogen.

Ich schob die Jalousie am Fenster hoch. Der Vollmond blinzelte durch den Weltraum, beleuchtete matt die wie aufgeplusterte Daunenbetten hingegossenen Wolken, durch die es vereinzelt hindurchblitzte, wenn die Gewitter 5000 Meter unter uns und 5000 Meter über den Urwaldriesen Westafrikas ihre furiose Lightshow abzogen.

Erst über Angola wurde es ruhig – aus der Sicht des Jet-Reisenden, denn einen Kilometer unter uns lag das Land noch immer in Angst und Armut, als Folge jahrzehntelanger Unruhen und Bürgerkriege. Über Luanda verspürte der eine oder andere noch schlafende Mitreisende einen aufmunternden Stups der Stewardess. Spätestens ab Benguela sollte es Frühstück geben. Aus der Perspektive des großen Vogels konnte man ahnen, dass Nebel über dem Meer lag.

»Morgen Sonne satt!«, hatte ich zu Juliana vor dem Abflug geschwärmt. Noch beim Umsteigen in München hatte es geschüttet wie aus Eimern, so wie es in Deutschland an einem miesepetrigen Dezembertag nur schütten kann.

»Heute noch Sonne satt«, hatten wir uns aufmunternd zugerufen.

Über dem Kunene River, dort, wo der große Vogel die Grenzlinie zwischen Angola und Namibia überflog, begannen die Stewardessen, das Frühstücksgeschirr einzusammeln.

Fensterjalousien klickten, draußen war es aber noch dunkel. Der Mond funkelte noch immer, wenn auch ein wenig müder nach der langen Nacht.

»In zwei Stunden Sonne satt.« Ich nahm Julianas Hand und hielt sie in der meinen. Die 8000 Kilometer Flug würden eine sichere Distanz bilden zwischen dem grauen Wintertag daheim und einem blanken Sommertag unter dem blauen Himmel Afrikas.

»Warum gerade Namibia?«, hatten Freunde gefragt. Skeptisch. Vielleicht weil das Thema Afrika immer mit viel Abenteuerlichem, mit einer guten Portion Unberechenbarkeit und Gefahren vorbelastet ist.

Ich hatte mit einem Vergleich dagegengehalten: »Das Risiko, sich in den fünf Fahrstunden auf der Autobahn von Berlin nach Dortmund um Kopf und Kragen zu rasen, ist statistisch ungleich größer als das Risiko eines Unfalls auf einer Reise quer durch den Südwesten Afrikas.« Keine Ahnung, ob sie mir geglaubt haben. Ich wusste aber, dass es stimmte.

Nach der dritten Tasse Kaffee waren die kleinen Strapazen des Nachtflugs fast verflogen. Fast. Juliana, schon merklich fitter als ich, beschwor mit leuchtenden Augen die Statistik: »… mit rund 825 000 Quadratkilometern gut doppelt so groß wie Deutschland.«

Das war Musik in meinen Ohren. Ich mag Weite, mag es, der Stille zu lauschen.

»Von den rund 1,7 Millionen Namibiern teilen sich rein rechnerisch zwei Menschen einen Quadratkilometer Fläche.« Sie sah zu mir herüber.

»Ich weiß, in Deutschland sind es 250.«

Deswegen zog mich Namibia seit unserer ersten Begegnung immer wieder in seinen Bann. Ich hatte die Veränderungen registriert: die rasante Entwicklung bei der schwarzen Bevölkerungsmehrheit, die jetzt überall in staatlichen Stellen vertreten war, oft sogar überproportional; den Ausbau mancher schwarzer Wohngebiete in den Ballungszentren; aber auch den wachsenden Tourismus, der seit der Unabhängigkeit ein neues Dorado bot. Ihm folgten die Glücksritter auf der Suche nach unentdeckten touristischen Schätzen, die auch mich magisch anzogen: pittoresk zerbröselten Steinwüsten im Damaraland, Elefantenherden und dösenden Löwen im Etosha-Nationalpark, roten Sandbergen in der Kalahari und der Stille der Namib.

»Wenn nicht gerade im August lärmende Touristenmassen wie Ameisen über die Dünen herfallen.« Juliana versteht es manchmal, meinen Träumen den Spiegel der Realität entgegenzuhalten.

Warum also gerade Namibia? Wenn man dort Badestrände sucht, ist man jedenfalls fehl am Platz. Der Atlantik ist hier kalt, abweisend und neblig, der Benguelastrom entlang der Küste ein Direktimport aus der Antarktis. So kalt, dass sich nur fett gepolsterte Robben gern in ihm tummeln.

»Es sind die zauberhaften Dünen«, schwärmte der Wüstenfreak in mir.

»Eine Wüste, so abweisend und trocken, dass der Tenebrio-Käfer Kopfstand macht, um sich den Morgentau an seinem Körper entlang in den Mund fließen zu lassen«, hielt die andere Stimme dagegen.

Vielleicht reizten mich gerade diese Widersprüche. Insider behaupteten, die leckerste Schwarzwälder Kirschtorte inmitten einer Wüste bekäme man in Namibia.

Das weite Land erstreckt sich vom Atlantik im Westen bis zur Kalahari im Osten und vom Orange River im Süden bis zum Kunene an der Grenze Angolas. Es ist ein Land, das sich nach außen hin verschließt, um sich im Inneren umso faszinierender darzubieten.

Es hat sehr lange gedauert, bis man die Schätze Namibias entdeckte, denn das Land hat eine schwierige Pforte: die unzugängliche Küste, bewacht durch die launische, ebenso unzugängliche Namib-Wüste. Diejenigen, die ihr nach Schiffstragödien ausgeliefert waren, hielt sie gefangen. Schiffswracks und Skelette sprechen eine deutliche Sprache. Die anderen schreckte sie ab. Wären schon die ersten portugiesischen Entdecker 1486 weiter landeinwärts gezogen, hätten sie schon viel früher »Afrikas Diamanten« erkannt, als der Namibia sich später entpuppen sollte.

Heute sind 15 Prozent Namibias Naturschutzgebiete. Man klettert durch Steinwüsten, belauscht Oryxantilopen und Springböcke und kann am selben Abend den Komfort einer Gästefarm genießen. Was für ein Land! Fast menschenleer sind die Straßen. Adler scheinen regungslos in der klaren Luft zu stehen. Elefanten brechen durch den Busch, Löwen schleichen zur Tränke, und grazile Springböcke federn fast schwerelos über das in Pastelltönen wogende Grasland. Und dann ist da der freche Pavian, der einem beim Frühstück im Camp vorwitzig den Toast vom Teller klaut.

»Nach der Landkarte auf dem Monitor müssten wir jetzt gerade über der Etosha-Pfanne sein.« Juliana wandte ihren Blick von den Fluginformationen hin zum Fenster. Vergeblich. Noch lag das Dunkel der Nacht über Namibia. Noch lächelte uns ein müder Mond zu.

»Rund neun Stunden Sonnenschein pro Tag im Jahresmittel«, erklärte Juliana.

Ich wandte mich ihr zu. »Hoffentlich haut uns der plötzliche Umschwung vom nasskalten Deutschland hin zur Hitze hier nicht um.«

Da knisterte es im Bordlautsprecher: »Ladies and Gentlemen, meine Damen und Herren, hier spricht ihr Flugkapitän. Der Himmel über Windhoek ist grau. Seit zwei Tagen regnet es.«

Die »unaufregendste Hauptstadt Afrikas«

Es ging alles blitzschnell, auch wenn die Schlange lang war und sich träge fortbewegte. Die Schlange setzte sich zusammen aus Damen und Herren in Safarianzügen mit Hüten, deren Leopardendrucke auf Afrika einstimmten.

Die Schlange wand sich nach vorn.

Der weibliche Immigration Officer blickte nur müde, aber durchaus nicht unfreundlich auf und lächelte, Stempel knallten, Pässe wurden über den Tresen geschoben. »Welcome to Namibia.« Die Schlange war um zwei Personen kürzer geworden.

Platsch! Mein Fuß stapfte in die erste Pfütze. Regen schlug mir ins Gesicht. Sonnencremes steckten zwar reichlich in unserem Gepäck, einen Regenschirm hatten wir jedoch beim Packen nicht einmal in Betracht gezogen. Wenn ich das alles witzig gefunden hätte, hätte ich Juliana vielleicht zugerufen: Du und deine neun Stunden Sonnenschein pro Tag!

Ich war einfach nur muffig. Ein Rad des Gepäckwagens geriet in eine Ritze des Weges. Zwei Minuten benötigte ich, um ihn wieder flottzubekommen, ausreichend Zeit, um jede Faser meines Khakihemdes mit Regenwasser zu tränken.

»Neun Stunden Sonnenschein pro Tag – ha!«

Unter einem schwarzen, breitkrempig nach unten gebogenen Schirm löste sich eine Gestalt und spurtete mit weiten Sprüngen auf uns zu. Bevor ich wusste, wie mir geschah, hatte der Typ mit strahlendem Gesicht meinen Gepäckkarren gegrapscht und in Richtung des auf uns wartenden Geländewagens bugsiert. Er lachte, als er sagte: »Ihr habt herrliches Wetter mitgebracht. Regen! Regen!«

In seinen ausgelatschten Sandalen drehte er eine Pirouette in der Pfütze, warf den Kopf in den Nacken, schleckte mit der ausgestreckten Zunge nach fallenden Tropfen. Juliana beobachtete ihn leicht entnervt und stieg in unseren Landcruiser. Das holte den Tänzer zurück auf den Boden der Tatsachen. Er huschte durch den Regenvorhang zu Juliana, hob den Rucksack vom Wagen, wo sie ihn abgestellt hatte, und half ihr, ihn zu verstauen.

Hast du den beauftragt?, schien ihr Blick zu fragen. Ich zuckte die Achseln. Er war vermutlich einer der zahlreichen Burschen, Gelegenheitsarbeiter, die sich hier bei den einlaufenden Touristen eine Hand voll Kleingeld verdienten.

Und wieder dieses Lachen in seinen Augen, das so gar nicht zu meiner miesepetrigen Laune passen wollte.

»Seit 300 Tagen ist hier kein Tropfen gefallen – wir haben Grund zum Feiern.«

Es war mehr seine Euphorie als seine Hilfsbereitschaft, die ich mit ein paar Namibia-Dollar honorierte.

Der Regen prasselte auch auf das Dach unseres kleinen Familienhotels in der Rossini Street, lief in Bächen die Wege entlang. In großen Sprüngen setzten die Menschen über Pfützen hinweg. Und alle schienen sich zu freuen: »Regen!« »Sieh nur, es regnet!«

Eine verrückte Freude, die wohl nur der versteht, der zehn Monate nach Wasser lechzt. Das steckte an. Noch am ersten Tag begann ich, mich über den Regen zu freuen.

Ich stand mit dem Wirt des Hotels an dem eisernen Tor, das die Einfahrt des Grundstücks von der Rossini Street trennt. Der unverbaute Blick auf Downtown Windhoek war mir von früher vertraut. Eine manchmal verzauberte Silhouette, vor allem, wenn sich das Morgen- oder Abendlicht in der markanten Hochhaus-Skyline brach.

»Ist das nicht ein herrliches Bild«, schwärmte mein Gegenüber. Regen rann von den breiten Krempen unserer Hüte auf unsere Schuhspitzen, die schon längst durchweicht waren. Die Bougainvilleen und der Hibiskus, die sonst an Farbenpracht und Duftfülle miteinander wetteiferten, hingen kläglich an tropfenden Zweigen.

»Atme den Duft des Regens«, jubilierte mein Gegenüber. »Süßer als der Duft von Frangipani.«

Ich verkniff mir die Antwort, dass ich den Regen einfach satt hatte und dass sich in meiner anderen Welt ein trister Regentag an den anderen gereiht hatte.

Der Regen lief mir den Nacken hinunter über den Rücken, suchte sich den direktesten Weg den Po entlang und über die Kniekehlen in meine platschnassen Schuhe. Die waren neu. Extra gekauft für die Reise ins sonnige Afrika.

»Ich bin die dritte Generation unserer Familie hier in Afrika«, plauderte mein Gegenüber aufgekratzt drauflos. »Mein Großvater war beim Boxeraufstand in China dabei, ging dann zurück nach Deutschland und heiratete dort. Sein Schwager, Philip, hatte damals gelesen, dass der Kaiser Siedler für Südwest suchte, das war kurz nach dem niedergeschlagenen Herero-Aufstand. Das sprach sich herum in der Familie. Neun meiner Verwandten sind damals nach Deutsch-Südwest gekommen. Die Großeltern schlugen sich als Tabakbauern in Okahandja am Swakop Rivier durch.«

Der Regen war inzwischen zum Wolkenbruch geworden. Mein Wirt schien das nicht zu merken. Windhoeks Skyline tarnte sich jetzt komplett mit einer gelbgrauen Wolke.

»Was empfindet ein namibischer Farmer, wenn es regnet?«

»Alle sind aufgeregt. Der Farmer legt die Arbeit nieder, stellt sich draußen in den Regen, genießt und beobachtet, wie viel es regnet. Sein Blick klebt am Regenmesser. Dann klettert er, pitschnass, wie er ist, ins Auto, fährt in die entlegensten Winkel seiner großen Farm und prüft, welche Gebiete besonders viel Regen erhalten haben. Schon beginnt bei ihm die Überlegung, in welche Abschnitte der Farm, in welche der so genannten Camps, er sein Vieh stellen soll. Er weiß, sein Wohlergehen und die Existenz seiner Tiere hängen vom Ausmaß des Regens ab.«

Nachmittags ließ der Regen nach. In dem kleinen Hotel bimmelte jetzt unentwegt das Telefon. Aufregung auch unter den Wirtsleuten. Mal nahm der Wirt, dann seine Frau die aktuellen Wasserstandsmeldungen entgegen.

»22 Millimeter Regen in nur drei Stunden!«

So viel wie der Jahresniederschlag in der Namib, dachte ich. Dann kam die Sensation des Tages: »Die Riviere kommen ab!«

Ehe wir wussten, wie uns geschah, saßen wir im Auto und machten das, was an diesem verregneten Dezembertag halb Windhoek zu machen schien. Wir rollten zu den Trockenflüssen und staunten wie Kinder, wie sich in den Flussbetten – man nennt sie hier Riviere: ein Jahr lang von der Hitze steinhart gebacken und so staubtrocken, dass der Begriff Fluss wie blanker Hohn erscheint – nun plötzlich eine lehmbraune Wasserwalze nach vorne schob. Vom Arrebbusch Rivier ging es zum Gammams und dann weiter zum Klein-Windhoek Rivier. Und Hunderte anderer pilgerten in ihren Autos als Regentouristen mit uns. Die Menschen waren im wahrsten Sinn des Wortes aus dem Häuschen.

Ich lächelte über so viel Regenbegeisterung. Das war meine Lektion für den ersten Tag: Wasser bedeutete hier Grün, verhieß den belebenden Duft des gesprengten Rasens, das Aroma tropischer Blüten, aber auch Nachwuchs bei den Tieren in der Savanne und auf den Farmen. Wasser ist der Lebensspender im Land des großen Durstes.

»Hauptsache, es regnet nicht 'ne Woche lang«, wagte ich einzuwerfen. Nachsichtig meinte der Wirt: »Solange ich in Windhoek lebe – und das ist ein ganzes Leben –, hat es nie am Stück eine Woche lang geregnet.«

Zwei Tage später, als Juliana und ich über die Independence Avenue bummelten und nach uns vertrauten Spuren von einst suchten, war sie wieder da, diese unendlich große blaue Kuppel über der Stadt. Der Regen war wieder Vergangenheit. Die Riviere waren wieder wasserlos. Nur ein leichtes Dunkel auf ihren Böden erinnerte noch an das Ereignis, das die Herzen der Menschen hatte höher schlagen lassen.

Die »unaufregendste Hauptstadt Afrikas!« hatte ich unlängst in einer Illustrierten über Windhoek gelesen. Von wegen.

Einem inneren Zwang gehorchend gingen wir die Robert Mugabe Avenue entlang, wie ich es immer tue, um Windhoek »auf einen Blick« erleben zu können. Zwischen den Eros-Bergen im Nordosten, den Auas-Bergen im Südwesten und dem Khomas-Hochland im Westen liegt nicht nur Namibias politisches und kulturelles Zentrum, sondern auch der geographische Mittelpunkt des Landes. Downtown Windhoek ist auch eine Insel der Moderne, in der der chinesische Pavillon für die guten Beziehungen zwischen Windhoek und Shanghai wirbt. Chinesische Züge meint man auch an der blassroten Fassade des Supreme Court, des Obersten Gerichts, auszumachen. Nur dort, wo die Peter-Müller-Straße auf die Robert Mugabe Avenue trifft, hat die Zeit eine Verschnaufpause eingelegt.

Auf den Stufen hoch zur Alten Feste blieben wir stehen. »Mein Lieblingsblick«, schwärmte ich. Seit unserem ersten Besuch hatte sich hier kaum etwas verändert. Abgesehen davon, dass sich die Ausstellungen in dem im alten Schutztruppen-Fort untergebrachten Museum um patriotische Komponenten des jungen Namibia erweitert hatten.

Wir setzten uns auf die Stufen, rechter Hand das Denkmal des Reiters von Südwest. Am 27. Januar 1912, an »Kaisers Geburtstag«, war das in Berlin gegossene Standbild enthüllt worden. »Schon merkwürdig, dass er die Unabhängigkeit überstanden hat.« Die Fantasie konnte sich auch ausmalen, dass ein von der Euphorie der Unabhängigkeit aufgewühlter Mob bilderstürmerisch durch die Straßen gebrochen wäre. Da hätte dieser Reiter, der so stolz über die Stadt blickte, die jetzt der schwarzen Mehrheit gehörte, Angriffspunkt eines ungezügelten Freiheitstaumels sein können. Aber nichts dergleichen war in Windhoek geschehen, wenngleich man über eine Verlegung des Reiterstandbildes diskutierte. Stattdessen hatte der alte SWAPO-Kämpfer und jetzige Staatspräsident Sam Nujoma von *reconciliation* gesprochen, von Toleranz und Verständigung über alle Rassenbarrieren hinweg. So blieb Namibia der Bildersturm erspart.

Nur behutsam wurde am postkolonialen Besitzstand gerüttelt. Aus der Leutweinstraße wurde die Robert Mugabe Avenue und auf den Schildern der ehemaligen Curt-von-François-Straße steht inzwischen Sam Nujoma Drive zu lesen. Wenn schon kein Bildersturm, dann wenigstens ein Schildersturm.

Der 18. Oktober 1890 sei Windhoeks Gründertag, heißt es. Das war, als der Schutztruppenhauptmann Curt von François nach Windhoek einzog. Doch er war nicht der erste Mensch hier. Für die Herero hieß die Stelle mit den begehrten Quellen Otjomuise, »rauchender Platz«. »Feuerwasser« nannten ihn die Nama. Einer ihrer Stämme hatte sich unter Führung Jonker Afrikaners um 1840 hier niedergelassen. Er benannte die Region nach seiner südafrikanischen Heimat »Winterhoek«.

An jene Epoche erinnert nichts mehr. Unübersehbar aber ist Windhoeks kolonialer Baustil. Wo immer man ist, fällt der Blick auf die Christuskirche. 1907 wurde der Grundstein gelegt, drei Jahre später war das gefällige Sandsteinbauwerk mit den bleiverglasten Fenstern, die Kaiser Wilhelm spendiert hatte, fertig gestellt.

Hundert Meter weiter dominiert das Schutztruppenfort Alte Feste das Bild. Curt von François hat hier bei der Grundsteinle-

Die Christuskirche in Windhoek.

gung im Jahr 1890 auch Dokumente und Münzen einmauern lassen. Dort, wo heute der Eros-Flughafen ist, war eigens für die Bauarbeiten eine Ziegelei entstanden, die täglich 3000 Steine brannte. Ein Jahr später hatten rund 200 schwarze Arbeiter die mächtigen Außenmauern fertig gestellt. 1892 standen die noch heute sichtbaren klotzigen Türme.

Die Nachmittagssonne blinzelte als ihr eigenes Spiegelbild aus den Fensterscheiben der Häuser.

»Komm, wir haben noch zu packen«, sagte Juliana.

»Das hat doch Zeit bis morgen.« Ich wollte noch bleiben. Erst wenn wir Windhoek begriffen, würden wir dieses Land verstehen. Das wusste auch Juliana. Ich dachte dabei an Windhoek als Spiegelbild des namibischen Schmelztiegels, Windhoek als »zweigeteilte Stadt«. Da war das »weiße« Windhoek entlang der Independence Avenue mit den Vororten Ludwigsdorf, Eros-Park und Klein-Windhoek. Und dann, nordwestlich der Western-Bypass-Schnellstraße, jenes ganz andere Vororte-Konglomerat: Vororte, die sich mit Wellblech und Hartkartonwänden in die hübschen Hügel hineinfraßen. Darunter trug Katutura vergleichsweise sympathische Züge.

»Lass uns noch ein paar Tage in Windhoek bleiben«, schlug ich vor. Juliana willigte ein, obwohl wir beide darauf brannten, endlich in die Wüste zu kommen.

Morgen oder übermorgen wollte ich auf Spurensuche gehen. Hier in Windhoek. Ich suchte die Menschen, die in dieser Stadt lebten. Für den Rest Namibias blieb allemal Zeit. Ein paar Monate davon steckten im Reisegepäck, und einen Geländewagen zum Fahren hatten wir auch. Der Kunene River im Norden und der Orange River im Süden waren als »Pole« unseres Abenteuers geplant.

»Vielleicht haben wir ja sogar noch ein bisschen Zeit für einen Seitensprung«, meinte Juliana verschmitzt und fügte lachend hinzu: »Über Botswana hoch zu den Victoriafällen!«

Windhoek – Gesichter einer Stadt

In Windhoek bin ich vielen Menschen begegnet – Menschen aller Hautfarben. An einige erinnere ich mich besonders gut:

Hartmut Ruppel

In seiner wie auch in meiner Geburtsurkunde steht Hannover als Geburtsort. So weit die Gemeinsamkeiten.

»Im Alter von vier Monaten wurde ich allerdings nach Namibia ›verschifft‹«, bemerkte Hartmut Ruppel zu seinem weiteren Lebensweg. »Zunächst lebten wir in Windhoek, dann in Otjiwarongo. Dort bin ich aufgewachsen.«

Otjiwarongo weckte bei mir vor allem Erinnerungen an Abende am Lagerfeuer in Kanada oder Australien, wenn ich mit dem Kurzwellenradio am Ohr dem Grußprogramm von »Radio Deutsche Welle« lauschte. Dort gingen regelmäßig Grüße um die Welt: von Otjiwarongo nach Bremen oder München, von Berlin nach Otjiwarongo usw.

»Mein Vater war als junger Bursche mit seinen Eltern – sein Vater war Pflanzer – nach Tanganjika ausgewandert. Im Zweiten Weltkrieg begann aber die Internierung der Deutschen. Also kehrte er über den Umweg von Bulawayo (im heutigen Simbabwe) und Südafrika nach Deutschland zurück. Nach seinem Studium ging er – sozusagen mit mir im Reisegepäck – nach Namibia.«

Ich betrachtete diesen Mann mir gegenüber genauer. Etwa 50

Jahre war er alt, sportlich, mit einem gestutzten Vollbart. Sein Gesicht war freundlich, aufgeschlossen.

»Wie kommt ein Hannoveraner dazu, Attorney General, der Hauptrechtsberater der Exekutive, in einem schwarzen Kabinett unter Staatspräsident Nujoma zu werden?«

»Es war die Machtarroganz der Weißen, die mich aufbrachte. Ich hatte schon früh begonnen, mich politisch zu engagieren, vor allem gegen das südafrikanische Regime, das hier bei uns im Land lange genug die Fremdherrschaft ausgeübt hatte.«

»Seit wann interessieren Sie sich für Politik?«

»Es begann schon während meiner Schuljahre in Otjiwarongo. Ich stellte fest, dass es in unseren Städten und Dörfern Gegenden gab, in denen man von der schwarzen Bevölkerung überhaupt nichts mitbekam. Zu Hause – ja, da gab es die schwarze Angestellte und den schwarzen Gärtner. Aber darüber hinaus nahm ich keinerlei Miteinander wahr. Nicht im Sport, nicht in der Schule. Ich wollte schon früh darauf aufmerksam machen, dass es diese ›andere Welt‹, die der Schwarzen, auch gab.«

Das anfangs noch undefinierte Gefühl für Ungerechtigkeit wurde bei Hartmut Ruppel später zur politischen Triebfeder.

»Das war nach dem Abitur, als ich an die Universität ging.« Er lächelte: »Eine Lebensphase, in der man sowieso rebellisch ist. Ich studierte Jura und Staatsphilosophie an der Universität von Stellenbosch in Südafrika. Das war die Hochburg der Afrikaaner in jener Zeit. Das alles prägte mein künftiges politisches Engagement.«

»Wie kam dann die Verbindung zur SWAPO zustande?«

»Die SWAPO war damals die Versinnbildlichung des Widerstandes in Namibia. Ich fand Gleichgesinnte, die auch meine Auffassung vertraten. Dabei machte es keinen Unterschied, ob es Schwarze oder Weiße waren. Die Kontakte wurden ausgebaut, ab 1978 war ich Mitglied der SWAPO.«

»Waren Sie damals parteipolitisch aktiv?«

»Eine politische Laufbahn hatte ich für mich nicht geplant. Ich hatte ein ausgeprägtes politisches Bewusstsein, ja, aber aktiv war ich durch meinen juristischen Beistand in Fällen von Menschenrechtsverletzungen. Bei Übergriffen habe ich die SWAPO vertreten, Klagen und Anträge gegen die südafrikanische Polizei oder die südafrikanischen Streitkräfte vorbereitet und durchgesetzt. Man fand mich auf der Seite der Unterdrückten, auch im juristischen Getümmel. Parteipolitisch war ich damals aber nicht aktiv, ich war lediglich Rechtsberater der Partei. Natürlich wurde ich dadurch der Exil-SWAPO bekannt. Im Zuge der Unabhängigkeit erhielt ich einen Platz in der verfassunggebenden Versammlung und war anschließend acht Jahre Mitglied des Parlaments. Unmittelbar nach der Unabhängigkeit berief man mich ins erste Kabinett. Als Attorney General war ich auch verantwortlich für das Strafrecht im Lande.«

»Wie ging die neue schwarze Regierung nach der Unabhängigkeit mit den ›Herren‹ von gestern um?«

»Die Regierung unter Sam Nujoma blickt nach vorne, will sich nicht verzetteln in einem Streit über das, was gestern passiert ist. Vor diesem Hintergrund entwickelte sich bei uns etwas, was es zuvor nie in Namibia gegeben hatte, eine Kultur der Toleranz. Jeder redet mit jedem. Die Meinungsfreiheit wird groß geschrieben. Das gilt für die Pressefreiheit, aber auch die Redefreiheit in Radio und Fernsehen. Jeder sagt, was er möchte, dafür steckt er auch Kritik ein. Vor diesem Hintergrund ist auch zu verstehen, warum in Namibia keine ›Wahrheitskommission‹ wie in Südafrika eingerichtet wurde. Wenn in einer kleinen Gesellschaft wie der unsrigen die Vergangenheit dermaßen aufgearbeitet wird, kann das leicht zur Zerreißprobe werden. Nujoma will die Politik der *reconciliation,* der Versöhnung über die Rassenbarrieren hinweg. Eine Kultur der Toleranz eben.«

Ich hatte schmunzeln müssen, als Hartmut Ruppel bei unserer Begrüßung vom »Dorf Windhoek« gesprochen hatte. Dieses

Dorf war ja nun zu einer großen, modernen Stadt geworden, mit ständig nach oben springenden Einwohnerzahlen, wie er lächelnd eingestand.

Wir bummelten die Independence Avenue entlang. Vor dem Café Gathemann hielten wir.

»In Windhoek ist ein neues Bewusstsein, eine Aufbruchstimmung zu spüren. Windhoek ist für Namibia von immenser Wichtigkeit. Eine moderne Stadt mit einer exzellenten Infrastruktur. Sie wächst und verbessert sich. Auf der anderen Seite hat Windhoek die typischen Probleme, mit denen jedes Dritte-Welt-Land konfrontiert ist: Es ist ein Magnet für Zuwanderer aus armen ländlichen Gebieten.

Obschon der Regierung viel daran liegt, dass die Entwicklung auch dezentralisiert geschieht, also weg von der Hauptstadt. Aber hier gibt es eben Industrie, Schulen, medizinische Versorgung. Die *squatter*, die Zuwanderer vor allem aus dem tropischen Norden, bereiten die größten Probleme. Die Stadtverwaltung ist kaum noch in der Lage, Wasserversorgung für alle zu stellen und Stromnetze zu schaffen.

Natürlich wurde die Infrastruktur in den früher armseligen Teilen Windhoeks, wie in Katutura, stark verbessert. Heute haben wir überall Teerstraßen, auch in den ärmsten Gebieten. Aber alles ist letztlich auch eine Frage der Finanzen. Diese Art der Ausdehnung kann man sich nur so lange leisten, wie es genug finanzkräftige Bürger in der Stadt gibt.«

»Gibt es Überlegungen, den Massenzuzug der Menschen einzuschränken?«

»Nicht direkt. Jeder kann in Namibia hingehen, wo es ihm gefällt. Man ist allerdings dabei, in den ländlichen Gebieten Projekte zu starten, die darauf ausgerichtet sind, die Infrastruktur dort zu verbessern. Entwicklung muss vor Ort stattfinden. Entwicklungsprozesse müssen jedoch auch in den Köpfen der Menschen vorgehen. Denn bedingt durch die Apartheidpolitik war es selbstverständlich, dass sich schwarze Arbeiter 500 oder 700 Kilometer von ihren Wohnorten entfernt Arbeit suchten.

Allerdings ist heute das Selbstbewusstsein über das, was auch im Norden möglich ist, gestiegen. Doch noch fehlt die Infrastruktur, die eine Industrie überhaupt möglich macht. Die Banken sind bereit, Darlehen zu geben. Große Firmen steigen im Norden ein in der Hoffnung, dass Angola bald zum Frieden zurückkehrt. Das Ovamboland und die Stadt Oshakati lägen dann im Zentrum des Aufschwungs.«

Wir setzten uns im Café Gathemann zum Essen nieder. Unten auf der Independence Avenue brandete der Verkehr vorbei. In dem gegenüberliegenden Zoo-Park lagen schwarze und weiße Büroangestellte nebeneinander auf dem Rasen und dösten während der Mittagspause.

»Windhoek wächst schnell. Im Moment haben wir mehr als 200 000 Einwohner. Die Stadt hat sich rasant verändert. Ich wünschte mir, dass sich auch viel mehr weiße Bewohner in die neuen Gegebenheiten fügen und sich mit dem neuen Windhoek anfreunden könnten. Und vielleicht auch mal mit dem Auto nach Katutura fahren, dorthin, wo die Entwicklung in unserer Stadt derzeit am spannendsten ist.«

Claudius Tjatindi

Er erblickte das Licht der Welt auf der Schattenseite dieses Landes. »Ich wurde in der alten Location geboren, dort, wo heute der Stadtteil Hochlandpark ist«, erzählte Claudius Tjatindi auf Deutsch. Alte Location – das war seine Übersetzung des englischen Old Location, auch Alte Werft genannt, einem Stadtteil Windhoeks, bei dessen Erwähnung einige noch immer böse Erinnerungen haben. »Ich weiß noch genau«, sagte der stattliche

Herero mit dem keck übers Ohr geschobenen Südwester-Hut, »wie 1959 die Buren dreizehn von uns erschossen, weil sie nicht zwangsumgesiedelt werden wollten.«

Das südafrikanische Apartheidregime wollte damals die gewachsene Schwarzensiedlung am Rand der Innenstadt weghaben. Wer blickt schon gern auf Dreck und Armut. Sie wählte stattdessen einen außerhalb liegenden Platz, heute bekannt als Katutura. Man fragte die Schwarzen nicht, sondern verfrachtete sie wie Vieh. Gegen ihren Willen. Ihre neuen Häuser wurden gekennzeichnet mit *D* für Damara, *N* für Nama, *O* für Ovambo und *H* für Herero.

»Wir hassten das«, ereiferte sich Tjatindi in unserem Gespräch, »wir wollten zusammenleben, mit wem es uns passt. Wir nannten das Getto ›Katutura‹, ein Wort aus der Herero-Sprache: ›Ort, an dem wir nicht wohnen wollen‹ heißt das.«

Das war nun fast ein halbes Jahrhundert her.

»Nach der Unabhängigkeit wurden die Straßen asphaltiert. Wir bekamen Straßenbeleuchtung, und die Schulen sind heute groß und modern. Wir lehnen Katutura nicht mehr ab … nur, dass unsere Häuser klein sind – und teuer.«

Vereinzelt waren an den Häusern noch die Buchstaben der verhassten rassischen Zuordnung zu erkennen, aber nur dort, wo man es nicht der Mühe wert fand, sie zu überstreichen. Heute kann jeder hinziehen, wohin er will. Die Schranken setzen sozialer Status und Geldbeutel. Bei gleicher Arbeit liegen die Einkommen schwarzer Arbeiter noch immer unter denen ihrer weißen Kollegen.

»Mit der Verbesserung des Lohngefüges ist man noch nicht ganz fertig.« Tjatindi gab sich bei dieser Antwort diplomatisch. Doch es gebe auch schwarze Millionäre in Katutura. Und darauf sei er stolz. Zum Beispiel auf den derzeitigen Bürgermeister von Windhoek. »Früher war er nur der Besitzer eines Musikklubs, in den wir immer zum Tanzen gingen, heute regiert er die Stadt.«

Claudius Tjatindi in Katutura. »Ort, an dem wir nicht wohnen wollen«, haben seine Bewohner diesen Stadtteil Windhoeks getauft.

Der Tag der großen Hoffnung, der Tag der Unabhängigkeit, lebte vereinzelt noch an den Wänden Katuturas fort. Als Wandmalerei. Als erhobene schwarze Faust mit der Überschrift »SWAPO«, umrahmt von den Nationalfarben. Oder als ungelenk gemaltes Porträt von Sam Nujoma.

Man hatte ihnen versprochen, sie würden nach der Unabhängigkeit in den Häusern der ehemaligen Herren wohnen. Das geschah nicht. Doch die Verbesserungen in Katutura sind beachtlich. Die »Stadt wider Willen« ist für viele zum Lebensmittelpunkt geworden. Für einige ist sie nur eine Absteige auf dem Weg in eine ungewisse Zukunft.

»Die einfachen Häuser wurden früher als *single quarters* genutzt. Dort lebten ledige Vertragsarbeiter«, sagte Tjatindi, als wir durch die Stadt gingen. »Heute wohnen hier Wambo aus dem Norden, und das mit *single* stimmt schon lange nicht mehr.« Auf den Dächern der armselig aussehenden Behausungen lagen Tische, Stühle und eingewickelte Gegenstände, als hätte ein Wirbelsturm Möbel durch die Luft geschleudert. Er grinste: »Alles in Windhoek gekauft, das geht am Wochenende ins Ovamboland.«

Zu Beginn der *weekends* wurde es hier lebendig. Schlag auf Schlag rollten dann mit Menschen randvoll gestopfte Minibusse, durchhängend, mit bedenklich x-beinigen Rädern, in den bevölkerungsreichen Norden am Kunene. Am Montag würden sie zurück in Katutura und den armseligen Vororten sein.

Christie Bessinger

Auch Christie Bessinger wurde in der Old Location von Windhoek geboren. Er stand mir gegenüber, strahlte mich aus seinem freundlichen Gesicht an und palaverte quicklebendig auf Deutsch: »Alle sprachen wir zu Hause deutsch, meine Geschwister, Vati und auch Mutti.«

Ich hatte mich mit Christie Bessinger getroffen, um mir von ihm neue Entwicklungen in Katutura und den anderen wie Pilze aus dem Boden schießenden Vororten zeigen zu lassen.

»Unser Familienname Bessinger stammt natürlich auch aus Deutschland. Der Vater meines Vaters war Deutscher. Muttis Vorfahren kamen aus Westfalen.« Doch da Christie Bessinger trotz seiner unüberhörbaren Deutschland-Connection eine braune Haut hat, wuchs er im Vorort für *coloureds*, in Khomasdal, auf.

»Bei uns waren die Lebensbedingungen, die die Apartheid diktierte, noch angenehm. Unsere Häuser waren größer, die Anlagen grüner und freundlicher als die der Schwarzen in Katutura. Uns ging's gut. Vati war ein Bauunternehmer«, plauderte Christie weiter. »Meine Brüder sind ebenfalls Ingenieure. Niko, mein ältester Bruder, ist jetzt wieder Architekt, nachdem er sich aus der Politik zurückgezogen hat.« Niko Bessinger war Tourismusminister in der ersten frei gewählten namibischen Regierung.

Ich war verblüfft über das, was sich in Katutura seit der Unabhängigkeit getan hatte. Am Fahrbahnrand waren sogar schicke Einkaufszentren entstanden.

Christie führte mich zum Soweto Market. »Benannt nach der ehemaligen *township* bei Johannesburg«, klärte er mich auf. »Schon vor der Unabhängigkeit waren südafrikanische Händler geschäftlich hierher gekommen. Nach der Unabhängigkeit blieben viele hängen. Noch vor ein paar Jahren saßen die Verkäufer hier unter primitiven Planen und verhökerten ihre armseligen Waren. Du siehst, was sich geändert hat. Heute kostet der einfache, aber picobello saubere Verkaufsstand drinnen im Markt 50 Dollar. Wer Ideen hat, pfiffig ist, wird sich schnell hocharbeiten. Die Stände werden größer, wenn auch teurer, die Angebotspalette wird breiter. Es geht aufwärts!«

Wir fuhren weiter nach Wanaheda. Das Bild änderte sich. Und wie! Hier gab es sie noch, die Verkaufsstände, deren grobe Pfosten in den Boden gerammt waren, mit Plastikplanen darüber zum Schutz gegen Sonne und Regen.

»Wanaheda, ein merkwürdiger Name.« Ich sah fragend zu Christie.

»*Wa* steht für Wambo, *Na* für Nama, *He* für Herero und *Da* für Damara. Der Name symbolisiert deren Miteinander«, klärte er mich auf.

Wir hatten jetzt die Spitze eines Hügels erreicht. Christie stoppte den Wagen. Von hier konnte der Blick weit über die Trostlosigkeit schweifen. Unaufhaltsam fraßen sich die immer armseliger werdenden Vororte ins Land, wurden beängstigender, stinkender. Der ätzende Geruch von sonnengebackener Kloake lag über den Bodensenken, die die Toiletten ersetzten.

»Die Regierung kommt gegen den Zuzug aus dem Norden nicht an.« Christie fuhr weiter.

»Wie heißt dieser Ort?«

»Hakahana.« Christie bewegte, während er sprach, schnell die Fingerspitzen gegeneinander. »Was so viel heißt wie ›na mach schon!‹, ›*come on!*‹. Noch immer gilt es hier vieles anzupacken, aber wenn die Entwicklung so weitergeht wie seit der Unabhängigkeit, kommt eines Tages Land in Sicht.«

Irgendwann bei dieser Exkursion durch die Armut stoppten wir auf einem Hügel, von dessen Spitze aus die Silhouette Windhoeks in der Ferne sichtbar war.

»Goreangab Damm, so heißt dieser brandneue Vorort.« Es war eine armselige Ansammlung von Hütten. »Vor ein paar Jahren war dies nichts weiter als Buschsavanne.«

In der Fantasie malte ich mir aus, wie es einst hier aussehen könnte: kleine Häuser inmitten grüner Gärten. Vielleicht würde diese Gegend eines Tages begehrt sein. Schließlich war der Stausee in der Nähe.

»Träum nicht«, sagte Christie. »Die Grundstücke wurden gerade erst vermessen.«

Auf einem noch unbebauten Grundstück entdeckte ich eine Frau, die auf einer Singer-Nähmaschine nähte. Daneben standen ein paar geöffnete Kisten mit Stoffen.

»Die Menschen hier haben eine Vision.« Christie war voller Zuversicht. »Mag ihre Losung auch kämpferisch klingen – ›Komm schon, packen wir es an!‹ –, aber eines Tages wird sie umgesetzt sein!«

Annaleen Eins

Zwischen den Bildern der National Art Gallery of Namibia traf ich die Direktorin, Annaleen Eins. Eine Frage brannte mir auf den Lippen: »Vor der Unabhängigkeit gab es die staatliche Förderung der ›weißen Kunst‹. War nach der Unabhängigkeit ein Rückzug der Weißen aus der Kunstszene festzustellen, weil die sich jetzt nicht mehr genug gefördert und auch nicht mehr wie früher akzeptiert sahen?«

Sie legte einen Moment das Gesicht in nachdenkliche Falten: »Wie überall gibt es auch bei den Künstlern eine Meinungsvielfalt – dem einen gefällt das, was dem anderen wiederum nicht zusagt. Aber ein Spannungsfeld gab es bei uns nicht, dafür ist Namibia viel zu klein, zu überschaubar, fast familiär. Natürlich sind unsere Künstler kritisch. Aber sie sind nicht deswegen kritisch, weil der eine weiße oder der andere schwarze Hautfarbe hat.«

Nach einem Moment fuhr sie fort: »Ich weiß nicht, ob man bei uns überhaupt von ›weißer‹ oder ›schwarzer‹ Kunst sprechen sollte. Sieh mal die Ausstellung hier vor uns. Alles stammt von unseren Studenten, das sind überwiegend Schwarze, aber auch drei weiße Frauen sind dabei, die ebenfalls in unserer Schule registriert sind. Man mag hier oder dort europäischen Einfluss erkennen, aber Grenzen verwischen. Uns geht es vor allem darum, die Künstler anzuleiten, technisch einwandfreie Arbeit zu leisten. Inhalt und Ausdruck bleiben ihnen überlassen. Die gegenseitige Befruchtung, der Austausch, wird von Jahr zu Jahr ausgeprägter, kreativer. Früher wurden Landschaften vor allem von Weißen gemalt, soziale und politische Probleme waren Sache der Schwarzen. Das lag ja auf der Hand … Doch seit der Unabhängigkeit vermischt sich das.

Vor der *independence* war der größte Teil unserer schwarzen Künstler aus der Kunstszene ausgegrenzt. Allenfalls in der ›urbanen Kunstrichtung‹ waren sie aktiv. Das waren vor allem die, die in Windhoek oder im südlichen Namibia lebten. Aber ihre Werke waren sehr durch den Markt geprägt. Schließlich musste der Künstler überleben. So orientierte sich seine Arbeit am Geschmack der Auftraggeber.

Es gab kein Kulturministerium, das die Kunst gefördert hätte. Das hat sich geändert. Bereits im Jahr nach der Unabhängigkeit begann man nach den Wurzeln der traditionellen Kunst zu forschen. In diesem Zusammenhang wurde auch die kleine Muafangejo-Kunstschule, die draußen in Katutura angesiedelt war, hier zu uns in die Nähe der National Art Gallery verlegt.

Namibia hat, in Relation zu seiner geringen Bevölkerung, sehr viele Künstler. Darauf sind wir stolz.«

Ich hatte bereits von John Muafangejo gehört.

»John ist unser bekanntester namibischer Künstler, sein Name hat in der ganzen Welt einen guten Ruf. Leider starb John Muafangejo 1987 im Alter von nur 44 Jahren.«

Johns Ausbildung begann 1968 in der evangelisch-lutherischen Kirche von Nathal in Südafrika. Seine Spezialität war der Linolschnitt. Die Erfolge kamen sehr schnell. 1969 die erste Ausstellung in Durban, Südafrika. Noch im selben Jahr in London. So ging es kontinuierlich weiter nach oben, bis zu seinem frühen Tod.

»John hatte immer an zu hohem Blutdruck und Depressionen gelitten, daran starb er. Er war eine interessante Persönlichkeit. Sein Einfluss auf die namibische Kulturszene ist immens.

Mütterlicherseits stammte er vom Kwanyama-Stamm, einem der größten Ovambo-Stämme in Namibia. Sein Vater war ein angolanischer Kwanyama. Als John 13 Jahre alt war, starb sein Vater. Danach siedelte er nach Namibia zum Stamm seiner Mutter über.«

Annaleen Eins hielt inne. »Auch hier liegt wieder einer der Gründe für Konflikte in Afrika, die politischen Grenzen, die willkürlich durch die Kolonialisten gezogen wurden, führen oft mitten durch die Stämme hindurch.

Johns künstlerische Schwerpunkte galten vor allem sozialen und politischen Themen. Menschen standen bei ihm im Vordergrund. Er dokumentierte das Leben seines Stammes ebenso wie den erbitterten Kampf gegen die Apartheid. Die Linolschnitte zeigen aber auch die Bilder der Bibel, Adam und Eva und die Geburt Christi. John war ein sehr gläubiger Mensch.«

Ich folgte Annaleen Eins durch die Ausstellungsräume der National Art Gallery. »Sind die Handarbeiten der Menschen am Straßenrand auch Kunst?«

»Früher bestand die traditionelle afrikanische Kunst aus solchen Handarbeiten, *crafts*, wie sie hier sagen. Ich halte es aber für Arroganz, die afrikanische Kunst als *craft* bzw. Handwerk abzuqualifizieren, nur weil wir Europäer die hohe Kunst der Malerei nach hier brachten. Wir wehren uns dagegen und arbeiten hart daran, dass ein gut gearbeiteter Korb, ein Topf aus Keramik oder eine Schnitzarbeit von einer hochbegabten Schwarzen genauso die Bezeichnung ›Kunst‹ verdient wie die Malerei oder die Grafik eines anderen Schwarzen oder eines Weißen.«

Christine Roos

Zehn Kilometer von Downtown Windhoek entfernt plätschert das Wasser des Goreangab-Sees. Der im Nordwesten zwischen dem »schwarzen« Vorort Katutura und dem Daan Viljoen Game

Park gelegene Stausee ist Windhoeks größtes Trinkwasserreservoir. An exponierter Stelle, mit herrlich weitem Blick über den See und die Buschsavanne, hier, wo sich vor Jahren noch die feinen Mitglieder eines Yachtclubs trafen, beugen heute bienenfleißige Frauen die Köpfe über ihre Handarbeiten.

Ich folgte Christine Roos durch die Räumlichkeiten.

»›Penduka‹ ist ein Entwicklungsprojekt für namibische Frauen.« Sie sagte nicht »schwarze Frauen«. Das konnte ich ohnehin sehen.

»Wir kauften das Gelände und funktionierten den Yachtclub der oberen Zehntausend in Arbeitsstätten für behinderte und ausgegrenzte Frauen um. Das verhilft ihnen zu etwas Geld, Dollars, die dazu beitragen, ihre Familien zu unterstützen. Sie erstellen textile Handarbeiten. Ein weiteres Standbein wird die Qualifizierung für die Gastronomie sein. Der Tourismus ist ein Erfolg versprechendes Feld.«

Wir gingen nach draußen. Das Wasser des Stausees gleißte. Ein paar der in traditionellem Stil für Gäste gebauten Lehmhütten zierten Motive aus dem afrikanischen Alltag: hier eine Gruppe bunt gekleideter Frauen, dort afrikanische Tiere – Löwen, Elefanten, Impalas.

Christine Roos blieb stehen und blickte über das Gelände. »Die größte Spende kam von der norwegischen Botschaft, damit renovierten wir die Anlage. Ein beachtliches Darlehen erhielten wir von den Niederländern. In sieben Jahren müssen wir es zurückgezahlt haben.«

»Erhalten die Frauen Vorgaben für ihre Arbeit?«, fragte ich.

»Wir leiten sie nur an, berichten ihnen von den Traditionen ihres Volkes. Die Ausführung ist ihre Sache.«

Nachdenklich fügte sie hinzu: »Nicht allzu viele Schwarze in Namibia sind stolz auf ihre Tradition und Überlieferungen. Wir hoffen, dass dieser Stolz zurückkehrt. Es gibt ein reiches kulturelles Erbe, aber es ist verschüttet, sie müssen diesen Schatz selbst ausgraben und aufpolieren.«

»Warum heißt das Projekt ›Penduka‹?«

»Den Namen ›Wacht auf!‹ wählten wir unmittelbar nach der namibischen Unabhängigkeit. Wir sagten uns, dies sei der richtige Zeitpunkt für namibische Frauen, aufzuhorchen, aufzuwachen, aufzubrechen. Es war die richtige Zeit, um aufgerüttelt zu werden.« Sie lächelte und blickte in Richtung des alten, »weißen« Windhoek. »Genau genommen gilt ›Penduka‹ für uns alle.«

Helmut Bleks

Manch anderer würde sich mit Ende siebzig zum alten Eisen zählen. Helmut Bleks nicht. Wie könnte er … Wo doch 700 Schulkinder zu »Mister Helmut« aufblicken.

»Manchmal sage ich meinen Schülern: ›Ihr seid die Botschafter des neuen Namibia, ihr seid es, die dieses Land formen werden.‹ Dann spüre ich einen Ruck durch die Reihen gehen, und ich weiß, sie werden ihren Weg machen.«

Die Geschichte der Farmschule Baumgartsbrunn, eine halbe Stunde von Downtown Windhoek entfernt an der Khomas-Hochlandstraße gelegen, begann 1969, als den Konzernmanager Bleks ein Herzinfarkt traf.

»Ein Arzt riet mir, ich solle möglichst weit weg von Stress und Hektik leben.« Das Ehepaar Bleks folgte dem Rat, indem es in Namibia die 7000 Hektar große Farm Baumgartsbrunn kaufte. Die beiden begannen, ihr Farmhaus selbst zu bauen. In russischer Gefangenschaft hatte Helmut Bleks auch als Maurer und Zimmermann gearbeitet. Hier sollte er einen weiteren Beruf erlernen: den des Schulleiters.

»Seit damals habe ich keine Tablette mehr genommen. Ich bin hier gesund geworden.« Doch Farmer, der er ursprünglich hier werden wollte, wurde er nicht. »Es gab damals ein Gesetz, wonach Kinder nur dort zur Schule gehen konnten, wo die Eltern

Helmut Bleks. Mit einfachsten Mitteln baute er eine Farmschule für 20 Kinder. Heute schauen 700 Schulkinder zu ihm auf.

Arbeit hatten und wohnten. Die meisten Eltern aber lebten auf dem Lande, und genau da waren keine Schulen.« So begann er, auf Baumgartsbrunn mit einfachsten Mitteln eine private Farmschule für 20 Kinder zu bauen.

»Viele schwarze Menschen wussten nicht so recht, was sie damit anfangen sollten, und für die weißen Farmernachbarn war es neu, im Khomas-Hochland eine Schule für schwarze Kinder zu haben. Fünf Jahre Misstrauen. Doch das war nur am Anfang. Später brachten selbst die Farmer ihre Kinder hierher.« Mit der Akzeptanz gingen jedoch neue Schwierigkeiten einher. Die Nachfrage wurde zu groß.

Helmut Bleks zeigte mir bei meinem Besuch den großzügig angelegten modernen Schulkomplex samt Gärtnerei, Bäckerei, Schneiderei, Molkerei und Metzgerei nebenan sowie die Wasserzuführung aus einem eigenen, 16 Kilometer entfernten Stausee. Und das liebe Geld? Bleks' Erfahrungen als Industriemanager halfen ihm bei der Sache.

»Die namibische Regierung, die Konrad-Adenauer-Stiftung und die Helmut-Bleks-Stiftung in München finanzieren unser Projekt etwa zu gleichen Teilen. Wir beginnen mit der Vorschule, darauf bauen Grund-, Real- und Berufsschule auf. 85 bis 90 Prozent aller Schüler sind Farmarbeiterkinder. Das Projektziel ist der Ausbildungsabschluss in einem handwerklichen Beruf.«

Immer wieder spürte er das ausgeprägte Gruppenbewusstsein der Menschen. »Es ist aber auch wichtig, dass unsere Kinder zu selbstbewussten, starken Persönlichkeiten werden. Es ist beispielsweise nicht ungewöhnlich, dass neun Kinder, die jeweils ein eigenes Bett haben, sich alle in ein Bett quetschen, um jene Nähe zu spüren, die sie von daheim in der kleinen Gruppe kennen. Ich bin Anhänger der Waldorf-These ›Du und ich sind wir‹, doch hier müssen wir eher umgekehrt sagen: ›Wir sind du und ich‹.«

Die Solidarität der Menschen untereinander beeindruckte Bleks aber auch tief: »Eigentlich war es hier unmöglich zu verhungern, weil man sich überall am Tisch dazusetzen konnte, ohne Danke zu sagen. Es war selbstverständlich, sich in diesem kargen Land gegenseitig zu helfen, wo man konnte.« Das tat auch er. Viele weiße Farmer folgten seinem Beispiel. Auch das sind die Früchte einer Idee, die in den ersten Tagen nach seiner Ankunft in Namibia keimte, damals unter einem Klassenbaum …

Mit dem Zug durch die Wüste oder: Die Erfindung der Langsamkeit

Mit dem Zug durch die Wüste fahren? Allein die Vorstellung erheiterte mich.

»Du nimmst den Desert Express, und ich komme mit dem Auto nach«, schlug Juliana vor. Ich hatte allerdings im Zusammenhang mit Reisen in Namibia eher einen Geländewagen vor Augen. Und überdies war die Eisenbahnfahrt nach Swakopmund an Langsamkeit kaum zu überbieten: rund 20 Stunden anstatt vier Stunden mit dem Auto.

In ihrem Büro im Bahnhof von Windhoek saß mir Anita Witt, die Managerin des Desert Express, gegenüber. Über die Landkarte gebeugt, verfolgte ich ihren Finger, wie er auf der alten Karte einer dünnen Linie nachfuhr: Okapuko las ich, Teufelsbrücke. Bei Okahandja beschrieb die Fingerspitze einen scharfen Knick nach links, dort wo der Desert Express nach Westen hin abbog, und führte dann vorbei an Namen wie Wilhelmstal und Johann Albrechtshöhe. In Karibib verharrte Anita Witts Finger. Hier würde der Zug die Gesellschaft der Straße nach Swakopmund verlassen und über Usakos durch die Namib nach Swakopmund rollen. Damit würde er zumindest dem ersten Teil seines Namens gerecht werden. Bei dem Zusatz Express blieb ich skeptisch. Anita Witt lächelte mir aufmunternd zu. »Mit dem Desert Express fährst du nicht, um Zeit zu sparen, für ihn muss man Zeit mitbringen.«

Das klang viel versprechend, denn die Stille der Savanne und der Wüste verträgt sich nur schwer mit Eile und Hektik. »Selten rollt der Zug schneller als dreißig Stundenkilometer«, meinte Anita Witt noch.

»Mach's gut, bis morgen in Swakopmund!«, rief mir Juliana zu. Dann ruckte die schwere Diesellok an und der Bummelzug mit dem Luxus-Touch setzte sich gemächlich in Bewegung. Vorbei ging es an großen weißen Tafeln, auf denen in altdeutschen Lettern die Namen der unterschiedlichsten Zielbahnhöfe standen: Tsumeb, Keetmanshoop, Gobabis, Swakopmund. Das Bahnhofsgebäude von Windhoek wurde kleiner, dann verschwand es ganz.

Züge der unterschiedlichsten Art waren mir vertraut. Jene zischenden, prustenden D-Zug-Loks am Bahnhof von Hannover, mit denen ich als junger Bursche täglich zum Praktikum nach Braunschweig fuhr. Noch heute sehe ich sie, schwarze, stählerne Kolosse, die mir zuzurufen schienen: »Komm, geh mit uns auf große Fahrt!« Mit Leibern, an denen alles in Bewegung, in Aufruhr schien. Maschinen, die Rastlosigkeit signalisierten, auch wenn sie damals auf Gleis zwölf auf der Stelle traten und nervös auf den alles erlösenden Pfiff des Zugführers warteten. Ein Zischen, und prustend verflüchtigten sich weiße Dampfwolken. Ein monoton rhythmisches, wiederkehrendes, fauchendes, schwingendes Geräusch lag über dem schlanken, lang gezogenen Leib der mächtigen Dampfloks, deren ganze Aufmerksamkeit dem Sekunde für Sekunde weiterrückenden Zeiger der schwarzweißen Bahnhofsuhr zu gelten schien. Es war eine vibrierende Spannung, wie bei einem Huskyteam, das mit erwartungsvoll zitternden Leibern auf den erlösenden Ruf des Schlittenhundeführers wartet: »Hike!«, um danach geradezu explosionsartig davonzufliegen.

Ich erinnerte mich an Zugfahrten der unterschiedlichsten Art durch alle fünf Kontinente, auch an jene in Indien. Mal in drangvoller Enge, vor der ich floh, indem ich mich über den Köpfen der Mitreisenden ins Gepäcknetz verkroch. Mal im First-Class-Abteil, verwöhnt vom turbanumwickelten Diener mit dem hochgezwirbelten Schnurrbart, der sich in vollendeter Gentleman-Manier nach den Wünschen seiner Gäste erkundigte. Juliana und ich sind in unendlich langen Stunden mit Zügen durch Südamerika geschlingert, oft in hoffnungslos überfüllten Abteilen, bei denen das Aus- und Einsteigen nur durchs Abteilfenster möglich war.

Und nun das hier. Der Desert Express entpuppte sich als rollendes Hotel, als gediegener Luxusbummelzug. Mit geschmackvoll eingerichteten Zimmern – das Wort Abteil will mir bei diesem Schick nicht über die Lippen –, die jeden erdenklichen Komfort boten.

Wir trafen uns an der Bar. Eine kleine Schar von Naturgourmets. Und so wie ein edler Tropfen Wein über die Zunge zum Gaumen rollt und die Sinne belebt, so anregend zog das weite Buschland draußen vor meinen Augen vorbei. Längst war die Stadt außer Sichtweite.

Keike van Wyk, die Zugbegleiterin mit dem braunen Gesicht, so offen wie die Wüsten Namibias, servierte die Begrüßungsdrinks. Mit meiner Coke stieß ich an das Bierglas von Schalk van Zyl aus Südafrika, ich prostete Mary und Jonathan aus San Diego, Kalifornien, zu und stieß mit Allister aus Schottland an, dem der Regen in seiner Heimat zu viel geworden war. Jetzt suchte er hier Sonne und die Stille der Namib.

Mir gegenüber saß eine alte Dame. Gut 80 Jahre alt, schätzte ich. Sie stellte sich als Katharina von Gehlen vor.

»Mein erster Besuch in diesem Land seit über 30 Jahren«, sagte sie und blickte versonnen in die vorübergleitende Savanne. Acht Jahre lang hatte sie während der Fünfziger- und Sechzigerjahre im Auftrag des Auswärtigen Amts für eine Privatschule in Südwestafrika gearbeitet. »Südwestafrika hat mich danach nicht mehr losgelassen. Solange ich kann, will ich zurückkommen«, sagte die zierliche Person leise.

Wir wurden unterbrochen. »Tertius Venter, Ihr Zugführer«, stellte sich ein junger Mann im blauen Sakko jedem Gast mit festem Händedruck vor.

Der Zug rollte so langsam, dass man die Büsche zwischen Windhoek und Okahandja hätte zählen können. »In wenigen Momenten erreichen wir die Okapuka Ranch.« Keike van Wyk trat zu uns.

1986 erwarben Monika und Fritz Lachberger die Okapuka Ranch, eine Farm wie viele in Namibia damals. Doch sie hatten die zündende Idee für den Tourismus. Sie initiierten einen Geländewagen-Trail und zogen Allradfahrer an. Und nicht nur diese kamen.

Der Zug hielt. Wir stiegen aus und sogleich ging es in einem offenen Geländewagen zur Löwenfütterung. Danach holten wir uns in einem nach allen Seiten hin offenen pilzdachartigen Restaurant, dessen unregelmäßig geformtes Grasdach stellenweise bis fast an den Boden reichte, kühle Drinks. Das tat gut. Vor uns weiter, grüner Rasen, Lagen von übereinander gestapelten Steinen, wie zufällig von der Natur vergessen, dann das Blau der Teiche, das sich in starkem Kontrast vom Grün des Rasens absetzte. Allister aus Schottland zögerte einen Moment lang, ob er den ersten Whisky des Tages ordern sollte, besann sich dann aber auf ein Windhoek Lager.

»Kein Problem, wenn du ein Stück vorn auf der Lok mitfahren willst«, ermutigte mich Tertius Venter vor der Weiterfahrt.

»G. P. Human«, stellte sich der Lokführer vor. Er hockte da in kurzen Hosen auf einem metallenen Sessel und bediente die Instrumente seiner »Cooper und Bassimer V12-Lok«, wie er stolz betonte. Sein Englisch wirkte hart, fast ungeschliffen, wie singend, so wie ich das bei Menschen hier gehört habe, die zu Hause Afrikaans, die Sprache der Buren, sprechen.

»60 Stundenkilometer könnten wir hier entlangfliegen«, knurrte er. »Aber das hätte sich nicht mit der Philosophie der Betreiber des Desert Express gedeckt.« Und so bummelten wir mit knapp 30 Stundenkilometern durchs Land.

»Was die Ingenieure der Trans-Namib-Gesellschaft mit dem Desert Express gemacht haben, ist ein kleines Wunder. Alte Passagierwagen wurden völlig zerlegt und Luxusabteile kamen auf die Fahrgestelle«, erinnerte sich G. P. Human. Eine Sache mit Tradition, denn bereits 1897 ist der erste deutsche Zug durch die südwestafrikanische Savanne gerollt.

Das Schild mit der Aufschrift »Otjihevera« an unserem letzten Stopp lag bereits lange hinter uns. Die späte Nachmittagssonne vergoldete das Grasland. Da war kein Ort, nur Hügel, Grasland und Büsche.

Der Desert Express bummelte jetzt durch die anbrechende Nacht. Für kurze Zeit brannte die Savanne im Sonnenuntergangstaumel blutrot. Eine Oryxantilope kreuzte in aller Seelenruhe die Bahnspur. Kudus verharrten neben der Piste. Akazien und Kameldornbäume wiegten sich leicht im Zugwind.

In Okahandja änderte der Desert Express seine Richtung. Wir fuhren jetzt nach Westen. Wie bei leichtem Seegang rollten wir in die Nacht hinein. Ich setzte mich im Welwitschia-Restaurant an den gedeckten Tisch. Ein Hauch des verblassenden Tages lag noch als zarter Rotschleier über dem Westen. Keike van Wyk servierte uns den ersten Drink des Abends.

Was das wohl für Menschen sind, die durch diese scheinbar gottverdammte Savanne und Wüste schlingern und doch im Innern dieses rollenden Hotels für jeden erdenklichen Komfort sorgen?, fragte ich mich. Ich blätterte in meiner Erinnerung, und andere Bilder tauchten auf: Ochsenwagen, die schwer mit Gütern bepackt zwischen dem Hafen von Swakopmund und der Metropole Windhoek verkehrten. Hafenstadt Swakopmund! Über die Bezeichnung ließe sich trefflich streiten. Die deutsche Kolonialverwaltung hat sich jedenfalls für jene Stelle am Meer entschieden, an der sich der Swakop Rivier in den Atlantik ergießt. Was sowieso nur alle Jubeljahre passiert, wenn »guter Regen« den lehmbraunen Trockenfluss zum Fließen bringt.

Rund 30 Kilometer weiter südlich war die britische Niederlassung Walvis Bay. Die großen Meeressäuger hatten Walfänger schon früh hierher gelockt.

Bartholomeu Diaz war der erste, der 1487 mit seinem Schiff São Cristovão in der Walfischbucht vor Anker ging. Doch erst die zunehmende Präsenz amerikanischer Walfänger, die, angelockt durch die Riesensäuger, hemmungslos vor den Küsten jagten, schreckte die Holländer am Kap der Guten Hoffnung auf. Sie hissten hier 1793 die holländische Fahne und nannten die Bucht »Walfisch Baye«. Doch nicht lange. Schon besetzten die Franzosen Holland, Walvis Bay wurde französisch. Da argwöhnten die Engländer, ihr Erzfeind könne den Seeweg nach Indien kontrollieren. Kurzerhand annektierten sie die Bucht, die später Teil der Kapkolonie bzw. der Südafrikanischen Union wurde. Die Schutztruppe respektierte die Fakten. Um das englische Walvis Bay wurde die Kolonie Deutsch-Südwestafrika herumgebaut. Es war ein historischer Moment, als 1994 die südafrikanische Enklave Walvis Bay an Namibia zurückfiel. Damit war der Schlusspunkt unter die Kolonialzeit gesetzt.

Ich lehnte mich zurück und schaute in die Nacht hinein. Lichtreflexe blitzten in den Scheiben. Der rote Kapwein entspannte mich auf angenehme Weise. Ich musste schmunzeln, als ich die alten Bilder vor meinem Auge sah. Jenen Schutztruppenoffizier Edmund Troost, der glaubte, den Stein der Weisen gefunden zu haben, als er 1896 ein 280 Zentner schweres Dampfmaschinenmonstrum von Deutschland nach Swakopmund orderte, um Waren effizienter als mit Ochsen durch die Wüste zu transportieren. Rund 15 000 Kilo Fracht fanden Platz auf den drei Anhängern seines »Dampfochsen«.

Doch Troost hatte sich gründlich verkalkuliert. Dieses war eine der kärgsten Wüsten auf Erden, ohne Wasser, ohne Brenn-

Mangels Wasser und Brennholz konnte die Dampfmaschine nicht wie vorgesehen die Wüste durchqueren. Nach 100 Jahren steht sie immer noch vor den Toren von Swakopmund.

holz. Genau das aber benötigte der »Dampfochse«. Nach einigen Transporten zu nahe gelegenen Zielen gab Troost sein Wüstenexperiment auf. Die Dampfmaschine aber kennt auch heute noch jeder in Namibia. Schwarzbraun, vom Sand der Namib geschmirgelt und von der Salzluft des Atlantik zerfressen, steht der gealterte Koloss noch nach gut 100 Jahren vor den Toren Swakopmunds, genau dort, wo seine letzte Dampfwolke verpuffte.

Ich versuchte die Motivation der Menschen, die ihre Spuren hier hinterlassen hatten, zu ergründen: Edmund Troost und all den anderen, die nach ihm kamen.

Ich stand auf, nickte Katharina von Gehlen zu, die noch immer still am Fenster saß, den Kopf dicht an der Scheibe, die rechte Hand wie zum Schutz gegen eine zu grelle Sonne über die Brauen gelegt, und in die Nacht hineinschaute. »Sehen Sie nur, die Sterne sind jetzt aufgegangen«, sagte sie, mehr zu sich selbst.

Wolfgang Bernardo, den Küchenchef, traf ich im Nachbarwagen, wo er gerade letzte Hand ans Abendessen legte. Ich schätzte ihn auf Anfang, Mitte 30. In München geboren, aber schon im Alter von sieben Monaten nach Windhoek ausgewandert. Der zweite Koch, Jonah Levi, schaute auch kurz vorbei. Ende 20, schwarzes Gesicht, aus denen wie Edelsteine zwei glasklare freundliche Augen blitzten. »Das Essen wird gleich serviert«, ermunterte mich Wolfgang Bernardo.

Ich entschied mich für Potjie, das für meine Ohren wie »Poikie« klang. Ein afrikanisches Essen, das in einem Topf, quasi als Eintopf, zubereitet wird.

»In den Dörfern bekommst du Milipap im Potjie serviert, den typischen Brei aus Maismehl und Wasser. Es sind Töpfe in der Größe von einem Viertelliter Fassungsvermögen bis hin zu Größe 42 erhältlich.« Wolfgang Bernardo schmunzelte: »Größe 42 reicht allerdings für 100 Leute.«

Meine Potjie-Premiere war köstlich. »Oryx in Gulaschgröße geschnitten«, verriet mir der Chefkoch, der mich zu meinem Tisch begleitet hatte, »dazu Blumenkohl, Brokkoli, Karotten und Zucchini. Das Fleisch brätst du an, wobei du Tomatenpaste und Zwiebeln zugibst. Und ganz wichtig, vergiss den Portwein und einen Schuss Branntwein nicht. Zu dem zart gekochten Fleisch gebe ich Karotten, fülle eine würzige Brühe dazu und füge zum Schluss das Gemüse bei. Nach gut zehn Minuten Kochen ist das Essen fertig.«

Natürlich servierte man uns den Oryx-Potjie zünftig, also im gusseisernen Topf. Mein Gegenüber, Allister aus Schottland, dieser Bursche mit dem zerfurchten, wettergegerbten Gesicht eines Bauern, leckte sich zufrieden die Lippen. Dann orderte er zwei Scotch Whiskey und schob mir ein Glas herüber. »One for the way.« Es blieb nicht bei dem einen. Der Weg durch die Wüste war lang.

»Wie lange bleibst du?«, fragte ich Allister.

»Zwei Wochen, 14 Tage!« Er lächelte nachdenklich. »Zu kurz!« Aber immerhin, dachte ich, zwei Tage länger als Mary und Jonathan aus San Diego, die Südafrika und Namibia gleich in einem Rutsch als All-inclusive-Reise abhakten.

Der Morgen danach war so ganz anders. Die Farben des Vortags waren nur noch eine vage Erinnerung. »Wie in Schottland«, knurrte Allister und schlürfte etwas missmutig seinen *morning tea.* Der Zug hatte uns über Nacht an Swakopmund vorbei an den Rand einer mächtigen Dünenlandschaft gebracht. Grau in grau reihte sich hier eine Superdüne an die andere. Grau war auch die Ebene zwischen dem Schienenstrang und den Dünen, bis hin zu der Stelle, zu der wir nach Keike van Wyks Tipp gehen sollten. So grau wie der Himmel und die Wolken, deren Trennlinie ich in den Küstennebeln beim besten Willen nicht ausmachen konnte.

Ich entschied mich für Kaffee. Keike van Wyk füllte meine Tasse, strahlend wie gestern Abend.

»Der graue Himmel …«, brummte ich.

»Abwarten«, sagte sie und lächelte.

Der Nebel gehört hier an der Küste zum Morgen wie die Sonne zum Nachmittag. Das war mir bekannt.

»Und überhaupt – statistisch betrachtet ist es an 119 Tagen des Jahres in Swakopmund neblig und verhangen.« Toll, dachte ich. Sie hat wieder gelächelt.

»Deswegen kommen die Besucher ja in der heißesten Jahreszeit nach Swakopmund.«

Chefkoch Wolfgang Bernardo, Assistent Jonah Levi und Zugführer Tertius Venter hatten sich umgezogen und erschienen jetzt in T-Shirts, Shorts und barfuß anstatt in Uniform. Jeder schleppte eine Art Surfboard, rund eineinhalb Meter lange und knapp einen Meter breite Presspappeplatten. Oder waren die Teufelsdinger aus Kunststoff? Tertius Venter hatte bereits die erste Düne erreicht und begann den Hang des wohl hundert Meter hohen Sandbergs hinaufzuklettern. Loser Sand rutschte ab. Immer einen Schritt vor, dann einen halben Schritt zurück. Ich machte es ihm nach.

Das Grau-in-Grau nahm langsam Konturen an. Die Grate der Dünen, wie von der geübten Hand eines Malers mit dem Pinsel im eleganten Bogen auf die Leinwand geworfen, zeigten erste Schatten. Vereinzelt schoben sich winzige Flecken Blau an den Himmel. Doch noch zu wenig, als dass es Sinn machte, die Kamera herauszuholen und die Stimmung einzufangen. Und doch war dieses Bild für mein Auge eine »Symphonie in Grau«, ein fast meditatives Erlebnis.

Die anderen vom Zug waren ebenfalls Tertius gefolgt. Auf halber Dünenhöhe hatten sich Küchenchef und Zugführer wie Kinder in den Sand gehockt. Dann schossen sie auf ihren mit Bohnerwachs glänzend polierten Brettern mit einem Schrei bäuchlings die Dünen hinunter. Zwei Zugbegleiterinnen folgten jubilierend.

Ein höllisches Vergnügen: Surfen im Sand.

Ein buntes Durcheinander gab es, als Wolfgang Bernardo, Keike van Wyk und Tertius Venter auf einem Bord hintereinander sitzend mit 50 Stundenkilometern die Düne hinunterbretterten. Einen Moment lang hatte Wolfgang Bernardo die tunlichst anzuhebende Spitze des Brettes offenbar zu niedrig gehalten. Pech, mein Lieber, die Vorderkante verhakte sich im Sand, das Monstrum stellte sich bei dieser Geschwindigkeit senkrecht, und die drei Surfer poppten wie Federbälle durch die Luft. Und alle brüllten vor Vergnügen.

Dabei bemerkte ich nicht einmal, wie der Himmel aufriss und die Sonne die letzten Nebelfetzen verbrannte.

Als der Desert Express zwei Stunden später in Swakopmund einlief, erinnerte nichts mehr daran, dass diese Nacht, wie jede Nacht hier, undurchdringliche Nebelwolken vom Benguelastrom in die Namib gesandt hatte. Als Gruß an das Leben hier. Die Nebel hatten die uralten Welwitschiapflanzen und die Flechten getränkt. Und wie immer hatten die Tenebrio-Käfer Kopfstand gemacht, um sich den Morgentau wie himmlisches Manna in den Mund tröpfeln zu lassen. Auch ihre Käferkollegen der Lepidochora-Gattung waren bereits frühmorgens auf den flinken Beinen gewesen. Emsig, wie stets um diese Zeit, zogen sie Gräben, an deren Rändern sich mehr Morgentau verfing als auf dem übrigen Wüstenboden.

In der Wüste überleben nur die Cleversten.

Sie alle hatten längst ihren Morgendrink gehabt, als Allister und ich in die Bar des alten Swakopmunder Bahnhofs gingen, in dem sich heute ein schicker Hotelkomplex befindet.

»Zwei eiskalte Cokes«, orderte ich, »mit viel Eis!« Der Himmel über Swakopmund war jetzt so blau, dass die Symphonie in Grau des frühen Morgens fast unwirklich erschien.

»In Swakopmund bleibt alles beim Alten«

In der Touristeninformation im Zentrum von Swakopmund traf ich Juliana nicht an. Stattdessen fand ich eine Nachricht vor: »Bleibe länger in Windhoek als geplant. Habe die Möglichkeit zu einer Kanutour auf dem Orange River aufgetan. Ich melde mich bei dir.«

Das klang viel versprechend. Die Zeit bis dahin wollte ich nutzen, um in Swakopmund alte Spuren zu suchen.

Ich musste an meine erste Begegnung mit Swakopmund denken. Wir hatten Tausende von Kilometern Afrikaabenteuer mit unserem Bulli hinter uns, als wir hier durch die Straßen fuhren. Diese bestehen größtenteils aus einem Gemisch von Salz und Sand. Platt gewalzt ergibt das eine fast autobahnähnlich glatte, schnelle Oberfläche. Solange kein Regen darauf fällt …

»Du, sieh mal, da drüben, eine Bäckerei!«, quietschte Juliana damals begeistert auf. Tatsächlich, über dem Schaufenster hing eine einladende Werbetafel, auf Deutsch! »Backen und Brauen, ein Handwerk mit Tradition.« So schnell hatte ich den Bulli lange nicht eingeparkt.

Doch statt auf einen deutschen Bäcker trafen wir auf eine freundlich lächelnde, hübsche schwarze Frau, die vielleicht 20 Jahre alt war. Ich sprach sie auf Englisch an, doch offenbar hatte sie ein paar deutsche Brocken bei uns beiden mitbekommen. Mit der Fingerspitze ihrer rechten Hand tippte sie auf eine Glasscheibe, unter der Sachertorte, Bienenstich und Schwarzwälder Kirschtorte verführerisch zum Verzehr einluden, und fragte so selbstverständlich, als begegneten wir uns in einem Münchener Café: »Jo, meine Dame, mei' Herr, wos hätten's denn gern?« Auf Deutsch, mit unverkennbar bayerischem Akzent!

Die ersten Souvenirverkäufer hatten sich bereits eingefunden. Von Westen, vom Meer her, rollten noch immer Nebelschwaden ins Land. Dumpfes Grau lag auch an diesem Morgen über der Stadt. Selbst das sonst leuchtende rotweiße Ringelmuster des schlanken Leuchtturms vermochte wenig gegen diese Symphonie aus Grau auszurichten. Ein zweijähriger Junge mit lustigen Augen griff in den schmutzigen Sand, besah sich die Beute in der Hand – und biss genussvoll hinein.

Seine Mutter säuberte die ausgebreitete Matte mit einem Reisigbesen, dort, wo gleich Armreifen aus bunten Perlen und Ledergürtel ihren Platz für den Tag einnehmen sollten. Die Mutter lachte, als sie das überraschte Gesicht des Kleinen sah. Der lachte jetzt auch und spuckte den schwarzbraunen Dreck nach und nach aus.

Die großen Palmen, die in der Hitze des Sommers Schatten spendeten, standen an diesem Morgen fast nutzlos herum, denn die Sonne zeigte sich nicht. Noch nicht. Doch auch so fügten sich die Palmen hübsch in das Ensemble von Kaiserlichem Bezirksgericht, Marinedenkmal, Leuchtturm und Café Anton. Nach und nach kamen immer mehr Souvenirhändler. Alle breiteten ihre Waren aus: gruselige Masken aus Sambia, gefällige Schnitzereien aus stahlhartem Holz aus Simbabwe. Einer der jungen Kunsthändler polierte die Farbe seiner meterhohen Giraffe mit Bohnerwachs auf, während er sich mit der anderen Hand die warme Pudelmütze tiefer ins Gesicht zog.

Der kleine Sandbeißer von eben kroch von alledem unangefochten zwischen den Souvenirs herum und erforschte das Leben. Und damit er sich auf seiner Exkursion nicht erkältete, hatte ihm seine Mutter zusätzlich zur grünen wollenen Mütze die Kapuze seines wattierten roten Anoraks über den Kopf gezogen.

Vor dem meterdicken Stamm einer Palme hatte sich jetzt eine Herero-Frau niedergelassen und breitete große Stoffpuppen mit wallenden roten Reifröcken vor sich aus. Wegen der Morgenkühle kuschelte sie sich in eine wollene Jacke. Derweil formten ihre Hände geschickt Drahtgeflechte, die die Gerippe für weitere Stoffpüppchen bildeten.

Ein Morgen in Swakopmund.

Ich trat ins Café Anton, nur ein paar Schritte von den Straßenhändlern entfernt. Ich setzte mich an einen der Tische, von denen man auf Stadtansichten in Bilderrahmen blickte, von Kleve am Niederrhein oder von Königsberg zum Beispiel. Ich orderte ein Brötchen, dann ein Croissant, auf Deutsch natürlich. Die schwarze Bedienung sagte ebenfalls auf Deutsch: »Bitte sehr, mein Herr!« Dann las ich die »Allgemeine Zeitung« und war doch noch immer mittendrin in Namibia.

Gestern hatte mir Freddy Kaukungua, der Sekretär des Bürgermeisters von Swakopmund, versichert: »Bei uns bleibt alles beim Alten!«

Auf den ersten Blick schien sich das zu bestätigen. Auf einem Gebäude der Stadtverwaltung las ich die alte koloniale Aufschrift »Altes Amtsgericht«, beim Bummel durch die Stadt entdeckte ich ein Motorrad, auf dessen Gepäckträger ein weißer Kasten mit dem Aufdruck »Swakopmunder Apotheke« stand.

Der Kaffee schmeckte gut im Café Anton. Nur die Dame am Tisch gegenüber beklagte sich: »Im Dezember 2001 wurden mehr als ein Dutzend Straßennamen in Swakopmund umbenannt.« Ich bestrich mein Croissant mit Butter.

Freddy Kaukungua hatte mit seiner Aussage vor allem die historischen Gebäude gemeint.

Ich kenne keine Stadt in Afrika, die ein so verträumtes, verspieltes, gut erhaltenes koloniales Ensemble bewahrt wie Swakopmund. Noch bis vor kurzem bummelte ich hier die Lazarettstraße und die Breitestraße entlang. Oder die Bahnhofstraße, die zu dem alten Bahnhof führte, hinter dessen verspielter, gleichwohl ungemein fotogener Fassade sich heute das Swakopmunder Hotel befindet. Jetzt wurden deutsche Straßennamen zugunsten derer von Unabhängigkeitskämpfern und aktuellen politischen Helden ausgetauscht. Namibias bislang meist fotografiertes Straßenschild, »Kaiser-Wilhelm-Straße«, verschwand in der Versenkung. Die Hauptstraße von Swakopmund wurde zur Sam-Nujoma-Straße. Der auf diese Art geehrte namibische Staatspräsident verglich den jüngsten »Schilderfall« mit dem Fall der Berliner Mauer. Auch in der ehemaligen DDR seien die Symbole und Helden von gestern vom Sockel gestoßen und durch jene von heute ersetzt worden.

Die Dame mir gegenüber schob ihren Frühstücksteller beiseite, nahm die Serviette, betupfte sich die Lippen und seufzte: »Es hat sich einiges in Swakopmund verändert.«

Aber behutsam, ging es mir durch den Kopf. Ein »Bildersturm« wie in anderen Staaten Afrikas war nach der Unabhängigkeit hier ausgeblieben. Zum Glück!

Ich war auf Freddy Kaukungua gestoßen, als ich nach jemandem suchte, der mir dieses Kolonialstädtchen mit dem Blick durch die Brille des 21. Jahrhunderts erläutern konnte.

Allzu viel Zeit blieb mir allerdings nicht. In wenigen Tagen stand unsere Kanureise an. Juliana war in Windhoek dabei, vorzubereiten, zu packen, zu organisieren, wie wir es schon so oft vor Kanutouren gemacht hatten. Rund eine Woche, vielleicht auch zehn Tage würden wir mit dem Paddelboot unterwegs sein. Eine kleine Gruppe von Freizeitabenteurern hatte vor, einen der reizvollsten Abschnitte des Orange River, und damit die Grenzlinie zwischen Südafrika und Namibia, zu befahren. Man hatte uns eingeladen, dabei zu sein. Wenn es um das Abenteuer einer Kanutour geht, lasse ich mir kein Angebot entgehen!

Freddy Kaukungua und ich hockten auf mächtigen Felsbrocken, die zum Schutz gegen die Brandung vor der Strandpromenade aufgeworfen waren. Hinter unserem Rücken zog sich der 260 Meter lange Pier geradlinig ins Meer. Mich fröstelte an diesem Morgen in meinen Shorts und dem T-Shirt. Einen Moment lang beneidete ich mein Gegenüber, der im frisch gestärkten blauen, langärmeligen Hemd mit Krawatte und in dunkelgrauer Anzughose nicht mein Problem teilte. Ihm war warm. Vom Meer wehte eine kalte Brise, während zehn Kilometer weiter im Inland die Quecksilbersäule des Thermometers gnadenlos nach oben kletterte.

Wir waren vom Hansa-Hotel aus die Arnold-Schad-Promenade vorbei an dem weißroten Leuchtturm geschlendert, der sich 35 Meter neben dem ehemaligen Kaiserlichen Bezirksgericht erhob. Auch so ein kleiner, dezenter, nachkolonialer Fingerzeig. Heute dient er Staatspräsident Nujoma während seiner Ferienwochen als Sommerresidenz. Symbolhaft. Angesichts dieses Gebäudes im fantasievollen Kolonialdesign des Jahres 1901 dachte ich: Egal, wie kurz die deutsche Kolonialzeit hier war – ein Potenzial, das sich heute kräftig touristisch vermarkten lässt, hat sie auf jeden Fall hinterlassen. So sah das auch Freddy Kaukungua.

Begonnen hatte alles mit den Männern des deutschen Kanonenbootes »Hyäne«, das im August 1892 hier vor Anker ging. Was ging in ihren Köpfen vor? Das hier waren keine lieblichen Küsten, an deren Ufern sich Palmen im Wind bogen. Dahinter lagen keine grünen Weiden, die Viehzucht erhoffen ließen. Aus der Sicht der Männer der »Hyäne« war dieses nichts weiter als totes Land. Als sie sich in ihrem Beiboot durch die Nebel an Land getastet hatten, blickten sie auf die gelbgrauen, schmucklosen Ausläufer der Namib.

Im Süden, hinter dem Swakop Rivier, erhoben sich die mächtigen, unüberwindbar erscheinenden Sanddünen. Einigen Männern der »Hyäne« war bekannt, dass dieser Abschnitt der südwestafrikanischen Küste schon lange die Bezeichnung »Skelettküste« trug.

Was also sprach dafür, sich an diesem gottverlassenen Strand niederzulassen? Abgesehen von der Tatsache vielleicht, den Briten eine strategische Antwort geben zu müssen, die 30 Kilometer südlich von hier seit kurzem den natürlichen Hafen Walvis Bay kontrollierten. Doch dort konnte man wenigstens anlegen, wie man es von einem richtigen Hafen erwartete. Hier aber ankerten die Schiffe vor der Küste. Menschen, Tiere, Ladung wurden auf See in Boote verfrachtet und mit Hilfe von Kru-Boys, in Liberia angeheuerten Ruderknechten, an Land gebracht.

Es muss etwa jene Zeit gewesen sein, als ein deutscher Reisender namens Kurt Schwabe Swakopmund erreichte und in seinem Tagebuch die Verhältnisse hier als durchaus nicht verlockend porträtierte:

»Der Fußboden, der in Ermangelung von Dielen aus dem feinen Sand der Hochfläche besteht, wimmelte von Millionen von Sandflöhen, kaum 20 Schritt seewärts meines Palastes ist in den sandigen Absturz der Hochfläche eine mit Brettern verschalte Höhle eingebaut, deren Dach über riesigen Walfischrippen, die man überall am Strand herumliegen findet, aus einer Bedeckung von Wellblech, Segeltuchlappen und Dachpappefetzen besteht, über die Sand geschaufelt ist … Oft führte mich die Absicht, meiner Küche eine Abwechslung zu verschaffen, in das nahe Flussbett, in dessen schilfumsäumten Lagunen große Schwärme Süßwasserenten einfielen. Auch prächtig rot gefärbte Flamingos, Pelikane, schlanke Reiher, Sumpfhühner und eine Unzahl von Möwen, Strandläufern und Meerenten bevölkerten die Flussmündung und den sandigen Strand, an dem bei Ebbe bis weit in das Meer hinaus schwarze Felsen sichtbar wurden.«

Doch Swakopmund entwickelte sich rasant. Bereits am 13. April 1899 war die Siedlung zwischen Namib und eiskaltem Benguelastrom über die Telegrafenlinie Kapstadt-London mit dem Rest der Welt verbunden. Das erste Telegramm der Kolonialverwaltung von »Südwest« erreichte dann prompt auch den, dessen späte koloniale Träume dieses Abenteuer ermöglicht hatten:

»Euer Majestät entbieten die Deutschen der Kolonie bei der Eröffnung des Kabelverkehrs mit dem Mutterland allerehrerbietigsten Gruß mit der Versicherung unwandelbarster Treue. Gouverneur Leutwein.«

Nach 1915, dem Ende der Kolonialzeit, brachen schwere Zeiten an. Die Hafenaktivitäten erlahmten, Swakopmund war jetzt kaum mehr als ein unbedeutender Fischerort. Erst nach dem Zweiten Weltkrieg und der anbrechenden Mobilität der weißen Bevölkerung begann der touristische Aufschwung. Zunächst entstand die Zeltstadt Lappiesdorf, die die Städter um Weihnachten hierher in die »Sommerfrische« zog. Wer heute in Windhoek etwas auf sich hält und es sich erlauben kann, nennt ein Ferienhaus oder eine Ferienwohnung in Swakopmund sein Eigen. Vor allem zum Jahreswechsel kommen sie, wenn die Hitze im Inland unerträglich wird und hier der Benguelastrom die Klimaanlage ersetzt.

Ich suchte Freddy Kaukungua in seinem Büro in der Stadtverwaltung auf. Freddy strahlte mich an und wies auf die Urkunde an der Wand: »Eine Ehrenurkunde des lokalen Karnevals-Komitees«, und er fügte hinzu: »Wir wollen das koloniale Ensemble nicht ankratzen.« Dann lachte er: »We are a little Hamburg.« Mit Blick auf die Urkunde an der Wand hätte ich eher an Köln gedacht.

»Wie viele Menschen leben hier?«

»Rund 25 000, wenn man die Vororte mit einschließt.« Ich wusste, dass er mit »Vororten« Mondesa und Tamariskia meinte.

Ich stieg zu Freddy in den Wagen, wir wollten einen Ausflug dorthin machen.

»Ist bei euch die schwarze Bevölkerung in den Tourismus involviert?«

Er dachte einen Moment nach. »Ja, zumindest während der letzten vier oder fünf Jahre. Noch sind wir in den Anfängen … Die eine oder andere kleine Scheibe vom Tourismus fällt für jeden von uns ab. Aber die Stücke des Kuchens sind ungleichmäßig verteilt. Ich hoffe, das ändert sich. Überall im Land gibt es jetzt schon Camps unter federführender Beteiligung der schwarzen Bevölkerung – warum nicht auch eines Tages Ähnliches hier?«

Um nach Mondesa und Tamariskia zu kommen, muss man das schnuckelige koloniale Swakopmund verlassen. Damit ließen wir auch jenen Ausschnitt der vom lokalen Tourismusverband herausgegebenen Karte hinter uns, auf der die Highlights dieser Stadt vermerkt waren. Von nun an wurden die Straßen weiter, die Häuser aber unscheinbarer. Wir folgten der Henties Bay Road nach Norden und bogen bald nach Osten hin ab. Das war zwar immer noch Swakopmund, doch die Bilder glichen nicht mehr denen zwischen Hansa-Hotel, Café Anton und Kaiserlichem Bezirksgericht.

Freddy hielt an. »Du siehst hier die Folgen der Apartheid. Auf Weisung der südafrikanischen Rassenpolitik wurden hier zwei *townships* angelegt. Weit genug von der Innenstadt Swakopmunds entfernt, als dass die hier lebenden armen Hunde die Herrschenden hätten stören können. Mondesa schuf man für die Schwarzen, Tamariskia für die *coloureds*, die Farbigen.«

Er gab Gas, das Auto fuhr an. »Während der letzten Jahre hat insbesondere das vernachlässigte Mondesa starke Verbesserung erfahren. Viele schwarze Mitbürger haben das bisschen Geld, das sie hatten oder auftreiben konnten, investiert. Mondesa wächst schnell. Zu schnell für meinen Geschmack. Seitdem die Menschen nach der Unabhängigkeit das Recht haben, hinzuziehen, wohin immer sie wollen, kommen sie mit Vorliebe auch zu uns an die Küste. Denn hier gibt es Jobs, im Tourismus und mehr noch in der Fischindustrie.«

Mondesa erschien mir wie eine einzige riesige Baustelle. Aktivitäten, wohin ich sah. Männer schaufelten, bauten bescheidene kleine Häuser. Dazwischen standen primitive Wellblechbuden. »Als Übergangslösung nur«, erklärte Freddy und fügte hinzu:

»Obwohl Mondesa schon aus den Nähten platzt, ist dieses nur ein Drittel dessen, was benötigt würde, um die Menschen hier tatsächlich menschenwürdig unterzubringen.«

Es war Nachmittag. Der Nebel entlang der Küste begann sich zu lichten. Die Sonne brach endgültig durch die Wolken, und Swakopmund, das am Morgen ein wenig verloren und einsam auf mich gewirkt hatte, begann jetzt zu leben, auch wenn die Strände menschenleer geblieben waren. Ein paar Besucher beugten sich über die Auslagen der Souvenirverkäufer unterhalb des Café Anton. Die Armreifenverkäuferin verkaufte bereits das dritte Perlenband. An ihrer Seite lag der kleine »Sandbeißer« und schlief, jetzt ohne wattierte Jacke und Pudelmütze.

Namibias gesamte Küste, von der Mündung des Orange River im Süden bis hoch zum Kunene im Norden, würde bei einem Schönheitswettbewerb keinen vorderen Platz belegen. Tödlich war sie für all jene, die an ihr Schiffbruch erlitten. Davon zeugt noch heute der Name Skelettküste.

Es ist der eiskalte Benguelastrom, der sich von der Antarktis an der Westküste Afrikas entlang, vom Kap der Guten Hoffnung bis über die Grenze Angolas hinaus, nach Norden wälzt. Dort knickt er ab nach Westen in den Atlantik, um bald schon auf seiner Weltreise mit warmen Äquatorwassern Richtung Südamerika zu strömen.

Die leichentuchhaften Nebel über dem Benguelastrom machten die Küste im Laufe der Jahrhunderte für zahlreiche Schiffe und Menschen zum Grab. Im November 1942 erreichten die Schiffstragödien entlang der Skelettküste einen traurigen neuen Rekord: Ein Hilfe suchendes »SOS – SOS« ging über den Äther. Doch Helfer gab es weit und breit nicht. Und so begann die Tragödie der »Dunedin Star« und damit auch die der 106 Personen an Bord. Einigen Passagieren war es gelungen, das manövrierunfähige Schiff zu verlassen, doch kaum an Land, machte sich

Grauen breit. Man fand zwölf kopflose Skelette. Zwischen den gebleichten Fingerknochen des einen steckte eine zerfledderte Notiz: »Ich mache mich auf, einen Fluss nördlich von hier zu suchen.« Der Schreiber erreichte nie sein Ziel.

Stattdessen erreichte der Schlepper »Sir Charles Elliott« den Havaristen. Doch die peitschende See ließ nur die Rettung der auf der »Dunedin Star« verbliebenen Menschen zu. Die an Land Verbliebenen sahen unglücklich hinter der »Sir Charles Elliott« her, als die nach Süden dampfte. Auf der Heimreise geriet die »Sir Charles Elliott« ihrerseits in Seenot. Es war ein Glücksfall, dass bereits zu diesem Zeitpunkt ein Überlandrettungskonvoi in Windhoek aufgebrochen war. Des Weiteren war ein Bomber mit Wasser und Lebensmitteln in Kapstadt gestartet, um den Menschen zu helfen. Doch Flugkapitän Naudets lobenswerte Absicht, Frauen und Kinder an Bord seiner Maschine zu nehmen, kam ihn teuer zu stehen. Bei der Landung versackte sein schwerer Vogel hoffnungslos im Sand.

Naudet war ärgerlich… und zäh. Er wollte nicht aufgeben, und außerdem wollte er seine Maschine retten. Wochen später kam er mit einer Verstärkung von 27 Männern und schwerem Gerät zurück. Sein eiserner Vogel kam tatsächlich frei, erhob sich, stürzte aber bald darauf endgültig ab.

Die Skelettküste ist reich an wahren Tragödien und an Zeugnissen, die sie zur Legende machten. Auf einer meiner Reisen stieß ich hier auf die Fragmente vor Jahrhunderten gesunkener Schiffe. Unter dem groben Sand der Namib nahe Cape Frio fand ich faserige Planken, in denen uralte handgearbeitete Nägel steckten. Nicht weit davon lag ein fein gedrechseltes Stuhlbein im Sand. Wer hatte wann auf diesem Stuhl gesessen? Millionen Sandkörner hatten das Holz seitdem poliert und ihm eine eigentümliche Struktur gegeben. Überall entdeckte ich Skelette: von Seehunden, Vögeln, Haien, ich sah Walknochen und gebleichte Schädel. Und zwischen alledem lag ein Schuh. Meine Fantasie begegnete dem Menschen, der ihn einst trug. Ich sah eine Frau, wie sie in Kapstadt oder Dakar an Bord des Schiffes gegangen war. Voller Hoffnungen und Erwartungen. Dann fand ich sie in der Tragödie des Schiffsdesasters. Unweit davon erspähte ich eine alte zerbrochene Holztruhe mit den Initialen »RM«.

Mich faszinierte die Skelettküste, und auch die Nachricht von dem 1993 südlich von Walvis Bay auf Grund gelaufenen Fischerboot »Elly« ließ mich nicht mehr los. Ich mietete mir einen Geländewagen und fuhr in Richtung Walvis Bay.

Man könnte Walvis Bay mit folgenden Worten charakterisieren: rechtwinklig angelegt, Schachbrettmuster, etwa wie eine amerikanische Kleinstadt, ohne all die architektonischen Highlights, die die Besucher in Swakopmund faszinieren. Doch wenn es um Meeresvögel geht, ist Walvis Bay Weltspitze. Ich erinnere mich an einen Flug, den ich vor Jahren mit einer kleinen Cessna unternahm. Wir kamen von Windhoek über das Khomas-Hochland. Etwa dort, wo die Ausläufer des Kuiseb Rivier den Atlantik berühren, bogen wir nach Norden ab. Plötzlich klopfte mein Nachbar aufgeregt mit dem Knöchel seines Zeigefingers gegen das Flugzeugfenster. Also machte ich einen langen Hals und entdeckte tief unter uns, wie das Muster einer vom Abendlicht rosa beschienenen und von Winden auseinander gerissenen Wolke, einen riesigen Schwarm Flamingos. Es waren Tausende und mehr dieser filigranen, zerbrechlich wirkenden Vögel. Deon, unser Pilot, hatte durch den Lärm der Cessna herübergebrüllt: »Bis zu 100 000 Flamingos stellen sich hier jährlich ein!«

Nur ein Prozent der Küste Namibias bietet Buchten mit geeignetem Lebensraum für diese Vögel, einer davon ist die Walvis Bay. Doch der Vogelreichtum von Walvis Bay wurde bis in die späten Achtzigerjahre des 20. Jahrhunderts von dem südlich davon liegenden Sandwich Harbour übertroffen. Mit 7800 gefiederten Gesellen auf nur einem Quadratkilometer war dies eine der Spitzenkonzentrationen auf Erden. Bei einer Vogelzählung in Sandwich Harbour kam man noch im Jahr 1990 auf 180 000. Doch die unberechenbaren Launen des Atlantiks machten den Vögeln einen Strich durch die Rechnung. Die zehn Kilometer lange Bucht begann in einem nie zuvor gesehenen Ausmaß zu versanden. Viele Vögel blieben fort.

Wie war es nur möglich gewesen, dass in dieser einst als Ponta do Ilheo bezeichneten Bucht große Segelschiffe ankern konnten? Walfänger, Fischerboote, Frachtschiffe, auf die der hier abgebaute kostbare Vogelmist Guano geladen und in alle Welt gebracht wurde. Bis 1956. Heute ist Sandwich Harbour so still wie vor 1789, als das Walfangschiff »Sandwich« hier vor Anker ging.

Ich sah auf die Uhr. Nur vier Stunden noch würde es hell sein. Ich musste mich beeilen, wenn ich Sandwich Harbour noch vor Einbruch der Dunkelheit erreichen wollte.

Der Duft des Meeres, der Geruch von Watt, Fischen, feuchtem Boden und Brackwasser lag schwer in der Luft. In großen Meersalzgewinnungsreservoirs kristallisierte pinkfarbenes Salz in dem von der Sonne verdunstenden Meerwasser. Weithin leuchtete der blendend weiße Salzberg von Paaltjies. Die löchrigen Pisten zwischen den Salzgewinnungsanlagen zerfaserten jetzt in alle Richtungen, verfächerten sich bis zur Unkenntlichkeit. Die Sandwüste begann.

»Leg rechtzeitig den Geländekriechgang ein«, hatte mir Freddy Kaukungua in Swakopmund ans Herz gelegt. Der Motor meines Toyota dröhnte, drehte hochtourig. Ich hämmerte den Fuß aufs Bodenblech. Nur nicht im Sand stecken bleiben! Ich war allein. Mit Juliana bin ich ein Team, zu zweit sind Hindernisse einfacher zu meistern. Schieben, Schaufeln, Sandbleche unterlegen. Ein Versanden auf diesem schwierigen Wüstenstück konnte ich mir zeitlich auch gar nicht erlauben. Für morgen hatte ich die Rückfahrt nach Windhoek organisiert. Bald darauf würde unsere Kanutour auf dem Orange River beginnen. Es blieb mir also nicht mehr viel Zeit.

Nach gut 40 Kilometern ließ ich meinen Geländewagen zurück, das letzte Stück wanderte ich zu Fuß. Nur die Stimmen der Flamingos erfüllten die Luft. Die Sonne stand schon tief. Der frühe Abend hatte dem Tageslicht etwas von seiner Schärfe genommen. Vor mir, in einer Lagune, entdeckte ich wohl 200 Flamingos. Auf langen rosa Beinen staksten sie durchs seichte Wasser. Dann und wann verschwand einer der im Vergleich zu ihren Körpern riesig, geradezu plump wirkenden Schnäbel im Wasser. Kein Mensch außer mir war noch hier. Die Wärme des Tages war der Kühle gewichen. Mich fröstelte, wie am Morgen.

Ich stellte mir vor, wie jetzt die Souvenirverkäufer in Swakopmund ihre Waren in Körbe packten, die Matten vom Staub säuberten, sorgfältig zusammenrollten und nach Hause gingen. Morgen früh würden sie wieder dort sein, wenn die Nebel erneut kalt vom Atlantik in die Namib krochen. Sie würden warme Pudelmützen tragen, bis die Sonne durchkam. Und sie würden routiniert ihre Handarbeiten ausbreiten, wie an jedem Tag.

Doch dann stellte ich mir vor, wie es hier in Sandwich Harbour einst gewesen war, als die Menschen mit nervöser Eilfertigkeit und Raffgier ausbeuteten und in Kürze fortschafften, was seit eh und je Teil dieses stillen Küstenabschnitts gewesen war: Guano, Fische, Wale. Sogar eine Fleischverarbeitungsfabrik hatte es hier gegeben. Nur ein halbes Jahrzehnt hatte sie überdauert. Gut so.

Als ich zurückfuhr, war es eigentlich schon viel zu spät für eine Wüstenfahrt. Die Grate meiner Fahrspuren von vorhin warfen bereits weite Schatten über den Wüstenboden. Ich verließ unterwegs meine alte Fährte und erreichte zum Sonnenuntergang das Wrack der »Elly«.

Ich notierte an diesem Tag in mein Tagebuch: »Geheimnisvolle Stimmung … diesem Moment des ›Auge-in-Auge-mit-der-Tragödie‹ angepasst. Weißlicher, fahlgelber Sonnenuntergang, ganz ohne Rot. Dafür lächelt der Vollmond von Osten her als weiße Scheibe.«

Man hatte mir gesagt, dass die Stürme und Wellen der Skelettküste gestrandete Schiffe innerhalb von zwei bis drei Jahren zerhämmern würden. Mit der »Elly L88« waren sie gnädiger gewesen, sofern man den langsamen Zerfall als gnädig bezeichnen kann. Die Aufbauten waren noch recht intakt. Der Schiffskörper lag tief eingegraben im Sand. Die zum Atlantik hin gerichtete Seite war aufgerissen. Ich stellte mir vor, wie der Schiffsrumpf dabei schmerzvoll gestöhnt hatte. Grüne Algen, lang wie die Bärte uralter Männer, hingen an ihm. Schwarze Muscheln gingen bereits erfolgreich ihre fast untrennbare Verbindung mit dem Schiffsrumpf ein.

Als ich schon längst nicht mehr glaubte, dass die Sonne noch einen Schuss Farbe unter diesen unspektakulären Sonnenuntergang mischen würde, rissen die Wolken auf, und diese geisterhafte Stunde legte zartes Rosa auf. Auch im Osten begann der Himmel jetzt zu leuchten; in einer Farbabstufung von Dunkelgrau über Hellgrau bis Blaugrau, aus der der Mond freundlich zu mir hersah. Ein Schakal strich über den einsamen Strand auf der Suche nach Fressbarem. Unscharf hoben sich seine Konturen gegen das fahle Licht der einbrechenden Nacht ab.

Es war fast dunkel, als ich Richtung Walvis Bay aufbrach. Je näher ich an die Stadt herankam, umso mehr Angler sah ich. Sie hatten riesige Angelhalter an ihren Pickup-Trucks, in denen ein halbes Dutzend oder mehr Hochseeangeln standen. Solche Bilder kannte ich von den Küsten im Westen Amerikas und Australiens. Nicht mehr lange würde das letzte Licht die heranziehende Nacht verzaubern. In der Ferne lagen bereits die Schrecken der Kapitäne, die Nebel des kalten Benguelastroms. Bis morgen früh würden sie hier sein.

Dann wurde es Nacht an der Küste der Gestrandeten.

Ich ließ bei meiner Spurensuche in Swakopmund nicht locker und traf zum Schluss Heinz Heuschneider. Seiner Familie und ihm lag das leibliche Wohl der Swakopmunder schon immer sehr am Herzen.

»Mein Großvater mütterlicherseits, der Johann Heuschneider, kam 1904 aus München nach Swakopmund. Als Bayer erkannte er natürlich sofort, dass die Menschen hier in afrikanischer Hitze einen gewaltigen Durst entwickeln. Als Münchner fiel ihm als Gegenmaßnahme sofort Bier ein, das damals noch aus dem fernen Deutschland importiert wurde. Großvater witterte ein Geschäft und kaufte mit seinen letzten Ersparnissen in der alten Heimat die Gerätschaften für eine Kleinbrauerei.«

Doch so recht wollte das alles nicht funktionieren. Großvater Heuschneider war nicht der Erste, der sich hier mit der Bierbrauerei versuchte. Sein Vorgänger hatte ebenfalls Probleme gehabt. Heinz Heuschneider schmunzelte. »Der erste Bierbrauer hatte auch den falschen Namen für dieses Geschäft. Er hieß Jauch. Doch trotz aller Rückschläge hielt sich die Bierbrau-Idee im Kopf meines Großvaters. 1928 startete er den zweiten Versuch und gründete die Hansa-Brauerei. Ich habe im Archiv in alten Zeitungen nachgeschlagen, es gab ein rauschendes Bierfest und alle Swakopmunder erhielten Freibier.

Malz und Hopfen wurden aus Deutschland importiert, während des Zweiten Weltkrieges bekamen wir sie aus Kanada. Das war nicht einfach und wir waren immer froh, wenn das Schiff nicht torpediert wurde. Ich kam 1957 als frisch gebackener Brauereimeister aus Deutschland zurück, als mein Vater starb – ein harter Schlag, denn das Know-how hatte nur er. Wir gerieten in finanzielle Schwierigkeiten, bis wir 1968 dem Werben der Southwest Breweries nachgaben. Schließlich verkauften wir.«

Hansa-Bier, in Swakopmund noch immer nach deutschem Reinheitsgebot gebraut, fließt nach wie vor aus den Zapfhähnen der Kneipen. Zusammen mit dem Windhoek Lager ist es die namibische Antwort auf den großen Durst im Südwesten Afrikas.

Der Abschied von einer Stadt wie Swakopmund fällt einem nicht leicht. Als ich mein Lunchpaket für die Busfahrt zurück nach Windhoek packte, zählte ich drei Stückchen Schoko-Sahne-Torte im Handgepäck. Ich hatte sie noch schnell vor der Abfahrt im Café Anton erstanden. Das sollte bis zur Kleinstadt Karibib reichen. Spätestens dort, wo der kühlende Einfluss der Küste nachließ, hätte ich ein Problem bekommen, wenn Sahne und Schoko bei 30 Grad Hitze zu süßlichem Brei zerliefen. So weit wollte ich es gar nicht kommen lassen …

Grenzgänger – Auf dem Orange River durch die Wüste

Wir kamen spät an. Die anderen schliefen bereits. Einige markerschütternde Schnarcher signalisierten, wo sich die Fraktion der Tiefschläfer versammelt hatte.

Leise gingen wir über den hölzernen Steg, auf dem die anderen ihre Schlafmatten ausgerollt hatten. Gelegentlich knackte es, wenn sich dünne Bretter unter dem Fuß bogen. Dort, wo die Schlafgeräusche durch das Glucksen des Flusses übertönt wurden, legte ich unsere Schlafmatten hin. Die Nacht war erstaunlich kühl, so kühl, wie man es an der Schnittstelle von Südafrika und Namibia im südlichen Sommer kaum erwartete.

Ich verharrte. Da war plötzlich ein eigentümliches Rauschen, ein metallisches Schaben in der Luft. Dann entspannte ich mich, denn ich erkannte, dass es das harte Schilf um uns herum war, durch das der Nachtwind strich.

Mich fröstelte.

Der Fluss gluckerte, als hielte er Zwiesprache mit sich selbst. Er schnalzte, murmelte. In der Dunkelheit konnte ich nicht erkennen, welche Bewegungen er dabei ausführte. Aber ich hatte gelernt, wie es klingt, wenn sich ein kreiselnder Strudel bildet, sich dreht und dreht, kleiner wird und wie mit einem Schmatz im Nichts verschwindet.

Von einem feinen Schleier umnebelt, stand der Halbmond diffus leuchtend nur eine Handbreit über dem Horizont. Doch sein bleiches Licht reichte, um die andere Flussseite erkennen zu können, kaum mehr als 60 oder 70 Meter von uns entfernt. Von dort hörte ich das Bellen eines Hundes. Es war wohl gegen drei Uhr morgens, als ich am Ufer des Orange River einschlief.

Das war der Auftakt unseres Abenteuers »mit dem Kanu durch die Wüste«.

Den Yukon habe ich von der Quelle bis zum Beringmeer im Alleingang abgepaddelt. Den Pelzhändlern der Northwest und Hudson Bay Companies sind Juliana und ich über 10 000 Kilometer im Kanu durch Kanada gefolgt. Und jetzt – was für ein Kontrastprogramm! – mit dem Kanu durch Afrika, entlang einer Erdfurche, die den klingenden Namen Orange River alias Oranje-Fluss trägt. Ein Fluss, den der Mensch zur Grenze erklärt hat. Seitdem fließen seine klaren Wasser zwischen Namibia und Südafrika. Wälder gibt es hier nicht, dafür Sand und Steine. Statt Bären Leoparden. Anstelle des Nordlichts funkelt hier das Kreuz des Südens.

Der Orange River kommt aus den Bergen Lesothos und bahnt sich seinen Weg durch das Hochplateau Südafrikas. Für die Ureinwohner war er die »Mutter aller Flüsse«. Das ist er noch immer, heute auch für die Weißen. Er mäandert durchs Land, überschwemmt es und wird zum Lebenspender für Baumwollfelder und Obstplantagen. Dann stürzen seine Fluten über die Augrabies-Fälle. Es scheint, als habe er sich ausgetobt, wenn er Namibia erreicht.

Über 500 Kilometer bildet sein Bett die Grenzlinie zwischen Südafrika und Namibia. Es ist die landschaftlich reizvollste Strecke mit traumhafter Natur. Durch dieses Gebiet führte unsere Kanureise.

Gestartet waren wir unweit von Noordoewer, einer kleinen Siedlung an der B 1, der Hauptstraße zwischen Kapstadt und Windhoek. Wir, das waren neben George, unserem Guide, sein Assistent Ian, dann Andries, der vierschrötige, jungenhafte Farmer aus Südafrika, Greg, der Bankangestellte aus Windhoek, ein junger Rechtsanwalt aus London namens Dave, Franco aus Pretoria und Micheline und Jakke aus Hamburg – Hamburg in Südafrika wohlgemerkt. Als Letzte waren Juliana und ich dazu gestoßen.

George war etwa Mitte dreißig, auch wenn sein Alter schwer einzuschätzen war. Sein Gesicht, aus dem vom zweiten Tag an ein Stoppelbart sprießte, war hager, ungleichmäßig geformt und erinnerte mich an das des Filmkomikers Fernandel. Meist sah ich ihn mit einer Zigarette zwischen den Lippen.

Eigentlich war er alles andere als ein Wildnisbursche. Die letzten Jahre hatte er in Südafrika als Diamantenaufkäufer gearbeitet. »Geboren wurde ich allerdings in Zaire«, erzählte er mir eines Tages, als wir nebeneinander auf dem Orange River dahintrieben. »Während des Unabhängigkeitskampfes dort kam mein Vater ums Leben. Mutter und wir Kinder konnten uns gerade noch mit dem Nötigsten auf dem Leib nach Uganda durchschlagen. Es gelang uns dort, das erstbeste Flugzeug nach Südafrika zu kriegen.«

Er grinste schelmisch. »Dem Familienstammbaum nach bin ich übrigens griechischer Abstammung.« Er sprach Französisch, Griechisch, Englisch und Afrikaans. »Fluchen kann ich in drei weiteren Sprachen!«

»Das ist kein Wildwasserfluss«, hatte uns George gleich vor dem Start eingeschärft. »Doch es wird gelegentlich wildes Wasser und auch schon mal anständige Stromschnellen geben.« Er hatte wie ein Schulmeister den Finger gehoben. »Unterschätzt nie einen Fluss, auch wenn er auf den ersten Blick lammfromm wirkt.«

Dann hatte er nach einem gefüllten Sack gegriffen und in einem Englisch, in dem sich der nasale Tonfall der Franzosen mit dem harten Singsang der Buren kreuzte, erklärt: »Wenn ich den im Notfall einem von euch an den Schädel werfe, dann greift rechtzeitig zu, aber werft ihn ja nicht zurück.« Er lachte. »In dem Sack ist die Rettungsleine!«

Als es losging, war die Müdigkeit der letzten Nacht bei der bunt gemischten kleinen Gruppe verflogen.

»Sieh mal, die bizarr geformten Ufer.« Juliana nahm die Kamera und hielt sie gegen die senkrecht aufsteigenden Uferfelsen. Manche erschienen mir wie Wände, riesige mittelalterliche Stadtmauern, andere erinnerten an Türme, aus der Erdkruste in einer Jahrmillionen währenden Laune herausgemeißelt. Deutlich waren die einzelnen Gesteinsschichten zu erkennen. Mal dicker, mal dünner. Jede dieser Schichten bedeutete ein Naturereignis, vielleicht Naturkatastrophen, Vulkanausbrüche, einen Zeitabschnitt zwischen Tausenden oder Millionen von Jahren.

Ich kam mir sehr klein und unscheinbar vor, auch angesichts dieser geradezu ohrenbetäubenden Stille, die nur durchbrochen wurde durch das »Pitsch, Pitsch!« der Paddel, wenn sie das Wasser berührten, dessen Gleichförmigkeit störten, indem sie Löcher in die Oberfläche rissen. »Pitsch, Pitsch!«

Ich nahm mein Paddel und legte es vor mir auf das blau-weiße Kanu. Auch Juliana holte ihr Paddel ein. Wir ließen uns treiben. Die Zeit verflüchtigte sich hier. Auf dem Orange River begegnete ich wieder einmal der Langsamkeit. Ein Satz, den ich irgendwann gelesen hatte, kam mir in den Sinn: »Zeit wird nicht nach ihrer Länge, sondern nach ihrer Tiefe gemessen.« Sicherlich lässt sich dieses Zitat unterschiedlich interpretieren. Aber hier schien mir nur eine Deutung zutreffend, wo dieser Fluss sich tief in die Rinde des Erdballs genagt, sie modelliert und dadurch an den erodierten Uferwänden ein Abbild der Zeit hinterlassen hatte.

Auch Menschen waren Teil dieses Bildes, doch erst spät, am Ende des Prozesses. San, die so genannten Buschmänner, und Khoikhoi waren vielleicht die Ersten. Rund 15 000 Jahre mag das her sein. Für sie war der Orange River die Mutter aller Flüsse. !Garib, großer Fluss, nannten sie ihn respektvoll (das Ausrufungszeichen vor dem Wort steht für einen Klicklaut).

Viel später, vor etwa 1500 Jahren, drangen die Bantu in den Süden Afrikas vor. Sie verdrängten San und Khoikhoi in die lebensfeindlichen Randgebiete, nahmen ihnen den angestammten Lebensraum. Und dann kamen die Weißen und machten ihnen allen das Land streitig. Auf mindestens 80 000 ist die Zahl der im südlichen Afrika lebenden San gesunken, nur noch 2000 führen unverändert ihr ursprüngliches Leben als Jäger und Sammler. Die Meister des Überlebens proben heute ihr Survival im Abseits.

Erst vor zweieinhalb Jahrhunderten erschienen die ersten Weißen an dem Fluss und gaben ihm den Namen ihres Prinzen von Oranien. Schon bald siedelten am Oberlauf die ersten Farmer. An den Ufern gediehen und gedeihen Baumwolle, Datteln und Obst. Nach den Farmern kamen die Gauner und Flusspiraten. Einem »Captain Afrikaner« und seinem polnischen Leutnant Stefanus, der dem Henker in Kapstadt entsprungen war, gelang hier die erfolgreichste Schurkenkarriere. Dann aber griff die Regierung am Kap durch. Vor hundert Jahren kehrte Ruhe ein am Großen Fluss.

So wie der Orange River dieses Land formt, bestimmt er auch den Blick des Kanuten. Er bannt ihn auf die von Erosion zernagten Felsen, deren brandrote Farbe im gleißenden Licht die Sinne betört. Selten ist der Fluss breiter als 100, allenfalls 200 Meter. Er ist kein Riese wie Nil, Mississippi oder Amazonas. Doch hier ist er unangefochten der Größte. Majestätisch, fast ein wenig umständlich mäandert er sich entlang Felsnasen und erodierter Berghänge.

Ian, der in Rhodesien, dem heutigen Simbabwe, geboren wurde und später seinem Land den Rücken kehrte, um sich in der Kalahari als Großwildjäger und Schlangenfänger durchzuschlagen, schob sein Boot dicht an meines heran. »Dies ist einer der schönsten Flüsse Südafrikas!« Ich widersprach ihm nicht. In Städten und Wohnungen hatte Ian es nicht ausgehalten. Jetzt zog der Enddreißiger als River-Guide durch die Wüsten. In kalten Kalaharinächten grub er Erdlöcher, legte erhitzte Steine hinein, kuschelte sich an sie und bedeckte sich mit Erde. So überlebte er bei zehn Grad minus. Er aß Schlangen und trank Wasser, das er wochenlang in Straußeneierschalen konservierte.

Der sanfte Schein des Campfeuers huschte an diesem Abend über die geröteten Gesichter von uns Abenteurern auf Zeit. »Besser, ihr schlaft nachts dichter beieinander, der Leoparden wegen!« George grinste, wie um die Worte zu unterstreichen. Sein braun gegerbtes Gesicht ging noch mehr in die Breite: »Und liegt nicht zu dicht am Lagerfeuer. Wärme lockt Spinnen und Skorpione an.«

Der Nachthimmel war so hell, wie ich ihn auf dieser Reise selten zuvor erlebt hatte. Nicht durch den Mond, denn der hatte sich schon davongeschlichen. Stattdessen funkelten Millionen von Diamanten: die Sterne.

Juliana und ich waren als Letzte am Lagerfeuer verblieben. Nach und nach hatten die anderen sich in die Schlafsäcke verkrochen. Aromatischer Rauch würzte die klare Luft. In den Uferbüschen zirpten Zikaden. Still war es also nicht, denn auch der Fluss gluckste und schmatzte vor sich hin. Irgendwo raschelte jemand auf seiner Matratze. Ich meinte eine Bewegung im Sand zu erkennen. Einen dunklen Schatten! Ein Skorpion? Blitzschnell zog ich die Füße zurück. Ich musste an das denken, was George vorhin über Paviane gesagt hatte: »Paviane sind fantastische Tiere. Sie überleben in sehr trockenem Land. Du solltest sehen, wie gut sie sich trotzdem von dem wenigen hier ernähren. Unter anderem verputzen sie Skorpione. Ruckzuck geht das. Blitzschnell nehmen sie einen Stein hoch, und ist ein Skorpion darunter, dann greifen sie ihn geschickt, reißen in affenartiger Geschwindigkeit den gefährlichen Stachel raus und stecken sich das Tier fast im selben Moment ins Maul.«

Ich lag auf dem Boden neben dem Lagerfeuer, hörte das ferne

Schnattern einer Ente. Welche Gattung? Ich weiß es nicht. Was spielte das für eine Rolle. Ich ließ mich vom weichen Wind umspielen, der zunehmend kühler wurde. Ich rückte ein wenig dichter ans Feuer und dachte über die Gespräche von vorhin nach. Über Leoparden hatten wir gesprochen, laut George außerordentlich intelligente Tiere.

»Clever«, hatte auch Ian betont. »Seit Jahren bin ich mit Großwildjägern zusammen.« Er hatte dabei etwas betreten in die Runde geschaut. »Ein nicht unüblicher Weg, um Jagdgäste schnell zufrieden zu stellen, ist, eine Ziege an einem Baum anzubinden und den Jäger nur darauf warten zu lassen, dass der Leopard das Tier holt.« Ian hatte bei diesen Worten einen grimmigen Zug um den Mund. »Aber es passiert immer wieder, dass Stunde um Stunde vergeht und der Leopard mit fei-nem Gespür genau jene Sekunde abwartet, in der der Jäger eingenickt ist. Den Moment nutzt er und holt sich seine Ziege.« Ian hatte triumphierend in die Runde geblickt. »Königliche Tiere!«

Das Feuer war niedergebrannt, glomm vereinzelt aus dem Aschehäufchen, in dem Holzreste durch den leichten Nacht-wind noch einmal kurz aufflackerten.

»Abgesehen von gelegentlichen Turbulenzen ist der Orange River ja ein gemächlicher Fluss«, hörte ich neben mir Juliana sagen. Sie reckte sich ein wenig.

»Er kann aber auch anders«, erinnerte ich mich. In seiner ganzen Wildheit hatten wir ihn weiter östlich in Südafrika bei den Augrabies-Fällen erlebt, wo zur Regenzeit 400 Millionen Liter Wasser pro Minute in die Tiefe stürzen. Die Khoikhoi hatten die Wasserfälle Aukoerebies genannt, was so viel wie »Platz des großen Getöses« bedeutet.

»Und noch einen Superlativ bucht er für sich.« Ich goss Juliana den Rest Tee aus der Kanne in die Tasse. »Unterhalb der Hauptfälle befindet sich der Legende nach ein kraterartiger See, in dem riesige Diamantenschätze liegen.«

George hatte behauptet, das Wasser des Orange River sei außerhalb der Regenzeit so sauber, dass es abgekocht ohne weiteres getrunken werden könne. Wir gaben trotzdem Desinfektionstabletten dazu. Einige trinkfeste Südafrikaner im Team hielten sich allerdings lieber an Bier.

»Eine neue Erfahrung für mich, zu sehen, wie auf Kanutrips Bier gekippt wird!« Juliana hatte die Nase gerümpft. Auf unseren monatelangen Kanutouren durch die Wildnis Kanadas und Alaskas wäre das undenkbar gewesen. Solche Flusslandschaften berauschen auch ohne Bier.

»Sieh dir diese Kühlboxen an!« Ich hatte über diese Riesenkästen gestaunt – noch mehr, als ich sah, dass diejenigen von Jakke und Andries bis an die Oberkante voll Bierdosen steckten.

Langsam glitten unsere Kanus an skurrilen, in Wellenform gegossenen Felsformationen vorbei. Urgewalten hatten diese Gesteinsschichten in Falten gelegt. Die Kraft des Wassers hinterließ nach Jahrmillionen zerbrochene Felsnadeln als kariöse Zeugen der Frühgeschichte des Planeten.

»Ein Fluss, geeignet auch für Anfänger«, hatte ich in Broschüren gelesen. Das stimmte, wenngleich die Anfänger mitunter kieloben und kopfunter die Geheimnisse des Großen Flusses erkunden. Dann hilft nur noch die Eskimorolle. Doch keine Angst, der Orange River ist alles andere als ein *white water river*, ein ungestümer Wildwasserfluss mit reißender Strömung und schäumender Gischt.

Jetzt, zu Beginn des Sommers, reckten sich bei Niedrigwasser Felsen wie neugierige Glatzköpfe aus dem Wasser. Tagtäglich kratzten wir über sie hinweg. Einmal vibrierte plötzlich Julianas und mein Boot. Volltreffer. Das Kanu stellte sich quer. Wellen schlugen über uns zusammen. In allerletzter Sekunde bekam ich meine davondriftende Unterwasserkamera zu fassen.

Die übrigen Tage waren weniger dramatisch, dafür aber umso tierreicher: Schlangen, die hoch erhobenen Hauptes durch den

Vorbei an malerischen Landschaften: Paddeltour auf dem Orange River.

Fluss schwammen, und Fischadler, die majestätisch über uns ihre Kreise zogen. Mal übernachteten wir in Südafrika, mal in Namibia, fern allen Konventionen und Grenzen.

»Freiheit ist herrlich«, notierte ich an diesem Tag.

Auf die Schmalspur-Stromschnellen der ersten Tage folgte jetzt starker Tobak. »Killer-Rapids bei diesem Wasserstand!«, hatte George uns gewarnt. Unlängst hatte es in diesen Stromschnellen sein Boot zerlegt. Eben noch gut 100 Meter breit, tobte der Orange River hier brüllend durch eine kaum mehr als 20 Meter breite Schlucht.

»Ihr könnt die Kanus auch um die Stromschnellen herumtragen.«

Keiner von uns ging auf Georges Angebot ein. Die ersten beiden Kanus schlugen um. Herzklopfen bei mir, ein letzter prüfender Blick. War die Ausrüstung sicher verstaut? Zögernd löste sich meine Hand vom Felsen. Ein paar starke Paddelschläge, schon langten die Wellen nach uns. Zwei gegen die Strömung! Nur nicht zu dicht an die Felsen! Ich rammte das Paddel wie ein Ruder ins Wasser. Eine Welle klatschte mir bis zum Hals, einen Moment lang verging mir das Atmen, doch ausgiebiges Kieloben blieb uns erspart. Die rasante Schussfahrt endete glücklich in ruhigem Wasser.

Während wir weiter gen Westen paddelten und die Landschaft an uns vorbeizog wie ein Film in Cinemascope, widmete sich ein Kormoran der süßen Muße und der Gefiederpflege. Erstarrt wie Lots Weib thronte er auf dem Felsen, die Flügel zum Trocknen weit von sich gestreckt. Aus dem geröllübersäten Felshang über ihm ragte der rissig-schorfige Knollenstamm eines Köcherbaums in den Himmel. Am Ende seiner verknoteten Äste reckte sich, grünen Morgensternen gleich, spärliches Grün in die Höhe. Die San machten aus den Ästen Köcher für ihre Giftpfeile.

Als wäre er unschlüssig, wohin die Reise gehen soll, zieht sich der Orange River von Noordoewer fast geradlinig nach Westen, dann windet er sich umständlich mäandernd nach Norden, korrigiert seinen Lauf nach Nordwesten und knickt, bald nachdem der Fish River seine braunen Wasser dem Orange River beimengt, scharf nach Südwesten ab.

Im ersten Streckenabschnitt gibt es an den Ufern des Orange River noch Farmen, denen sein Wasser das Überleben sichert. Dort werden Gemüse und Wassermelonen angebaut, all das, wozu dieser auf den ersten Blick lebensfeindliche Boden in der Lage ist. Und das ist viel, vorausgesetzt, er bekommt sein Wasser.

Die Farmgebiete wurden weniger, je weiter wir gen Norden in Richtung des Zusammenflusses mit dem Fish River paddelten. Die Wüste entlang seinen Ufern steht hier unter amtlichem Schutz. Auf südafrikanischer Seite als Richtersveld Nationalpark, in Namibia als Fish River Canyon und Ai-Ais Hot Springs. Dann folgt auf der nördlichen Seite das »Diamantensperrgebiet«, sorgsam bewacht und kontrolliert von der Security der NAMDEB, dem alles beherrschenden Diamantensyndikat, das je zur Hälfte dem namibischen Staat und der De Beers Centenary AG gehört. Dort, wo sich der Orange River nach 2000 Kilometern bei Oranjemund in den Atlantik ergießt, liegen die ergiebigsten Diamantfelder der Welt.

Doch ich suchte andere Schätze. Die Abendstunden dieser Kanutour empfand ich wie eine Belohnung für die kleinen Strapazen des Tages. Wieder einmal saßen wir in dieser Wüstenfurche, die ihr Aussehen nur unmerklich veränderte, am Lagerfeuer.

»Irgendwo hier müssen Einheimische leben.« George zeigte auf eine Herde von 20 weißen, fröhlich meckernden Ziegen, die mit akrobatischer Finesse in den Uferbüschen kletterten, die Hinterbeine gegrätscht, Halt suchend, um dann mit witzig vorgerecktem Kopf Blätter von den Zweigen zu naschen. Über uns lärmten Paviane an den Hängen.

»Keine Sorge, die kommen nicht zu uns runter.« Doch was er uns dann erzählte, ließ bei uns Zweifel über diese Aussage aufkommen.

»Diese verrückte Geschichte hat sich vor nicht allzu langer Zeit in Heidelberg zugetragen.« Er warf ein breites Komikergrinsen in meine Richtung. *»Not in Germany.«* Er sprach von Heidelberg in Südafrika. »Eine Familie machte einen Campingausflug«, erinnerte er sich, »Mutter, Vater und ihr kleines Kind. In den Bergen schlug man das Zelt auf. Doch in den Bäumen unweit vom Camp zankten sich Paviane, und damit das Kleine ungestört bliebe, schoben die Eltern den Kinderwagen ins Zelt. Man las später in der Zeitung, sie seien danach in den Busch gegangen, um Holz fürs Campfeuer zu sammeln. Das nutzte ein Pavian, schwang sich blitzschnell von Ast zu Ast, sicherte hinter den Eltern her, und als die weit genug weg waren, huschte er ins Zelt und stahl das Kind!«

George legte eine Kunstpause ein. Er blickte in die Runde, um sich der Wirkung seiner Worte zu versichern. Der rotgoldene Schein des Feuers vertiefte die Falten in seinem Gesicht. Baron von Münchhausen, dachte ich. George musste meine Gedanken erraten haben.

»Die Story ist wahr! Sie endete damit, dass der Pavian das Kind eine halbe Stunde lang durch die Gegend schleppte, manchmal sogar am Arm hinter sich herzog. Wie eine Puppe. Die Eltern hatten inzwischen die Verfolgung aufgenommen, zum Glück mit Happy End. Der Pavian ließ das Kind zurück. Es überlebte.«

Wir tranken zusammen. Andries und Jakke Dosenbier, Juliana und ich Tee. George erzählte von seinem früheren Leben, das mit dem Scheitern seiner Ehe ein abruptes Ende gefunden hatte. Die Kinder waren damals zu seiner Frau gezogen. »Das warf mein Lebensschiff herum. Bis dahin war ich Selbstständiger im Diamantengeschäft gewesen.« Er scharrte mit einem Stock im Sand, zog ein paar Kreise. »Du kannst gutes Geld machen in diesem Business. Einmal habe ich als Diamantenanalytiker an einem Tag umgerechnet 10 000 US-Dollar eingestrichen.«

Er warf den Stock ins Feuer und wischte das Bild im Sand mit der Hand glatt. »Man wird in diesem Job pro Karat bezahlt. Stell dir vor, was das für ein Klunker war!«

George half Andries in dieser Nacht, den Inhalt seiner Kühlbox niederzumachen. Ich hörte das Zischen von *beercans,* die, sobald sie leer waren, aufs Sorgsamste von George zusammengepresst und im Müllsack verstaut wurden. Er war ein Fanatiker, was die Sauberkeit der Camps anlangte.

Ich nahm den Teetopf und goss Ian nach.

»Wundervolle Nacht!«, sagte ich.

»Wundervolle Nacht«, bestätigte er. Diskussionen und große Gespräche waren eben nicht sein Ding.

Die Paviane auf den Felsen und Büschen über uns waren still geworden.

Jakke wandte sich uns zu. »Da war vor zwei Jahren ein Mann in Südafrika, der von einem großen Pavian krankenhausreif geschlagen wurde, nachdem er ein Pavianbaby vom Boden aufgenommen hatte.«

»Kann irgendjemand so verrückt sein, ein Pavianbaby in die Hand zu nehmen?!«

Ian schüttelte den Kopf.

»Das war nicht irgendwer, sondern ein Park Ranger im Krüger Nationalpark. Der hatte schon seit einiger Zeit das Pavianbaby beobachtet und sich gewundert, dass kein Elterntier zu sehen war. Offenbar aber lag Mama Pavian gut getarnt in der Nähe und beobachtete argwöhnisch die Szene. Als der Ranger nach dem Jungtier griff, knallten bei der Alten alle Sicherungen durch. Im Kampf Affe gegen Ranger punktete die Pavianfrau für sich.«

Nach dieser Story hatte jeder irgendeine wilde Tiergeschichte parat.

»Vielleicht belauert uns hier ein Leopard«, meinte George

grinsend. »Leoparden streichen mit Vorliebe dort herum, wo sich Paviane tummeln.«

Das Ergebnis war, dass wir dichter ans Feuer rückten. Dave, der Rechtsanwalt aus London, schleppte »für alle Fälle« einen staubtrockenen Treibholzstamm an und schob ihn in die Glut. Rote Flammen leckten über rissiges Hartholz.

Ian, der Stille, schaute unverwandt ins Feuer.

»Wie ist das Leben heute in deiner alten Heimat?« Ich wedelte mit meiner Hand die hochgeflogenen Funken von meinem Hemd.

»Simbabwe ist heruntergekommen. Robert Mugabe krallt sich an die Macht, hat das Land nicht mehr unter Kontrolle. Wenn das derzeitige Morden weißer Farmer so weitergeht und die Regierung nichts dagegen unternimmt …«, er unterbrach sich, nippte am Tee, »dann gute Nacht Simbabwe! Manche Weiße ziehen rüber ins Nachbarland Sambia, weil sie sich dort bessere Chancen für das Miteinander von Schwarz und Weiß erhoffen.« Ian war in Fahrt gekommen. »Einfach ist das aber auch nicht, wenn du dort in bestimmten Ecken mit dem Auto unterwegs bist«, sagte er. »Die Kerle stehlen dir die Autoreifen unterm Hintern weg.«

Kürzlich hatte er selbst eine Horrorgeschichte erlebt: »Ich fahre über Land, plötzlich steht da eine Gruppe Schwarzer am Weg. Sie winken. Ich stoppe. Ahne nichts Böses. Da springen einige auf meine Stoßstange, schütteln den Wagen, andere reißen an den Scheibenwischern und den Außenspiegeln. Ich raus, will die Burschen fortjagen. Aber da haben mich zwei von denen schon abgedrängt, die anderen dringen in meinen Wagen ein und stehlen meine Wertsachen.«

Es war spät geworden, doch ans Ausschlafen war am nächsten Morgen nicht zu denken. Mit den ersten Strahlen der aufgehenden Sonne begann das Tohuwabohu der Paviane: Sie kicherten, kreischten, stritten, grunzten, bellten, schrien. Jeder Zweig der Büsche war in Bewegung. Steine polterten, wurden angehoben, untersucht, fortgeworfen. Ich ging zum Flussufer, füllte sandfarbenes Wasser in meinen Teepott und setzte ihn in die Glut der letzten Nacht. Ich pustete zwei-, dreimal, schon züngelte eine kleine Flamme über das ausgedörrte Holz, das ich dazugelegt hatte. Aromatisch duftender Rauch drang durch das Lager. Ich beobachtete die kleine Schar, die jetzt ihren Rhythmus gefunden hatte. Ich fühlte mich wie ein Voyageur, einer dieser frankokanadischen Kanumänner der alten Art, auf großer Fahrt.

Zehn Tage war es her, seit wir gestartet waren. Mit schwieligen Händen, reichlich Staub in den Hosen und zwischen den Zähnen erreichten wir an diesem Abend eine kleine Bucht am Rande der Namib. Das Ende unserer Flussfahrt. Ein letztes Mal der Zauber des Camps. Ein letztes Mal eine jener Geschichten von George, bei denen man bis zuletzt nicht wusste, wo die Wahrheit aufhörte und die Dichtung begann. Andries hob den letzten Windhoek-Lager-Schatz. Und während die Gespräche allmählich verebbten, huschte ein kaltes Kometenfeuer über den Himmel.

Am nächsten Morgen warteten wir auf einen gewissen Frans, der uns mit dem Auto hier abholen und zum Ausgangspunkt der Kanutour zurückbringen sollte. Mit mehrstündiger Verspätung ratterte sein Uralt-Lkw an, dessen Klappern und Mahlen wir schon vernommen hatten, bevor seine Staubfahne über den Hügeln erschien.

Frans begrüßte jeden mit Handschlag. Schwielige Hände, lederne Armhaut mit Sommersprossen, zwischen denen helle, stoppelige Haare wuchsen. Ich schätzte ihn auf Ende fünfzig. Aus seinem Gesicht blinkten zwei flinke Augen, spitz war es, von zahllosen Falten durchzogen, die an der Nase und an den Augen zusammenliefen. Es erinnerte an einen Fuchs. Die riesigen, für seine Körpergröße fast übermächtigen Arme hingen schlapp und faltig am Körper herunter.

Wir befestigten die Kanus an den Tragegestellen auf der Ladefläche seines Truck-Veteranen. Dann hockten wir uns hinten zwischen unsere Gepäckteile. Frans gab Gas. Jakke, mir gegenüber, war danach nicht mehr zu erkennen, doch mit dem aufkommenden Fahrtwind verzog sich die beißende Qualmwolke. Der freie Blick nach vorn ließ nichts Gutes ahnen: Frans hatte sich von seinem vierschrötigen Kumpanen auf dem Beifahrersitz eine volle Bierflasche reichen lassen.

Als sich die nächste und die übernächste Staubwolke über uns gelegt hatten, verriet mir der Blick durch das Rückfenster der Fahrerkabine, dass die Flasche leer war. Ich sah, wie Frans das Fenster herunterkurbelte und die Flasche mit weit ausholender Handbewegung nach draußen kickte. Drei-, viermal überschlug sie sich auf der Schotterpiste und blieb neben der Fahrbahn in der Wüste liegen. Ein Ritual, das sich während der Weiterfahrt wiederholte. Manchmal wischte es uns auf der Ladefläche Bierschaumreste durchs Gesicht. Ich bewunderte irgendwie seine Virtuosität, wie er mit der einen Hand am Lenkrad die Flasche balancierte und immer wieder lange Züge daraus nahm. In der anderen Hand hielt er eine Zigarette. Sein Buddy, der genauso viel soff wie er, zündete, kaum war die letzte Zigarette am Verglimmen, eine neue an und steckte sie Frans auf Vorrat zwischen Ring- und Mittelfinger. Und bei alledem hielt der Lkw die Spur.

»Die beiden scheinen ein eingespieltes Team zu sein«, brüllte George mit einem Anflug von Galgenhumor. Mit jeder aus dem Fenster fliegenden Pulle wurde der alte Truck schneller. Da nur Hellseher wissen, ob hinter der nächsten Hügelkuppe ein Auto entgegenkommt, drückte Frans umso hektischer auf die Hupe, wobei er, ich erkannte es an der Versteifung seines Nackens, das Gaspedal bis zum Bodenblech durchtrat. Die Nase seines Trucks war wie das Korn eines Gewehrlaufs auf die Mitte der Fahrbahn zentriert.

Endlich hatte der Horrortrip ein Ende. Fast. Denn kurz vor

dem Ziel stoppte Frans abrupt. Er stieg aus, verharrte einen Moment am Stamm eines Bäumchens und sagte zu uns gewandt, während er sich die Hose gerade zog: »Da drüben ist ein Liquor Shop … wir können Bier nachfüllen!«

»Prima!«, meinte Andries, sprang federnd von der Ladefläche, fand seine Kühlbox und lud sie mit frischem Stoff. »Verdammt trockenes Land!«, brummelte er in seiner ebenso trockenen Art. Die restlichen Kilometer drosch Frans in dem Wissen auf seinen Lkw ein, nicht mehr der Einzige zu sein, der die Welt durch die rosarote Brille eines Windhoek Lager sah. Während der dreistündigen Fahrt hatte er neun Flaschen Bier in sich hineingekippt!

»Vielleicht bin ich ein Oldtimer …«

Wäre da ein Relief, wo sich die Farbe der alten Straßenkarte nach Norden hin von Gelb über verwaschenes Braun zum dunklen Grau verändert, hätten meine Fingerspitzen ertasten können, wie das Land unaufhörlich ansteigt. Sie wären über die Hügel der Klein-Karasberge, die Hänge der Hunsberge, dann über das Huib-Hochplateau geglitten, und irgendwo dazwischen hätte die Fingerkuppe eine gezackte Furche gespürt, das Abbild eines Unschlüssigen: Meist zieht er nach Süden, doch dann, als folgte er einer verrückten Laune, knickt er mal nach Osten oder Westen, gelegentlich auch nach Norden. Doch ungeachtet aller Ausbruchsversuche hält er seine Richtung.

Ich nahm die alte Straßenkarte, auf der der Cocktail unterschiedlicher Farben Höhen und Tiefen, heiße Dünen der Namib und kalte Wasser des Benguelastroms signalisierte, ließ den Finger dem Mäander des Fish River nach Süden folgen und traf nahe der als Ai-Ais markierten Stelle auf den spektakulärsten Cañon im Süden Afrikas.

»Haben wir noch etwas kaltes Wasser?«

Juliana reichte mir eine Flasche. Der inzwischen lauwarme Inhalt erfrischte mich nicht. Wir hatten unseren Geländewagen 50 Meter von der Staubstraße entfernt im Schatten eines knorrigen Kameldornbaumes geparkt, dessen zerfaserte Krone mehr Sonne durchließ als abhielt. Die Türen des Autos waren auf Durchzug gestellt, wir dösten drinnen auf der Matratze. Siesta. Juliana hatte die Augen geschlossen, ich warf immer wieder mal einen

Blick auf die Karte. Die Mittagshitze, der wir während der Kanutour ein Schnippchen geschlagen hatten, indem wir uns mit einem Plumps vom Bootsrand ins Wasser hatten fallen lassen, erwischte uns hier mit voller Wucht.

Nachdem wir den Orange River verlassen hatten und nach Nordwesten in Richtung Fish River gerollt waren, hatte die Klimaanlage unseres Toyotas den Geist aufgegeben.

»Sieh es positiv. Das gibt uns die Chance, das Land unmittelbarer zu genießen«, hatte Juliana behauptet. »Direkter, ungefiltert …«

Recht hat sie, bei aller Neigung zum Komfort, dem auch ich mich nicht verschließe. Die Klimaanlage schafft Distanz zur Natur. Man durchstreift die Wüste, ohne sie zu riechen, mit den Lippen zu schmecken, sie hautnah zu spüren. Zwar weiß der Verstand, wo man ist, doch die Sinnlichkeit der Erfahrung bleibt auf der Strecke. Der rüttelnde Fahrtwind, der einem die Haare verknotet, das Gesicht gerbt, die Lippen spröde macht. Der Staub, der durchs offene Fenster tanzt und dem noch schnell vor Reisebeginn gereinigten Schlafsack bereits am zweiten Tag die Patina des Abenteuers gibt, genau wie dem übrigen Reisegepäck, »… und dich zur Persona non grata fürs Vier-Sterne-Hotel macht.« Juliana lächelte schläfrig zu mir herüber.

Ich mag in diesem Punkt ein Oldtimer sein, ein »Gestriger«. Ich bekenne mich sogar dazu. Aus denselben Gründen, weshalb ich bis heute ohne GPS überlebe. Klar, es gibt Situationen, in denen das Globale Navigationssystem hilfreich ist. Gelegentlich streiten die beiden Stimmen in mir über das Für und Wider. »Verirren unmöglich. Damit lotest du die ultimative Grenze des Machbaren aus. Sahara in gerader Linie von Nord nach Süd – ungeahnte Möglichkeiten!«, schwärmt die eine Stimme, die innovative. – »Und dann Stromausfall, technischer Defekt, dann stehst du mitten in der Wüste wie ein Idiot, ohne zu wissen, wo du bist«, frohlockt die andere.

Was einerseits eine Chance ist, lässt andererseits Fähigkeiten verkümmern. Ich habe zum Beispiel festgestellt, dass ich mich in Deutschland im Gewirr mir bestens bekannter Autobahnknotenpunkte besonders dann verfahre, wenn Juliana neben mir sitzt. Auf unseren Weltreisen war sie der »Franzer« im Team. Die Karte auf dem Schoß, hatte sie uns so durch die vertracktesten Situationen gelotst. So kommt es, dass, wenn sie in Deutschland neben mir sitzt, ich mich entspannt zurücklehne, abschalte und auf Richtungsvorgaben warte, auch wenn ich selbst mit dem heimischen Asphaltdschungel vertrauter bin als sie.

»Je abhängiger wir uns von anderen oder der Technik machen, umso weniger fordern wir Fähigkeiten, die in uns stecken.«

Juliana wischte sich eine fette schwarze Fliege aus dem Gesicht. »Trotzdem hätte ich gerade jetzt nichts gegen eine Klimaanlage einzuwenden, Sir. Schätze, wir haben 35 Grad im Schatten.«

Doch Schatten ist im Hochland rechts und links des Fish River Canyon spärlich.

Ich musste an unsere erste Afrikadurchquerung denken. Mit für heutige Verhältnisse lächerlichen 34 PS manövrierten wir uns durch die Westsahara. Ich lernte dabei, die Sonne zu beobachten und die Spuren im Sand zu lesen, lauschte dem Wind, wenn er kühl aus dem Norden wehte und mein Gesicht umfächelte oder wenn er mich aggressiv und heiß aus dem Süden anpfiff, dass ich mir dünne Tücher ums Gesicht wickelte und die Ritzen des Autos zum Schutz gegen den Staub verklebte.

»Reisen ist mehr als Bewegung und Ankommen. Reisen bedeutet für mich vielmehr, auf die Natur einzugehen, ihr zu lauschen, Zugang zu ihr zu finden, aber auch zu lernen, wann ich mich ihr unterzuordnen habe. Das wird dir bei der Distanz eines Autos mit Aircondition und mit dem Rundum-Sorglos-Paket des GPS kaum gelingen.«

Juliana brummelte zustimmend.

Die Hitze, dachte ich. Auch mir fielen die Augen zu. Ich erinnerte mich daran, wie ich mich mit 14 Schlittenhunden allein durch Alaska geschlagen hatte. Wie mir in der Nordlandnacht die Sterne als Fixpunkte gedient hatten. Wie ich gelernt hatte, im Schnee zu überleben. Denn im Alaskawinter hat der Schnee viele Gesichter. Wie wir uns bei 30 Grad minus im Blizzard auf dem Beringmeer zusammengekauert hatten, meine Hunde und ich. Wir hatten den Trail verloren. Undurchdringlich weiß war alles, der Boden, der Himmel, der Horizont, wir. Und doch erreichten wir nach 1860 Kilometern auf dem Iditarod Trail unser Ziel Nome. Ohne GPS.

Was die Afrikadurchquerer der alten Tage wohl zu diesem Thema heute sagen würden? Heinrich Barth, der Saharaforscher des 19. Jahrhunderts zum Beispiel. Würde er gegen meinen komfortablen PS-Protz von Landcruiser wettern und die »gute alte Zeit« der Kamelkarawane beschwören? Das könnte deine andere Stimme sein, die konservative, dachte ich.

Und doch wollte ich mich nicht vollends den Verlockungen immer raffinierterer Technik ausliefern. Mir kam noch der Song »Daddy Blue« von Reinhard Mey in den Sinn. Er handelt von einem Entertainer namens Detlef Kläglich alias Daddy Blue, dem das dünne Stimmchen versagt, nachdem jemand den Stecker seines Verstärkers gezogen hat. Über diesen Gedanken nickte ich ein.

Es war gegen vier Uhr nachmittags, als Juliana mich an der Schulter rüttelte.

»Du hast anscheinend bestens geschlafen.«

»Ich träumte gerade davon, wie ein Mächtiger im Pentagon den Schalter für das globale Navigationssystem ausknipste und alle zivilen GPS-Systeme auf Null hüpften. Und wir beide zogen mit unserem alten VW-Bulli durch die Wüste, als hätte es nie etwas anderes gegeben.«

»Bleib auf dem Teppich«, meinte sie trocken.

»Eben drum …«

Von Noordoewer aus fuhren wir nach Norden.

»Kommt mir vor wie das Who's who der deutschen Namengebung.« Juliana umkringelte mit dem Zeigefinger auf der Karte im namibischen Süden Ortsnamen wie Grünau, Warmbad, Schönau.

Wer hier Spuren sucht, muss einfach fündig werden. In Warmbad zum Beispiel, dessen Name verrät, weshalb sich bereits im 19. Jahrhundert Besucher in diese gottverlassene Ecke schlugen. Dann tauchten Missionare der Londoner Missionsgesellschaft auf, um hier an den heißen Quellen eine Missionsstation zu gründen. Die Schutztruppe hatte andere Intentionen. Sie setzte hier ein Fort in die Wüste, das an eine Spielzeugfestung erinnert.

In diesem weiten, auf den ersten Blick fast menschenleeren, ja menschenfeindlichen Land zwischen Keetmanshoop und Fish River Canyon war ich vor Jahren Lothar Ferdinand Theodor Gessert begegnet. Seine Familie gehörte zu den ersten weißen Farmern hier.

»Mein Vater ist 1894 ins Land gekommen, und zwar mit einem Ochsenkarren die ganze Strecke von Kapstadt hoch«, hatte Lothar Gessert senior mir erzählt. »In Keetmanshoop ist er abgestiegen. Im selben Treck waren damals auch Hermann Brandt und seine Frau Anna-Maria.«

Ich hatte von den beiden gehört. Brandt hatte von dem Nama-Häuptling Witbooi Land gekauft. Die unweit seiner Farm entstandene Siedlung bekam schon bald den Namen Mariental. Sie trägt ihn bis heute.

»In Lüderitzbucht bin ich damals bis zur achten Klasse zur Schule gegangen«, fuhr Lothar Gessert fort. »Alle Farmerkinder im Süden gingen dahin. Die Schule beendete ich 1936, meine weitere Ausbildung sollte in Deutschland stattfinden. Natürlich wollte ich Farmer werden, dazu sollte ich in Deutschland Landwirtschaft studieren. Aber dann brach der Krieg aus. Ich wurde eingezogen, wurde verwundet und verlor einen Arm. 1943 entließ man mich aus der Wehrmacht.« Gessert nickte versonnen. »Jetzt hatte ich Zeit, um auf dem Gut eines Onkels in Mecklenburg-Vorpommern mein Landwirtschaftspraktikum zu machen. Doch wieder Pech für mich – 1945 marschierten die Russen ein. Viereinhalb Jahre blieb ich dort, mit meiner Frau, denn ich hatte geheiratet. Wir bewirtschafteten in der schlechten Zeit ein Stückchen Ödland und hielten uns einigermaßen über Wasser. Aber ich wollte zurück nach Afrika. Keiner hat geglaubt, dass wir es schaffen würden. Wir durften ja nicht mal nach Westdeutschland abhauen.«

Er hatte mich angesehen und dann gelächelt: »Aber wir kamen durch. Nach dem Tod meines Vaters übernahm ich hier unsere Farm.«

»Wie groß?«

»Genau 18 890 Hektar.« Gessert hielt inne. »Die letzten zehn bis fünfzehn Jahre waren schlecht für uns Farmer. Mit der Karakulzucht ging es zu Ende. Wir verkauften unsere Karakulschafe, auch die Rinder. Jetzt halten wir Ziegen, die sind bei den südafrikanischen Minenarbeitern begehrt.«

Viele der namibischen Farmer hielten nicht durch und gaben auf. Die Natur holt sich auch hier nach und nach zurück, was die Menschen eine Weile für sich nutzen durften.

Die Konturen der Berge wurden schärfer, je weiter wir an diesem Spätnachmittag nach Nordwesten fuhren. Die Reifen polterten dumpf auf der Pad, ließen kleine Puffwölkchen hinter sich, wo sie in Bodenwellen schweren Staub aufwirbelten. Unsere Fenster waren heruntergekurbelt, die Haare flatterten im Fahrtwind.

»Diese Klimaanlage mag ich«, rief ich Juliana zu, doch der Fahrtwind riss mir die Worte von den Lippen. Die Backofenglut des Tages hatte nachgelassen. Wir fuhren in den Sonnenuntergang hinein zum »Grand Canyon Afrikas« und wurden mit einem unvergesslichen Sonnenuntergang belohnt: Zunächst gelb, dann rot glühend schien die Sonne auf dem Horizont zu verharren.

Die Staubfahne hinter unserem Landcruiser war lang und undurchdringlich. Sie tänzelte, wippte wie der geschwungene Schwanz eines über die Savanne fliegenden Geparden. Rechts und links sauste zerfallenes Land vorbei. Zu Staub zerfallen, der uns jetzt als zittrige Fahne nacheilte. Millionen Jahre der Entstehungsgeschichte, die nun als graue Partikelchen durch die rot gefärbte Luft wirbelten und mir die Sicht nahmen, wenn uns eines der seltenen Fahrzeuge entgegenkam.

Ich blinzelte. Die Straße zog sich schnurstracks in den Feuerball hinein. Juliana griff nach hinten, wo sie zwischen Fototasche und Kamerastativ meine Baseball-Cap entdeckte. Ich drückte mir den Schirm der Mütze tief in die Stirn.

»Wenn sie einen Mann im Mond für diese Mondlandschaft suchen, ich melde mich freiwillig!«, brüllte ich durch den Lärm. Im Westen hoben sich gegen das aufziehende Blasslila des Horizonts gezackte Grate ab. Dies ist die unheimlichste Landschaft Namibias! Trotz des Sossusvlei, wo die Dünen in den Himmel wachsen, oder der Etosha-Pfanne, dieser Arche Noah des Südens.

Unser Tagesziel erreichten wir eine Stunde später. Die hinter mächtigen Felsblöcken versteckte Cañon Lodge nahm ich im Dämmerlicht zunächst nicht wahr, hätte mich die raffinierte Illumination eines Köcherbaums nicht auf die richtige Spur gebracht. Das Haupthaus der Lodge erinnerte an eine Miniatur-Festung, deren Turm geschickt der Farbe des Landes angepasst war. Ich war neugierig auf diese Lodge, von der es heißt, hier läge einem Afrika zu Füßen, und das alles im Ambiente eines Vier-Sterne-Hotels.

An der Bar orderte ich ein Hansa-Bier, dann ging ich hinaus auf die Terrasse und blickte nach Westen, wo noch der Abglanz des Tages auszumachen war.

»Als ob Obelix nach hier ausgewandert wäre.« Ich sah tausendundeinen Hinkelsteine, die wie Wurfgeschosse des gallischen Kraftprotzes hier niedergegangen zu sein schienen. Doch mit diesen Betrachtungen blieben Juliana und ich nicht lange allein. Noch vor dem zweiten Bier gesellte sich Manni Goldbeck zu uns, der Herr über diese verträumte Welt. Beim dritten Hansa Lager stellte sich Peter Wilson ein. »Bingo«, sagte Juliana. »Hier findest du mehr Spuren im Sand, als du in einem Kapitel deines Buches unterbringen kannst.«

Mit dem »Marlboromann« durch Gondwanaland

Peter Wilson hatte die Pferde bereits gesattelt. Zwei schöne Braune, deren Zügel er in der Hand hielt, einer Hand, die ledrig war wie sein braun gebranntes Gesicht. Der Backenbart, der sich über die Wangen und das Kinn zog und die Oberlippe umschloss, war kurz gehalten. Ein wenig kürzer als jener auf den Bildern, die ich von Hemingway in Erinnerung habe, dache ich unwillkürlich. Sein Bart war eisgrau und stand in lebhaftem Kontrast zu den noch dunkelbraunen Haaren, durch die sich nur vereinzelt silberne Strähnen zogen.

»Nimm dieses«, sagte Peter und reichte mir die Zügel.

Ich nahm mein Pferd, wir stiegen auf und ritten los. Mich fröstelte. Die schlanken Felstürme warfen lange Schatten, in denen ich eine Gänsehaut bekam. In zwei Stunden wirst du gern daran zurückdenken, dachte ich.

Ich folgte Peters Pferd, das sich in weit ausholenden Schritten vor mir herbewegte. Die Landschaft mit den ovalen, abgerundeten Findlingen erinnerte mich nicht nur an Obelix' Hinkelsteine, sondern auch an ein Fabelbild, bei dem ein Gigant Felsen nebeneinander in den Boden gerammt hatte. Ähnliches hatte ich auch schon anderswo gesehen – die Devil's Marbles im Outback des australischen Northern Territory etwa, vereinzelt auch im amerikanischen Westen. Hier aber waren sie ungleich zahlreicher, türmten sich zu Bergen, als hätte Obelix in der fast baum- und strauchlosen Wüste Steindepots für schlechte Zeiten angelegt. In dieser verspielten Felslandschaft befanden sich die Gäste-Chalets.

Wir ließen das Herzstück des privaten Naturparks hinter uns und ritten nach Osten, in die aufgehende Sonne hinein. Wir kreuzten Bachläufe, die jetzt staubtrocken waren und deren nur halbmeterhohe Ufer wie die Wände eines Cañons modelliert waren.

Zwei Stunden später zog Peter die Zügel seines Pferdes an. »Coffee time!«

Wir stiegen ab, sammelten trockene Zweige und entzündeten zwischen Steinen, die irgendwann einmal jemand als Feuerstelle genutzt hatte, ein Feuer.

Er passt genauso gut auf ein Pferd in der Wüste wie hinter die Bar, an der er gestern abend Drinks gemixt hat, dachte ich. Ich sagte es ihm. Er schmunzelte, wobei die Falten um die Augen tiefer und noch ausdrucksvoller wurden.

Peter war ein glänzender Unterhalter. Vor Begeisterung hatten wir uns auf die Schenkel geklopft, als er Geschichten erzählte, von der friedlichen, aber ungleichen Koexistenz von Nashorn und Stachelschwein zum Beispiel.

Er bemerkte meinen Blick.

»Weißt du ... ich liebe dieses Land.« Er pustete, bis Rauch aufstieg und Flammen züngelten, goss Wasser aus dem mitgebrachten Kanister in einen Kessel und stellte ihn auf die Steine der Feuerstelle.

»Hast du schon immer hier gelebt?«

»Nein, aber lange genug, um zu wissen, dass ich hier immer leben möchte!«

Wir tranken heißen Kaffee in vorsichtigen Schlucken, zwischen denen er Stücke seines Lebens preisgab. Die typische Geschichte eines Weißen in Afrika, für den dieser Kontinent aufgrund seines Geburtsscheins die Heimat ist. »Aber aufgrund deiner falschen Hautfarbe lassen sie dich spüren, dass du dich zum Teufel scheren sollst ...«

Und er erzählte. »Ich wuchs in Ostafrika auf, in Uganda. Zur Grundschule schickten mich meine Eltern nach Kenia, die Oberschule besuchte ich in Großbritannien. Doch die erste Gelegenheit nutzte ich, um nach Afrika zurückzukehren.« Er hielt einen Moment inne, scharrte Sand über den dünnen Ascheflaum unseres Feuers und stand auf. »Lass uns weiterreiten, ich habe dir noch viel zu zeigen.«

Wir ritten weiter nach Osten. Später würde unsere Route einen Knick machen und dann in großem Bogen durchs »Gondwanaland«, wie er sagte, zur Lodge zurückführen.

Gondwana, das war der Urkontinent, der vor 120 Millionen Jahren zerborsten war und aus dem unter anderem Australien, Indien und Afrika hervorgingen.

Wie eine Urlandschaft wirkte auch dieses Land auf mich.

» … heute wieder«, ergänzte Peter. Denn in dieser scheinbar lebensfeindlichen Wüste hatten noch vor wenigen Jahren Farmer und ihre Tiere das Survival geprobt.

»Frag heute Abend Manni Goldbeck danach«, ermunterte mich Peter, »Manni kennt die Geschichte dieses Landes wie kaum ein anderer.«

Beim Bier hatte Manni mir gestern Abend bereits verraten, dass sein privates Naturschutzgebiet an der Ostflanke des Fish River Canyon erst vor wenigen Jahren aus mehreren aufgekauften Farmen gebildet worden war. Einer seiner Mitinitiatoren und Partner war der Sohn des alten Lothar Ferdinand Theodor Gessert gewesen, der mir Einblick in die Geschichte seines Farmlebens gewährt hatte. Erst vor wenigen Jahren hatte es das Team Goldbeck und Gessert hier an den Rand des Fish River verschlagen. Nach und nach erwarben sie die Farmen Augurabies, Stamprivier, Holoogberg und Karios.

»Die Farmer konnten kaum noch wirtschaftlich überleben«, hatte Goldbeck gesagt. »Schon nach ein paar Jahren stellten sie fest, dass sie das Land überweideten. Nur 80 Millimeter Niederschlag fallen hier. Maximal 120 Millimeter jährlich. Das ist nicht genug für eine Existenz. Wir haben jetzt die Einzäunungen zwischen den Farmen abgerissen und konsequent aufgehört zu farmen. Unser Motto: Der Natur zurückgeben, was ihr gehört.« Sein Partner und er setzten stattdessen auf Naturschutz und schufen den riesigen, wüstenhaften Gondwana Cañon Park.

Peter Wilson und ich ritten weiter, vorbei an Köcherbäumen, die hier wie stumme Wächter zu Dutzenden im Lande standen.

»Wir reiten noch bis dahin, wo der Himmel den Horizont berührt.« Dann aber, mit Blick auf unsere Wasserflaschen, schmunzelte Peter Wilson: »Während meiner Zeit im Busch habe ich eine wichtige Überlebensregel gelernt: Wenn du in die Wildnis reitest und zwei Wasserflaschen mit dabeihast, dann gehe nur so weit, wie dich das Wasser der ersten bringt. Hast du bis dahin keine Wasserstelle gefunden, dann kannst du sicher sein, dass dich die zweite Flasche wieder wohlbehalten zurückbringen wird.«

»Was hast du eigentlich gemacht, nachdem du damals aus Großbritannien zurück nach Afrika kamst?«

»Ich ging nach Rhodesien, dem heutigen Simbabwe«, berichtete Peter. »Ich bewarb mich bei der Polizei und man nahm mich. Das war damals ein klassischer Job für einen jungen Mann, auf den zu Hause niemand wartet. Elf Jahre war ich Polizist und war dabei auch viel im Busch mit dem Pferd unterwegs.«

Er tätschelte den Hals seines Braunen.

»Danach wurde ich Farmer, das heißt … ich wollte Farmer werden. Aber ich machte die klassischen Anfängerfehler – ich stieg mit zu wenig Kapital ins Geschäft ein. Um die Farm halten zu können, nahm ich nebenher einen Job an.«

Er lachte. » Was heißt nebenher! Der Job fraß mich auf. Da hatte ich nun eine Farm und noch einen Vollzeitjob dazu. Und dann begann der Krieg, die Unabhängigkeitskämpfe. Jetzt lebte ich drei Leben zur gleichen Zeit: im Job, dann als Farmer und last but not least als einer, der tagtäglich seine Haut verteidigt, um physisch zu überleben. Wie viele andere auch kehrte ich letztlich

Rhodesien den Rücken und ging nach England. Aber die Bindung war nach wie vor eng. In England stieg ich ins Touristengeschäft ein und organisierte Touren ins südliche Afrika. Zwangsläufig wurde ich neugierig auf Namibia, auch wegen der touristischen Möglichkeiten nach der Unabhängigkeit. Nun, den Rest siehst du ja selbst, ich bin hier hängen geblieben.«

Stille lag über dem Land. Die tiefe Stille der Wüste. Kein Vogel sang. Das einzige Geräusch war das Schaben der Hufe im Sand. Wir passierten Köcherbäume, die hier wie einsame Wächter in der Landschaft standen, stoppten an einem Felsberg, an dem Millionen zerbrochener und zerborstener Findlinge in spielerischer Harmonie übereinander getürmt waren. Und Peter erzählte. Er erzählte von Farmern, für die ein Leopard nur ein Störenfried im Land sei. Kaum einer von denen reite jemals ohne Gewehr aus. »Dabei leben diese Leoparden, die letztlich erlegt werden, vielleicht schon seit Jahren in der Region, ohne dass der Farmer sie je bemerkt hätte. Leoparden sind sehr scheue und kluge Tiere.«

Wir stoppten an einer Euphorbie, an der Tiere genagt hatten.

»Normalerweise ist diese Pflanze giftig. Kein Tier würde sie berühren, sie alle wissen um die tödliche Kraft. Nur dann und wann, zu bestimmten Zeiten, wenn ihre Körper diese spezielle Diät brauchen, gehen manche Tiere daran. Und, wie durch ein Wunder – nichts passiert ihnen.«

Immer tiefer ritten wir ins Land hinein, wie zwei Marlboromänner auf der Werbetafel. Wiegten uns im Rhythmus der Körper unserer Pferde. Warmer Wind umspielte uns, machte mich schläfrig. Ich glaube, einen Moment lang bin ich eingenickt.

Die Sonne stand schon tief, als wir uns der Lodge näherten.

Mühelos hätten wir sie vor Einbruch der Dunkelheit erreichen können. Ich war durchgeschwitzt. Meine Jeans hatten den strengen Schweißgeruch des Pferdes angenommen. Lästige Fliegen umsummten uns. Und doch …

»Können wir hier den Sonnenuntergang abwarten, Peter?«

»Sicher.« Er stieg vom Pferd, suchte trockene Blätter und Zweige von Köcherbäumen zusammen.

»Warum das?«, fragte ich.

»Weil ich ein genauso unverbesserlicher Romantiker bin wie du.« Er grinste, und ich fand, dass er im Rot der untergehenden Sonne noch mehr Ähnlichkeit mit Hemingway hatte als zuvor.

»Ich liebe es, bei Sonnenuntergang am Lagerfeuer zu sitzen. Danach habe ich mich gesehnt, damals, als ich bei Londoner Mistwetter von den Savannen Simbabwes träumte.«

Die bauchigen Stämme der Köcherbäume, die ihre Zweige wie nackte Arme in theatralischer Melancholie in den wolkenlosen Himmel reckten, begannen jetzt zu leben, in dem Maße, in dem die Sonne unter die Linie des Horizonts kroch: Über ihre Stämme, auf denen sich dünne Borkenfähnchen wie rotgoldenes Papier aufrollten, huschten verworrene Schattenmuster.

»Ich würde viel darum geben, immer in einer solchen Welt zu leben.«

Peter nickte.

»Es ist ein Privileg, hier in Afrika zu sein«, hatte er nachmittags gesagt. Mir schien dieser Satz wie die Quintessenz seiner Bemühungen, die dazu geführt hatten, dass er im schwarzen Kontinent Fuß fasste. »Dieses Land ist groß genug für Schwarz und Weiß.«

Während das letzte Licht der Sonne zwischen den Köcherbäumen verschwand, war mir, als säße mir der alte »Südwest«-Forscher Heinrich Vedder gegenüber, und ich hörte ihn in der umständlichen Sprache seiner Zeit sagen: *»Es ist die Gabe und Aufgabe des faustischen Menschen, dass er rastlos streben, forschen, aufklären, erobern und immer unbefriedigt weiter stürmen muss, sei's in der Wissenschaft oder in der Wirtschaft … er ist Pfadfinder und Bahnbrecher auf allen Lebensgebieten. Wo Neuland ist, ist er der Erste, der die Rodearbeit beginnt; die ersten Furchen werden fast immer von ihm gezogen. Südwest verdankt solchen faustischen Naturen viel.«*

Dr. Vedder prägte schon vor Jahren das Geschichtsbild Südwestafrikas. Seinen umfangreichen Wälzer »Das alte Südwestafrika« hatte ich verschlungen.

»Dieses Buch sollte nur lesen, wer Südwestafrika lieb hat ... Wer es aber lieb hat, der sollte es auch lesen, denn es stehen viele Dinge darin, die selbst denen noch unbekannt sind, die einst selbst in diesem Lande Geschichte machten oder heute noch machen«, hieß es in Vedders Vorwort von 1934. Von unbedeutenden historischen Korrekturen abgesehen, ist sein Werk noch heute so aktuell wie damals.

»Faustische Naturen?!« Manni Goldbeck lächelte, als wir über das Lodge-Gelände schlenderten. Ein »Bahnbrecher« und »Pfadfinder« im Sinne des alten Dr. Vedder war auch er.

Wir setzten uns vor eines seiner grasbedeckten Chalets, die sich so wunderbar in diese Hinkelsteinlandschaft einpassen. Nur selten sah ich andere Gäste in dem weitläufigen Gelände. Individueller, behutsamer Tourismus im Einklang mit der Natur, das war Manni Goldbecks Anliegen.

Er musste Anfang bis Mitte vierzig sein. »Ich bin hier im Lande geboren«, bestätigte er. »Es ist schon die dritte Generation im Land. Großvater kam aus der mecklenburgischen Gegend, Großmutter aus dem ehemaligen deutschen Teil von Polen. Drei Brüder waren in der Familie meines Großvaters, einer ging zur Schutztruppe, der zweite war Händler und der dritte Farmer. Ich stamme von der Farmersfamilie ab, war allerdings nicht der Älteste, so hat mein Bruder die Farm geerbt.«

Doch bis hin zum erfolgreichen Tourismusmanager war es ein Pfad mit Umwegen.

»Nach der Schulausbildung wurde ich selbst Lehrer und unterrichtete acht Jahre an einer multikulturellen Schule in Windhoek. Dann stieg ich auf den Tourismus um. Die Fläche unseres Gondwana Cañon Park ist heute 53 000 Hektar groß.«

Ich rechnete nach: 530 Quadratkilometer! Irrsinn!

»Trotzdem betrachten wir uns nicht als Großgrundbesitzer.

Wir sind nur Treuhänder dieses Gebietes, nur einen ganz kleinen Bruchteil deiner Zeit bist du hier.«

Er sah hoch.

»Weißt du, wir möchten hier nicht im Mittelpunkt stehen, dort steht bei uns die Natur. Der Mensch neigt dazu, immer von der Umwelt zu sprechen. Damit stellt er sich automatisch in den Mittelpunkt. Wir sprechen hier von einer Mitwelt, in der wir ein klitzekleiner Teil sind. Unsere Idee ist, der Natur diesen Teil, der für kurze Zeit als Farmland genutzt wurde, zurückzugeben und für künftige Generationen zu erhalten.«

Wir gingen über den mit Natursteinen befestigten Weg zum Ende der Lodge. Weit schweift das Auge von hier in Richtung Fish River Canyon.

»Über Jahrmillionen haben sich Flora und Fauna hier so fantastisch angepasst, dass Fachleute vermuten, dass es hier eine größere Artenvielfalt gibt als am Amazonas. Wir leben in einem so genannten Winterregengebiet. Wenn's auch nicht viel ist, so kriegen wir doch im Winter ab und zu ein paar Niederschläge. Das sind Kaltfronten, die vom Südpol hochdriften. Anders als zum Beispiel im Norden bei Tsumeb, wo die Niederschläge aus der Äquatorgegend oder vom Indischen Ozean kommen.«

Manni Goldbeck sah mich nachdenklich an.

»Wir möchten unseren Gästen Muße bieten, Zeit, sich zurückzulehnen und diese Stille zur Inventur ihres Lebens zu nutzen.« Er hielt inne. »Elefanten und Nashörner haben wir nicht im Fish-River-Canyon-Gebiet. Dafür aber unsere kleinen Wunder – die Evolution der Jahrmillionen, die du hier im Detail ablesen kannst.«

Das Farmhaus der ehemaligen Farm Karios ist Mittelpunkt der Cañon Lodge. Es waren drei Bayern, die beiden Brüder Schanderl und ihr Cousin, die das Farmgelände Anfang dieses Jahrhunderts erwarben und das noch heute bestehende Farmhaus bauten.

Ein Zeitgenosse beschrieb die Farm Karios damals begeistert: *»Hier oben ist es kühl und luftig, der Fernblick reicht fast bis in die unendlichen Weiten … Die Farm liegt hübsch innerhalb dieser säulen- und glockenförmigen Berggebilde an einem nach Süden zum Fischfluss ziehenden Rivier … Das Haus mit der rebenverhangenen Veranda, den alten altbayerisch eingerichteten Zimmern und dem schmucken Turm. Die zwei Gärten mit den vier Windmotoren, den Gemüsebeeten, den fruchtstrotzenden Dattelpalmen … All das ist einfach und gediegen mit eigener Hand hergestellt.«*

Und doch, so sagte mir Manni Goldbeck, war es den Brüdern nicht vergönnt, die Früchte ihrer Arbeit zu ernten.

»Nach dem Ersten Weltkrieg jagte man sie raus. Die Gründe hat man ihnen nie mitgeteilt. Zwei haben wir im südafrikanischen Archiv finden können. Sie hatten einer Dame aus Keetmanshoop während des Ersten Weltkriegs geholfen, eine Waffe hier auf der Farm zu verstecken. Der zweite Grund: Ein paar Schutztruppenangehörigen, die aus dem Internierungslager in den Cañon geflüchtet waren, hatten sie Lebensmittel zugesteckt.«

Am 7. Juni 1919 schrieb ein Dr. Leo Waibel an den Regierungsrat Kastl in Windhoek: *»Herr Alphons Schanderl brachte also von Warmbad den endgültigen Bescheid mit, dass er und sein Bruder am Sonntag, dem 10. Juni morgens vier Uhr von Kleinkaras nach Lüderitzbucht an den Dampfer zu fahren hätten. In den verbleibenden drei Tagen wurde das Vieh und das bewegliche Inventar der Farm zu Schleuderpreisen verkauft … Alphons Schanderl sagte mir kurz vor seiner Abreise, nachdem er alle Geschäfte erledigt hatte, dass er durch den überstürzten Verkauf von Vieh, Wagen, Haushaltungsgegenständen etwa 20 000 Mark Hartgeld verloren habe.«*

Andere Besitzer nach ihnen kamen und gingen. Ein altes Bild der Farm, auf dem deutlich die in dem Bericht beschriebenen Reben an der Hauswand zu sehen sind, hängt zur Freude heutiger Besucher im Farmhaus, dessen größter Raum zu einem stilvollen, gemütlichen Restaurant wurde.

Wir saßen an diesem Abend alle zusammen auf der Terrasse und ließen uns ein Kudusteak schmecken. Der Mond trieb wie ein Schiffchen über den Himmel und verschwand nach und nach hinter den Felskuppen, bis nur ein schwaches Glimmen übrig blieb.

Ich dachte über Peters Worte nach. Als wir über das Leben im afrikanischen Busch gesprochen hatten, bei dem Hilfe und medizinische Versorgung unerreichbar weit weg sind, hatte er gesagt: »Krank wird nur, wer Zeit hat, krank zu werden. Ich hatte nie Zeit dafür. Vielleicht bin ich deswegen immer gesund geblieben. Vielleicht auch, weil ich zufrieden war mit meinem Leben.« Er hatte gelächelt: »Auch wenn manches danebenging.«

Es wurde an diesem Abend viel gelacht. Auch über Peter und seinen Hund, der jede Stimmung seines Herrn ahnte und mitempfand, sein Gesicht in Falten legte, wenn Peter nachdenklich war, und ihm immer, wenn er von Ausritten zurückkam, die breite, warme Hundezunge quer durchs Gesicht wischte.

Die anderen Gäste hatten sich in ihre Chalets zurückgezogen. Vereinzelt schimmerte noch Licht in der weitläufigen Anlage. Über uns flimmerte tausendfach der Sternenhimmel. Selbst dem leichten Abendwind war die Puste ausgegangen. Nicht einmal die Grillen zirpten.

Was wohl die Gebrüder Schanderl damals hier empfunden hatten? Und wie hatten sie sich gefühlt, als man sie verjagte, als sie alles Hals über Kopf verlassen mussten?

Ein Paradies. Ich musste unwillkürlich lächeln. So jedenfalls empfand ich es hier. Aber wie hatten die Menschen vor hundert Jahren gedacht?

Mein Bier war kühl. Nach der Hitze des Tages tat es wohl. Draußen stand unser PS-protzender Geländewagen. Damals war die Reise von Windhoek nach hier lang und staubig gewesen. Mein Blick streifte die Zeitung »Der Postbote«, in der Manni Goldbeck historische Zeitungsausschnitte zur Unterhaltung seiner Gäste zusammengefasst hatte. *»Ein Rekord«*, lautete die Überschrift im Oktober 1902. *»Die mit der ›Helene Woermann‹ gestern eingetroffenen Reisenden, die sogleich nach Windhoek weitergehen, werden in kürzerer Frist als je zuvor von Hamburg nach Windhoek gelangt sein. Am 30. Juni 1902 abends verließ das Schiff Hamburg. Am 27. Juli vormittags traf es in Swakopmund ein. Am 28. früh ging der Zug nach Windhoek ab, am 29. abends die Ankunft in Windhoek. In 30 Tagen von Hamburg bis Windhoek! Das lässt sich hören.«*

»Komm«, sagte Juliana. Wir schlenderten in die Nacht hinein.

»Acht Stunden mit dem Jet von München nach Windhoek. Gib für den Zubringer von Hamburg noch 'ne Stunde drauf. Neun Stunden heute anstatt 30 Tage damals. Das lässt sich hören«, meinte sie.

Wir bummelten zu unserem Chalet, in dem riesige Findlinge geschickt in die Innendekoration integriert waren. Uraltes Gestein, dachte ich. Viele Millionen Jahre alt, von Hitze, Wind, Sand und Regen poliert. Ein Schatz, den wir einen Moment lang nutzen durften. Ähnlich wie damals die Brüder Schanderl. Und diese uralten Steine würden noch hier sein, wenn alles andere vergangen war. Die Stille der Wüste machte mich nachdenklich.

Das Grab im Fish River Canyon

Ich war von den anderen fortgegangen, um ein Foto vom Fish River Canyon zu machen. Aus der Distanz betrachtet, reduzierten sich hier menschliche Ausmaße zur Größe eines Fliegenkleckses. Kaum mehr als ein dunkles Pünktchen war Juliana auf der vorspringenden Felsnase. Darüber, so als würde er gleich in die Tiefe stürzen, parkte unser Landcruiser. Ich suchte mir eine Pflanze als Vordergrund fürs Foto, um dem Bild Tiefe zu geben, hockte mich hinter die Aloe und fixierte mein Motiv. Schade, da war kein Hauch von Grün in der Pflanze. Genauso wenig wie dahinter auf dem felsigen, zerbröselten, in baumkuchenartig feinen Lagen terrassierten Land. Alles verschwamm zu einem leichten Potpourri aus Rot, Braun, Graublau und Lila, genauso farblos wie die wie Finger einer halb geöffneten Hand nach oben gereckten Blätter der Aloe.

Ich machte ein Foto und dann noch eins. Als ich die Bilder Wochen später betrachtete, war ich erstaunt über ihre Kontrastlosigkeit. Dieser alles überlagernde Grau-Blau-Lila-Rot-Ton hatte die Fotos flach gemacht. Wie eine Soße, der die entscheidende Prise Salz oder Pfeffer fehlt. Du hättest viel früher oder spät nachmittags hier sein sollen, wenn die schwarzen Schatten die Felsvorsprünge und Furchen plastisch machen, dachte ich im Nachhinein.

Juliana und ich setzten uns neben Manni, der auf einem Fels hockte und in die Tiefe lauschte. Mein Blick folgte dem unregelmäßigen Verlauf der Cañonwände, tastete sich an Hängen und

Felsbrocken entlang und fand sein Ziel. Doch auch der Fluss war graubraun.

Wenn schon nicht die Farbe, so ist doch die Monumentalität des Fish River Canyon beeindruckend. Die Schluchten innerhalb eines Labyrinths von Schluchten, die zerbröselten Seitentäler, aus denen während der Regenzeit Wasser alles Land gierig mit sich fortreißt und hinunter zum Fish River spült. Nicht das Geringste war davon während der Anfahrt zu ahnen gewesen. Die Straße stieg leicht an. Wir hatten das Auto geparkt, waren 100 Meter gegangen. Dann hieß es: Vorsicht! Noch einen Meter weiter und wir wären unweigerlich in die Tiefe gestürzt. 500 Meter unter uns gurgelte der Fish River durch den von ihm modellierten Cañon. Das Rauschen des Wassers drang wie ein Ächzen zu uns. Zusammen mit dem Wispern des Windes waren das die einzigen Geräusche.

»Die vielleicht spektakulärste Show in Afrika!«, schwärmte ich.

An Größe und Ausmaß schlägt ihn nur der Grand Canyon des Colorado in den USA. 161 Kilometer ist der Fish River Canyon lang, stellenweise bis zu 2,7 Kilometer breit und seine Tiefe schwankt zwischen 457 und 549 Metern. Mit 800 Kilometern ist der Fish River der längste Fluss Namibias. Unweit von hier in Richtung Süden mischen seine lehmbraunen Wasser die des Orange River auf – das allerdings nur während der Regenzeit.

Wir schwiegen viel, vielleicht auch, weil die Sonne gestiegen war und die Zunge am Gaumen klebte. Es war heiß und trocken. Zunehmend verwischten sich die blassroten Farben. In vier Ebenen schien sich das Land unter uns aufzuschichten. Durch ihre Gesteinslagen unterschiedlicher Härte und Beschaffenheit hatte sich der Fluss im Laufe der Zeit durchgebissen. Ebenso wechselhaft ist seine Uferstruktur.

»Während der Regenfälle macht er, was er schon seit Jahrmillionen tut.« Manni Goldbeck nahm ein kleines Steinchen, holte aus und ließ es über Felsen tanzen.

Der Fish River Canyon.

»Das Wasser wühlt hier, reißt dort ein Stück Stein heraus, gräbt und schiebt unermüdlich Geröll und Sand vor sich her zum Meer.«

Fish River, Fischfluss, ein merkwürdiger Name für einen selten fließenden Fluss in der Wüste. Tatsächlich gibt es hier in den permanenten Pools reiche Fischgründe mit fünf verschiedenen Fischarten, eine davon ist der Karpfen. Klar, dass das Wasser, die Fische und das Wild an den Ufern von jeher Menschen anzogen. Was für ein Fest das wohl für die San gewesen ist! Endlich konnten sie sich hemmungslos am Wasser bedienen, dem wichtigsten und sonst sorgsam gehüteten Elixier in ihrer Welt. Sonst vergruben sie Wasser für Notfälle in versiegelten Straußeneierschalen. Hier herrschte Verschwendung. Auch für die Springböcke und Oryxantilopen muss ein Fluss in dieser lebensfeindlichen Landschaft eine Entgleisung der Natur sein – wenngleich eine alles belebende. Als frühe Kulturen vor 20 000 oder 30 000 Jahren durch die Cañons zogen, lebten große Wildherden hier. Heute begegnet man vereinzelt Hartmanns Bergzebras, Pavianen, Kudus und mit etwas Glück sieht man in der Ferne einen Leoparden durchs Tal schleichen.

»Du wirst so klein hier«, sagte ich und dachte an das Foto von vorhin.

»Auch angesichts der erdgeschichtlichen Dimension«, setzte Manni hinzu. »Wenn du hier in den Bauch der Erde siehst, blickst du gleich in mehrere geologische Zeitalter.«

Meine Augen folgten seinem Finger dorthin, wo das Glitzern von Wasser mehr zu ahnen als zu erkennen war. »Formationen, die 1,8 Milliarden Jahre alt sind.«

Ehrlich gesagt kann ich mit solchen Altersangaben wenig anfangen. 1,8 Milliarden oder 1,8 Millionen Jahre – alles liegt so weit zurück.

»Und erst seit 50 000 Jahren leben Menschen hier.« Wir hatten gelesen, dass umfangreiche archäologische Ausgrabungen 1981 den Nachweis dafür erbracht hatten. Man war auf 27 Lagerplätze aus der Altsteinzeit und auf 18 aus nachfolgenden Epochen gestoßen.

»Aber erst über die jüngere Geschichte hier wissen wir Näheres.«

Im Stillen schmunzelte ich. Jüngere Geschichte, bei unserem Weltbild sind das vielleicht 200 Jahre. Was bedeutet das, wenn man hier einen 1800 Millionen Jahre alten Gesteinsbrocken in der Hand wiegt?

Zu Beginn des 19. Jahrhunderts waren es die Nama, die von hier aus den Kampf gegen ihre Erzfeinde, die Herero, führten. 1898 brachte die deutsche Schutztruppe Frieden ins Land. Frieden mit Hilfe von Gewehren und Kanonen. Fünf Jahre währte dieser Frieden. 1903 griffen die Nama erneut zu den Waffen. Die Schüsse sind verhallt, die Fußspuren der Kämpfer verweht.

»Ich würde gern zu Fuß durch den Fish River Canyon wandern«, sagte ich zu Manni.

»Nicht in dieser Jahreszeit, komm zwischen Juli und August wieder, und selbst dann benötigst du eine Topkondition, um da unten in der Backofenhitze zu überleben.«

Ein paar hundert Meter entfernt von dort, wo wir saßen, beginnt der Fish River Canyon Backpacking Trail, 90 Kilometer und viele Flussmäander später endet er bei Ai-Ais.

»Hiker aus allen Teilen der Welt kommen, um ihn zu begehen.« Der leichte Wind trug Mannis Stimme zu mir wie den Lockruf der Sirenen.

»Schatz, wie wär's, könnten wir nicht morgen oder übermorgen aufbrechen? Ich hätte Lust!«

»Lass das sein«, hörte ich Manni. »... kommst in Teufels Küche mit der Naturparkverwaltung. Der gesamte Trail ist offiziell nur zwischen Anfang Mai und Ende September geöffnet.« Und doch reifte in mir an diesem Tag die Idee, wenigstens den Trailbeginn zu begehen, vom Cañonrand hinunter bis zum Fluss. Als Tageswanderung. Das ist erlaubt. »Dauert ja nur eine Stunde runter.«

»Du willst bestimmt hin zum Grab wandern«, hörte ich Juliana.

»Unmöglich, das schaffe ich nicht an einem Tag. Rund sechzig Kilometer sind es bis dahin.« Ich rechnete kurz: Wenn ich für den gesamten Trail bis zu den heißen Quellen von Ai-Ais vier Tage zugrunde legte, wäre die Strecke bis zu »dem Grab« allenfalls in zwei oder drei Tagen machbar. »Unsinn«, sagte ich zu mir, wie zur Bekräftigung, obwohl mich der gesamte Trip verdammt gereizt hätte.

1905 war im Cañon eine Gruppe kriegerischer Nama rund zwei Kilometer unterhalb des Four Finger Rock auf einen Leutnant namens Thilo von Trotha gestoßen. Der junge Offizier kam ums Leben und wurde an Ort und Stelle beerdigt. Sein Grab befindet sich rund ein Jahrhundert später noch immer dort. Ein Haufen großer, unregelmäßiger Steine übereinander getürmt, aus denen eine verrostete eiserne Gedenktafel ragt. Ein schöner Platz, diese Pforte zur Ewigkeit eines jungen Leutnants.

Doch Zeiträume wie der eines verflossenen Jahrhunderts sind allenfalls Herzschläge, gemessen an der Entstehungszeit des Cañons.

Ganz unten wandert man durch die Urzeit. Die dunklen, steilen Hänge unmittelbar neben dem Flussbett sind Schiefer-, Sandstein- und Lava-Ablagerungen. Beginnend vor etwa 1,3 Milliarden Jahren wurden sie umgewälzt, gepresst und gefaltet. Dann, vor 600 Millionen Jahren, bedeckte ein flacher See den Süden Namibias und schaffte andere Ablagerungen hierher. Und vor 300 Millionen Jahren, während einer frühen Eiszeit, begann der Verlauf des Fish River Canyon allmählich Gestalt anzunehmen: Gletscher die sich in Nord-Süd-Richtung schoben, frästen das spätere Tal. In diesem geologischen Zeitraffer erscheint der Fish River Canyon erst sehr viel später, vor rund 50 Millionen Jahren. Seitdem nimmt das Naturwunder im Südwesten Afrikas immer wieder neue Gestalt an.

»Eine Riesenschlange, die verletzt wurde und sich in Verzweiflung und vor Schmerz hin und her wand. So entstand der Fish River Canyon.«

Wir folgten Manni Goldbeck zurück zum Auto.

»Das jedenfalls entnimmt man der Mythologie der San.«

Als wir anderntags in eine Cessna stiegen, die uns über den Fish River Canyon bringen sollte, fand ich die Theorie der San bestätigt.

Von Hells Corner flogen wir über Sweet-Thorn-Bend. Bei Palm Springs erkannte ich ein paar grüne Dattelpalmen. »Angeblich haben deutsche Schutztruppensoldaten dort Dattelkerne ausgespuckt«, brüllte mir unsere südafrikanische Pilotin Erica Messerschmidt durch das Dröhnen des Motors zu. Danach brach der Fluss nach Westen hin aus, schob sich anschließend nach Süden. Umständlich umschlang er die Baboon Mountains. Hier war deutlich die sich im Schmerz windende Riesenschlange zu erkennen. Bei Kooigoed Hights schien es mir, als wolle sie, nachdem sie fast einen Kreis vollzogen hatte, in die alte Richtung zurückkriechen. Doch das Fabelwesen besann sich. Nach der Lost Bend machte ich einen langen Hals.

»Da unten muss das Grab Thilo von Trothas sein.«

Ich gestikulierte in Julianas Richtung. Sie drückte die Nase an die Scheibe, doch gesehen haben wir beide nichts. Wie ein pfeilschneller Vogel huschten wir über die Cañonhänge, die aus der Perspektive des Adlers an schwarze Schotterhaufen erinnerten. Immer wieder blitzte zwischen ihnen Wasser, Flussabschnitte, die im trockenen Winter zu einer Kette stiller, grüner Pools verkommen.

In einem wahren Fotorausch verknipste ich einen Film nach dem anderen. Es dröhnte in meinen Ohren, die Beine schlotterten wie die eines Seemanns nach großer Fahrt, als ich aus dem Flugzeug kletterte.

»Und ich gehe doch runter zum Cañon!« Juliana sagte mir hinterher, es habe wie eine Kampfansage geklungen.

Ich hätte mich ohrfeigen können. Es war vormittags 9.30 Uhr und damit eigentlich viel zu spät für den Start einer Wanderung zum Boden des Fish River Canyon. »Ist doch nur eine Stunde runter!«, redete ich mir ein, obwohl mich der Verstand warnte – die Vormittagshitze hatte bereits begonnen und der schwierigste Teil, der Aufstieg, würde in die heißen Nachmittagsstunden fallen. Ich wollte es trotzdem wagen.

Von der Cañon Lodge schaffte man es mit dem Auto zum Ausgangspunkt in weniger als einer halben Stunde. Bei direkter Fahrt. Doch die Klarheit des Morgens hatte mich verführt. Die Luft war herb, kühl gewesen, von geradezu perlender Frische. Ich hatte gestoppt und mit der Kamera nach Details gesucht. Vielleicht würde ich »lebende Steine« finden: kugelförmige, dickfleischige Pflanzen, bei denen die Evolution mit perfektem Tarnmanöver vorgaukelt, sie wären nichts weiter als leblose Steine. Stattdessen fand ich die »Königin der Namib«, deren Blüten braun, violett und lachsfarben leuchten. Ich setzte mich zwischen Geröllberge und schaute, schaute und lauschte in die Stille und vergaß dabei die Zeit.

Zwei Liter Wasser, zwei Äpfel und einen Beutel Erdnüsse trug ich als Tagesration in meinem Rucksack. Auf der Schulter drückte der Gurt meiner schweren Fototasche. Am frühen Nachmittag wollte ich wieder zurück sein.

Ich sah auf die Uhr. Mir kamen Zweifel. Würde der Zeitplan haltbar sein?

Eine Hinweistafel am Trailbeginn signalisierte das kleine Abenteuer: »Start Hiking Trail«.

Behutsam tastete ich mich hinab, setzte vorsichtig Fuß vor Fuß. Es wäre schön gewesen, hier zu zweit zu sein, dachte ich. Doch Juliana hatte sich heute »frei« genommen. Vermutlich saß sie jetzt vor unserem Chalet, schmökerte in einem Buch, während die hasengroßen, pummeligen Klippschliefer wie Kugelblitze über die Felsen rasten. Mit den pfiffartigen Warnsignalen, die ihre Wachtposten von sich geben, wenn Störenfriede in der Nähe sind, erinnern sie an Murmeltiere. Vielleicht amüsierte sich Juliana gerade über diese putzigen Burschen, die die Buren »Klippdachs« und die Engländer »Dassie«, Dächschen, nennen.

Ich folgte zunächst dem Stahlseil, das den Trail sicherte, dann einem schmalen Pfad über ein Geröllfeld. Man hatte den Weg jetzt durch Steinmännchen markiert. Verirren unmöglich. Einen ausgewaschenen Trockenfluss entlang führte der Trail steil nach unten. Ich bestaunte die Kraft des Wassers, das an senkrechten Felswänden wannenartige Vertiefungen ausgewaschen hatte, mit weichen, geschmeidigen Rundungen, die ahnen ließen, dass für des Künstlers Hand Zeit keine Rolle spielte.

Was für eine merkwürdige Gebirgswanderung, dachte ich, bei der man, solange man noch fit und ausgeruht ist, den einfacheren Teil, nämlich den Abstieg, zuerst erledigt. Dennoch – der Abstieg ging auf die Gelenke.

Knapp eine Stunde nach meinem Aufbruch am Hiker's Point erreichte ich den Boden des Fish River Canyon.

Da war kein Mensch außer mir. Nur Stille, die gelegentlich durch das Plätschern des hier munter strömenden Flusses unterbrochen wurde. Die grauen Gesteinsformationen, die vom Cañonrand oder vom Flugzeug aus konturenlos ineinander übergingen, lösten sich hier in gegenständliche Gebilde auf. Mir gegenüber erkannte ich zwei mächtige römische Amphitheater.

Ich hockte mich in den Ufersand, lehnte den Rücken an einen Felsbrocken. Keine zwei Meter vor mir landete ein kleiner Vogel mit karminrotem Bauch, tauchte den Schnabel in das braune Wasser und hüpfte suchend am Ufer entlang. Ein Rotbauchwürger vermutlich. Beneidenswerter kleiner Vogel, dachte ich, ein paar Flügelschläge, und schon bist du oben am Cañonrand …

Ich folgte dem Fish River ein kleines Stück auf seiner Reise nach Süden, einen Kilometer höchstens, dann versperrten mir

Stromschnellen den Weg. Hoher Wasserstand machte den Fish River Trail zu dieser Jahreszeit unpassierbar.

Gegen zwei Uhr nachmittags begann ich den Aufstieg. Ich war spät dran.

In der Rückschau ist man immer schlauer, weiß man, wie man sich hätte verhalten sollen, wie man dieses oder jenes hätte besser machen sollen. Ich bin kein Bruder Leichtfuß, ich bemühe mich, respektvoll, behutsam im Umgang mit der Natur und mit mir selbst zu sein. Sonst würden diese Zeilen nach all den vergangenen Abenteuern auch nicht zu Papier gebracht worden sein. Ich hatte angriffslustigen Grizzlys in Alaska gegenübergestanden, war gemeinsam mit Juliana monatelang im kleinen Kanu über die großen Seen Kanadas gepaddelt. Hatte mit Schlittenhunden auf dem Iditarod Trail am Beringmeer klirrenden 40 Grad minus getrotzt, hatte Australien per Fahrrad durchquert.

Und nun das hier.

Diese kurze Strecke, die ich gegangen war, und diese lächerliche Höhendifferenz von 500 Metern.

Ich merkte, wie meine Schritte kürzer wurden, mein Atem pfiff. Der verdammte Durst. Ich war frisch und fit gewesen, als ich unten am Fish River gestartet war. Ein paar Hände voll Flusswasser, die ich mir vor dem Aufbruch über Kopf und Rücken gegossen hatte, hatten gut getan.

Hier aber, zwischen den Felsen, stand heiße, stickige Luft. »Mehr als 40 Grad im Schatten …, bestimmt 45 Grad!«, sagte ich mir. Immer wieder hockte ich mich auf den Boden. Schatten war rar. Ich ging 50 Meter und pumpte erneut. Dieser Aufstieg in der Saunahitze eines hochsommerlichen Nachmittags war mörderisch. Du Narr! Warum? Nur weil du wieder so viel fotografieren musstest und die beste Zeit des Tages verstreichen ließest. Ich wünschte die schwere Fototasche mit den beiden Leicas zum Teufel. Das Ding hing wie ein Klotz an meiner Schulter, drückte am Hals.

Die Abstände zwischen meinen Rastpunkten wurden kleiner. 40 Meter mindestens!, zwang ich mich. Dann bewilligte ich mir zur Belohnung Wasser aus der Feldflasche. Natürlich nur ein paar Schlucke. Lauwarm! Aber es war Wasser. Drei Minuten später war mein Hals so trocken wie zuvor. Ich reduzierte die Abstände auf 30 Meter. Legte mich auf den Boden, pumpte wie ein Maikäfer, gönnte mir den letzten Apfel. Nicht den ganzen. Ich teilte ihn in drei Stücke. Alle 200 Meter würde es ein Stück geben.

Ich stützte mich auf einen Felsen und zog mich mit aller Kraft hoch. Da – plötzlich, wie der Schlag einer Peitsche, eine Bewegung nur 30 Zentimeter vor meiner Hand! Der schlanke Körper einer Puffotter flog entlang dem Schattenriss des Steins und huschte in eine Felsnische. Von da an trat ich fester auf.

Die letzen 200 Meter bis zum Cañonrand, eine Distanz, für die ich bergab zwei Minuten benötigt hatte, wurden zur Ewigkeit. Ich rastete jetzt alle 20 Meter. Nur einmal zuvor hatte ich dermaßen die Grenzen meiner Leistungsfähigkeit kennen gelernt. Auch da war es in der Glut des Sommers gewesen, bei fast 50 Grad Hitze in einem der zauberhaften Red Rock Canyons in Arizona. Auch dort hatte ich zu lange fotografiert.

»Spät kommst du, aber du kommst«, empfing mich Juliana und gab mir einen Kuss. »Alain vom Cañon Roadhouse hat angerufen und uns zum Abendessen eingeladen.«

Ich war stiller als sonst. Juliana freute sich über die Einladung. Erst eine Stunde war es her, dass ich mich mit letzter Kraft zum Cañonrand hochgezogen hatte. »Lächerliche 500 Höhenmeter«, murmelte ich.

»War's schön?«, fragte sie.

»Ja!«, antwortete ich. »Und die Natur hat mir gezeigt, wer hier den Ton angibt.«

Sie sah etwas verdutzt drein, schaute dann aber schnell auf die Uhr. »Beeil dich, Alain wartet schon.«

Bei einem von der Sonne jahrzehntelang gebackenen Oldtimer aus den Vierzigerjahren, der hier als Wegweiser sein Dasein fristete, bogen wir von der Pad C 37 ab. Ich folgte dem Hinweis »Cañon Roadhouse« und wir erreichten nach wenigen hundert Metern den Bungalow, vor dessen Front mit den großen Fensterflächen eine altväterliche Benzinpumpe aus den Dreißigerjahren und halb verblichene Verkehrsschilder den Ankömmling grüßten. »Karasburg« las ich in weißen Buchstaben auf schwarz verblichenem Grund sowie »Ai-Ais« und »Kaapstad«.

Alain, den Hausherrn, hätte ich auf den ersten Blick dem Wilden Westen zugeordnet, dem Cowboy-Staat Wyoming vielleicht. Jeanshemd, heller, breitkrempiger Stetson und dazwischen dieses jungenhafte, animierende Lachen, dem man sich nicht entziehen kann.

»Kommt rein!« Er führte uns ins Innere des Hauses.

»Was mögt ihr trinken?«

»Hast du was anderes als Wasser?« Ich grinste genau wie er.

»Dieter hat heute Wasser bis zum Abwinken gehabt ...« Juliana konnte sich diese Bemerkung nicht verkneifen. »Er war unten am Fish River.«

Wenn du wüsstest, dachte ich. Mein Trailerlebnis hatte ich noch für mich behalten.

Alain zwängte sich mit seinem ansteckenden Lachen hinter die Theke der Bar, aus deren Rückwand der Kühlergrill eines Oldtimers hervorragte. Eine urige Atmosphäre. An den im Ton der Sanddünen der Namib gehaltenen Wänden hingen alte Windhoek-Lager-Poster, historische Verkehrsschilder und ein mächtiger Schraubenschlüssel.

»Ein Roadhouse eben ...« Alain war meinem Blick gefolgt.

Ich trank. Sein Bier war herrlich kühl. Ich registrierte die alte Autonummer an dem Bug des verblichenen Oldtimers: »SK 2874«.

Die Welt war wieder in Ordnung für mich.

»Prost.« Alain kickte leicht mit seinem Glas gegen meines. Es blieb nicht bei dem einen Mal an diesem Abend.

Das ist einer der Gründe für die wachsende Beliebtheit Namibias als Reiseziel, dachte ich: Eben noch Wüste und Abenteuer total und dann sitzt du mitten in der Savanne im Schoß einer Gästefarm und kannst futtern wie bei Muttern. Viele der heutigen Roadhouses, Gästefarmen und Lodges waren noch vor der Unabhängigkeit Farmen gewesen. Doch der Boden hatte nach rund einem Jahrhundert der Nutzung zurückgeschlagen. Große Regionen Namibias waren eben nicht für das Farmen gemacht. Mit dem Ende der Karakulzucht, einem der wichtigsten landwirtschaftlichen Standbeine des Landes, fehlte vielen Farmern jetzt die Basis fürs Überleben. Sie verkauften.

»›Roadhouse‹, das ist ein außergewöhnlicher Name für Namibia.«

Alain schob mir das zweite Bier herüber.

Roadhouses sind mir von Australien bestens vertraut: Tankstelle, Restaurant, Unterkunft und Kneipe, in der die kurzbehosten, tätowierten Trucker mit kugeligen Bäuchen ihre Foster-Lager und Tooheys stemmen.

»Das ›beer‹ ist bei uns nicht ganz so eisig wie bei den ›bloody Aussies‹.« Bei dem Wort grinste Alain so breit, dass seine Mundwinkel fast die Ohren berührten.

»Bei uns ist das Bier gekühlt und nicht fast gefroren wie down under. Und wohnen und essen kannst du bei uns auch – nur viel besser.«

Und dann erzählte uns Alain Moirsalise aus Belgien die Geschichte seiner Begegnung mit Afrika.

»1995 hat's angefangen.« Er nahm einen langen Schluck. »Ich war mit meiner Frau Sonia von Europa gekommen, um Afrika mit dem Auto aufzurollen. 14 Monate waren wir bereits unterwegs, als wir von Botswana aus zu den Popa Falls fuhren.«

»Das ist doch oben im Caprivi-Zipfel?«, meinte Juliana.

»Ja. Dort lernten wir eines Tages einen Burschen kennen, der Hilfe beim Bau seines Hauses benötigte. Wir jobbten ein paar Wochen bei ihm und hörten dabei von Manni Goldbecks und Lothar Gesserts privatem Gondwana Nature Park.« Er sah hinüber zu Manni. »Von da an war es nur noch ein kleiner Schritt bis heute. Wie das oft im Leben so ist, wir sind in Namibia hängen geblieben und glücklich dabei. Eigentlich wollten wir hier nur einen Campingplatz aufmachen. Du musst dir das morgen unbedingt bei Tage ansehen. Die Landschaft hier ist großartig. Das fanden auch unsere Gäste. Unser Konzept ging auf: Campingplatz mit Restaurant, die Idee schlug ein.«

Er grinste wieder sein Jungenlächeln. »Ja, und dann ist mir die Sache doch irgendwie aus der Hand geglitten. Ich habe ein bisschen umgebaut, hier und dort gewerkelt, etwas hinzugefügt, ein Zimmer gemauert, dann noch eins und zum Schluss hatte ich ein Roadhouse mit acht komfortablen Zimmern.«

Es wurde eine lange Nacht, während der wir zum roten Kapwein übergingen. Ich lernte dabei, dass die Geschichte dieses gastlichen Roadhouses auch die Geschichte der ehemaligen Farm Holoogberg war.

»Ein merkwürdiger Name, Alain, was bedeutet er?«

»Genau übersetzt: Hohlauge.«

»Hier müsste auch der gleichnamige Berg sein.«

»Direkt bei uns auf dem ehemaligen Farmgelände«, bestätigte Manni.

Auf ihm hatte einst ein Telegrafenposten der deutschen Schutztruppe gestanden. Die Kolonialverwaltung hatte sich die Sonne zunutze gemacht und mit Hilfe von Spiegeln und dem Morsecode blitzschnell Nachrichten durchs Land gejagt.

»Hier, sieh mal ...« Manni schob mir eine alte Zeitung aus dem Jahr 1902 zu.

»Das bisher schnellste Telegramm, 21 Worte lang, gebrauchte von Gibeon nach Windhoek zwei Stunden und fünfzig Minuten. Da das

Telegramm auf der 300 Kilometer langen Strecke siebenmal umtelegrafiert werden muss, so darf das Ergebnis als günstig bezeichnet werden …«

Ein relativ dichtes Heliographennetz überzog Deutsch-Südwestafrika, es gab Verbindungen zwischen Karibib, Omaruru und Outjo im Norden, zwischen Gibeon im Süden und Windhoek im Zentrum oder mit Rehoboth.

»Bis Ende Februar sind auf der Heliographenlinie Windhoek-Gibeon 448 Heliogramme befördert worden, von denen fast die Hälfte, nämlich 221, Privattelegramme waren.«

Ich lächelte. »Schneller wäre auch der griechische Sonnengott Helios in seinem von vier Pferden gezogenen Wagen nicht gewesen.«

Er grinste. »Nur billiger! Lies mal: *›Zwanzig Pfennige kostete das Wort, Mindesttaxe zwei Mark. Zahlbar bei Ausgabe der Depesche.‹«*

Schätze im Diamantenland

Immer wenn ich Pferde sehe, taucht mein Heimatort vor mir auf – ein Ort gesäumt von sanften Hügeln, auf denen Buchen und Tannen stehen. Das ist mein Zuhause, wiewohl ich am liebsten irgendwo in der Welt *on the road* bin. Dieses Dorf im Norden Deutschlands ist für mich das Sprungbrett für so manches Abenteuer, und ich kehre immer wieder hierher zurück. Dann wandere ich über die Hügel und über die weiten, grünen Wiesen voller Klee und saftiger Gräser. Dort gibt es braune Hannoveraner, Friesen und Haflinger. Ich liebe Pferde.

Anderswo scheinen Dinge möglich zu sein, die daheim undenkbar sind. Beispielsweise auf dem Weg nach Lüderitz. War es hier gelungen, der Evolution ein Schnippchen zu schlagen? Oder war sie vielleicht hier bestätigt worden?

Bei der Ortstafel »Seeheim«, bei der ich nichts als Staub, Steine und Buschsavanne erkannte, hatten wir die Straße B 4 erreicht – ein bestens ausgebautes Asphaltband, das Keetmanshoop mit Lüderitz am Atlantik verbindet. »Go West« hieß unsere Devise hier. Doch schon hinter der Siedlung Aus trat ich scharf auf die Bremse.

»Kneif mich!« Juliana, das Fernglas in der Hand, wies aufgeregt in Richtung Namib. »Kneif mich, da sind Pferde in der Wüste!«

Die flimmernde Hitze über den Ausläufern der Namib verwischte das Bild der Pferde mit sanftem Weichzeichnereffekt. Mattgrüne Grasbüschel, gleich krausen Wuschelköpfen, hielten hier und da den Boden fest. Sie waren allenfalls einen halben

Quadratmeter groß, dazwischen grub ein rastloser Wind im Sand, schickte ihn immer wieder neu auf die Reise nach Norden, mal nach Süden, dann nach Osten, gelegentlich in Richtung Westen. Fünf bis zehn Kilometer entfernt ragten baumlose Berge aus einem Plateau. Die pralle Kumuluswolke am blauen Himmel hatte den Bergen schwarze Schattenmäntel übergeworfen, sodass sie wie eine drohende Festung gegen das helle Flirren der Wüste standen.

Pferde in der Wüste! Ich hatte von diesem Phänomen natürlich bereits gehört und auch darüber gelesen. Doch als ich sie jetzt zum ersten Mal leibhaftig sah, konnte ich es kaum glauben. Kamele kann man sich schon eher hier vorstellen, obgleich die Namib auch für sie nicht der angestammte Lebensraum wäre. Aber Pferde?

Ich bog auf eine schmale Piste nach Norden ein, die immer wieder durch ausgefahrene Sandlöcher unterbrochen wurde. Kein Problem für unseren Landcruiser. Doch ein irres Netzwerk sich nervös in alle Richtungen verzweigender Fahrspuren verriet, wie viele Fahrer ohne Geländewagen hier Adrenalinstöße bekommen haben mussten. Am Ende der Pad fanden wir einen Unterstand, eine Art Sichtschutz, vor.

Ich gönnte mir einen Schluck Wasser aus der Flasche und setzte das Fernglas an die Augen. Der aufkommende Wind trieb feinen Sand vor sich her, der eine feine Gaze über dem Boden bildete. Ich stellte das Fernglas ein. Deutlich erkannte ich in der Senke, nur wenige hundert Meter entfernt, zwei Braune, die verspielt miteinander kämpften. Halbstarke, Übermütige, Muskelprotze.

Überall grasten in kleinen Grüppchen zu zweit oder zu dritt Pferde. Grasen? Dass ich nicht lache. Wie ein Pferd hier überleben kann, wird mir ein Rätsel bleiben. Vor meinem Auge tauchten die Weiden daheim auf, voll duftender Gräser, aus denen Margeriten leuchteten und deren Löwenzahn und saftiger

Klee die naschhaften Pferdemäuler anzogen. Wiesen, über denen Hummeln summten, Bienen schwirrten, Libellen surrten und Lerchen jubilierten.

Das ist Anpassung, dachte ich, als ich die Wildpferde der Namib sah. Ihr seid Überlebenskünstler, Meister der Anpassung. Auch wenn eure Flanken mir etwas eingefallen scheinen und ihr wohl kleiner seid als eure Vorfahren.

An diesem Nachmittag verfolgte ich im Geiste die Spuren der Pferde und betrachtete die Fakten, die eigentlich nicht sein konnten, aber offenbar doch waren.

Ihre Spuren führten mich weit fort, bis nach Ostpreußen. 100 oder 120 Jahre zurück. Ich stieß auf sie in Mecklenburg-Vorpommern, Holstein und Niedersachsen. In Hamburg hatte ihre lange Reise um den halben Globus begonnen. Mit der Woermann-Linie vermutlich, wie alles damals – Menschen, Tiere, Güter. Ich sah, wie sie von Schiffen an weit ausladenden Kränen auf Frachtpontons gehievt wurden, die schweren Leiber sorgsam umgurtet, und von schwarzen Kru-Boys mit kraftvollen Paddelschlägen an Land gebracht wurden.

In Swakopmund hatten sie erstmals die Erde Afrikas berührt. Hatten nervös, irritiert den weichen, warmen Sand getreten. Eine herbe Enttäuschung muss das für euch gewesen sein, dachte ich. Ich schaute noch einmal durch mein Fernglas und staunte, wie die Pferde seit damals, über Generationen, in der Wüste überlebt hatten.

Ich fragte mich, ob sie Nachfahren von Schutztruppenpferden waren oder Abkömmlinge der legendären Zucht des Hansheinrich von Wolf. Nach der Kapitulation der Schutztruppe vor den Südafrikanern bei Khorab, oben im Norden bei Otavi, ging auch bei den Pferden alles drunter und drüber. Viele kamen in den Wirren frei, verliefen sich, manche verdursteten, andere wurden von Löwen und Leoparden gerissen. Doch ein paar überlebten, hier unten bei Aus in der Namib.

Ich suchte weiter mit dem Fernglas die Wüste ab und sah plötzlich, wie aus dem Luftflimmern, wie in einer Fata Morgana, zwei Pferde erschienen – bedächtig, als wollten sie ihre Energie schonen, als konservierten sie das kostbare Wasser im Körper.

Hauptmann von Wolf war damals ein begeisterter Reitersmann – das, was man als Pferdenarr bezeichnet. Als Artillerieoffizier war er natürlich Pferdekenner von Berufs wegen und auch als Turnierreiter hatte er sich einen Namen gemacht. Sein Gestüt konnte sich sehen lassen. Nach einer Auflistung aus dem Jahr 1909 umfasste es 72 Pferde: *»15 Australier, 23 andere, 9 Vollblut, Rest: Afrikaner und Fohlen, zwei importierte Vollbluthengste.«*

Nicht auszuschließen, dass das eure Vorfahren waren, dachte ich, während ich zwei Halbstarke beobachtete, die mit der spielerischen Leichtigkeit der Jugend, die Kraft aus dem Vollen schöpft, mit ihren Vorderhufen auf die Schultern des jeweils anderen trommelten. Die Mähnen flogen wild im Wind.

Eine direkte Verbindung der beiden zur von-Wolf'schen Zucht war natürlich reine Spekulation, aber eine, die mir Spaß machte. Denn das Leben des Adligen, der 1909 das noch heute zu besichtigende Wüstenschloss Duwisib, nordwestlich von Helmeringhausen, erbaut hatte, bot reichlich Anlass zu Spekulationen. Manche hielten ihn für einen Baron und nannten seine Frau »die Millionärin«. Letzteres mag sogar gestimmt haben.

Meine Augen suchten die Wüste ab. Wieso baute sich einer vom deutschen Adel eine Burg, die von weitem an eine mittelalterliche Festung erinnerte, zwischen zerbröselte Hügel und scheinbar fruchtloses Land?

Muss ein verrückter Typ gewesen sein. Ich hätte ihn gern kennen gelernt. Er wurde später sogar zum Mitglied des Landesrats gewählt. In den Sitzungsprotokollen hatte ich seine Aussagen verfolgt, staubtrocken und sachlich, wie sie sich in nichts von Aussagen anderer Bürokraten anderenorts unterschieden. Und doch muss er ein Mensch mit einem ausgeprägten Sinn für Romantik gewesen sein.

1904 war er nach Südwestafrika gekommen. Nach der Niederschlagung des Herero-Aufstandes hatte man ihm Heimaturlaub bewilligt. Er nutzte ihn, um in Dresden Jayta Humphrey, die Stieftochter des amerikanischen Konsuls, zu heiraten.

Hansheinrich von Wolf war nicht nur Soldat, sondern offenbar auch ein cleverer Kaufmann. Zurück in Südwest, erwarb er eine Farm nach der anderen. 1913 konnte er bereits 55 000 Hektar Land sein Eigen nennen.

Was wohl überwogen haben mag – der Kaufmann, der Soldat oder jener Romantiker? Letzterer vermutlich. Wie sonst ließe sich Schloss Duwisib erklären. Wenn er wüsste, dass sich heute kamerabewehrte Touristen in seinen Gemächern den Wüstenstaub von ihren Stiefeln treten. Hübsch hatten es die brünette Konsulstochter und der 1,98 Meter große Hauptmann, dessen einziges mir bekanntes Bild ihn in Galauniform zeigt, die Hand am Degen und den Blick – mir schien er etwas blasiert – in die Ferne gerichtet. Perserteppiche bedeckten die Fußböden seines Schlosses, auf denen schwere, ausladende Stilmöbel standen. Die Wände der Haupthalle schmückten Bilder mit Pferdemotiven, den Kaminsims zierten zwei kleine Pferdeskulpturen.

Ich stellte mir vor, wie Hansheinrich von Wolf im Dezember 1913 in diesem privaten »Disneyland der Wüste« im Sessel saß, dessen Armlehnen natürlich auch Pferdeköpfe zierten. »Wir sollten unsere Zucht erweitern«, mag er nachdenklich gesagt haben, während ihm Jayta Tee einschenkte. Draußen fegte ein heißer Sturm über die erst vor einem halben Jahrzehnt gepflanzten Büsche, die aber dank der guten Bewässerung schon drei, vier Meter Höhe erreicht hatten. Ein paar Kinder balgten sich im Sand, zwei Halbwüchsige trieben eine blökende Schafherde vorbei. Einige schwarze Männer hüteten in der Ferne Kühe. Doch hier drinnen war es behaglich, wie in tausend anderen Wohnungen der Oberschicht in Deutschland.

Wohin die Gedanken doch so streifen, wenn man in der Wüste sitzt! Trotz des aufkommenden starken Windes versuchten zwei Fliegen, meine Nasenspitze als Landeplatz zu treffen. Juliana verfolgte aufmerksam mit dem Fernglas die Wildpferde, die sich 500 Meter entfernt an der Tränke von Garub versammelt hatten. Ich nahm meine Kamera in die Hand, drückte leicht auf den Auslöser und lauschte dem präzisen Geräusch meiner Leica.

Es gibt eine Reihe von Fotos aus Schloss Duwisib damals. Eines zeigt Jayta von Wolf im Hauptraum, in der Nähe des Kamins, mit den Stars and Stripes der amerikanischen Flagge hinter sich.

Vielleicht war das in jenem Dezember 1913 aufgenommen

Jayta von Wolf, die Herrin von Schloss Duwisib. Ihr Mann hatte mit dem Schloss eine Art »Wüsten-Disneyland« geschaffen.

worden. Nur wenige Geräusche waren durch die mächtigen Mauern dieser Miniaturfestung ins Innere zu den beiden gedrungen. Das vereinzelt schrille Gemecker von Ziegen vielleicht, das Kläffen von Hunden. Hier drinnen war eine andere Welt. Mit Biedermeiergemütlichkeit und einem Bild von Kronprinz Wilhelm an der Wand.

Wieder hatte ich Bilder vor meinem Auge, wie es damals gewesen sein könnte: Hansheinrich von Wolf hatte sich über die Papiere gebeugt. Er war ärgerlich. Er hatte seinen weitläufigen Besitz auf 150 000 Hektar ausdehnen wollen. Doch das Reichskolonialamt hatte diesen Wunsch abgeschmettert. Seine sonst glänzenden Beziehungen hatten da nichts genützt. Von Wolf würde einen weiteren Antrag stellen und auf seine burischen Nachbarn verweisen, die weitaus größere Landbesitzungen hatten als er. Er lehnte sich zurück und dachte an Pferde. Ich sah in meiner Fantasie, wie Jayta zu ihm trat. Er blickte sie an, lächelte. »Wir sollten den Dampfer nach Hamburg nehmen. Habe ein Angebot von Oberst Landowsky erhalten, der mir eine interessante Offerte gemacht hat. Vollbluthengst, zwei Jahre alt. Beste Zucht. Und der Preis scheint auch zu stimmen.« Jayta lächelte. Sie kraulte ihm den Hinterkopf, so wie er das gern mochte. »Lass uns fahren, ich freue mich auf Europa«, sagte sie. An diesem heißen Dezembertag beschlossen sie, im nächsten Jahr nach Deutschland zu fahren. Sie, um ihre Familie und alte Freunde wieder zu treffen, er, um einen weiteren Vollbluthengst zu kaufen.

Doch das Schicksal wollte es anders. Auf dem Dampfer erreichte sie 1914 die Nachricht vom Ausbruch des Ersten Weltkriegs. Die beginnende Seeblockade machte die Reise für die beiden zur Irrfahrt. In Amerika wurden sie interniert, sie kamen frei und erreichten auf abenteuerlichen Umwegen letztlich wohlbehalten Deutschland. Einmal hatte Jayta ihren Mann in ihrer Kabine unter dem Bett versteckt.

Was wohl gewesen wäre, wenn sie an jenem Tag nicht beschlossen hätten, nach Deutschland zu fahren, wenn nicht der Krieg ausgebrochen wäre?

So aber meldete sich Hansheinrich von Wolf sofort zum Einsatz, schließlich war er Soldat. Seine Pferde am Rand der Namib sah er nie wieder. Er fiel nur sieben Jahre nach dem Einzug in sein Wüstenschloss bei der Somme-Schlacht in Frankreich. Der Chronist notierte: am 4. September 1916.

Während unser Landcruiser der seit ein paar Jahren bestens ausgebauten Asphaltstraße von Keetmanshoop nach Lüderitz folgte, begleiteten uns die Wildpferde der Namib, wenn auch anders als zuvor. In unregelmäßigen Abständen warnten Schilder am Straßenrand mit den etwas ungelenk dargestellten Konturen eines Pferdes.

»Aber so ganz ohne Kontroverse wird die Diskussion um die Wildpferde der Namib nicht geführt«, meinte ich zu Juliana. Es war eine klassische Diskussion, bei der es zum einen um die Interessen des Tourismus ging, für den die Pferde eine große Bedeutung hatten. Auf der anderen Seite standen die Naturschützer, die das künstliche Wasserangebot des Menschen an die Tiere ablehnten. Neuen Zündstoff hatte die Diskussion 1992 bekommen, als man das Diamantenfördergebiet »Diamond Area No. 2« in den Namib-Naukluft-Park integrierte. Plötzlich wurden nämlich zwischen dem neuen Wüstenpark und dem angrenzenden Farmland Zäune gezogen, die die natürlichen Wanderrouten der Tiere unterbrachen. Auch die Arbeiter in den ehemaligen Diamantenfördergebieten, die den Pferden zuvor Wasser und Futter zugesteckt hatten, waren nun weg. Das Überlebensangebot für die Tiere kam 1993 mit dem »Namib Feral Horses Project«, mit dem eine künstliche Wasserstelle bei Garub geschaffen wurde. Doch dieses punktuelle Wasserangebot beschränkte jetzt den Lebensraum der Pferde auf einen Aktionsradius von nur 20 Kilometern. Sie wurden zum Almosenempfänger des Menschen. Eine Dürre reduzierte die Zahl der Namib-Wildpferde unlängst von 200 auf derzeit 70. Seit 1999 werden die Pferde neben dem Wasserangebot auch mit Heu versorgt.

Wir flogen auf der Asphaltstraße nach Westen. Vorbei an Schildern mit dem Hinweis: »Sperrgebiet – Warnung. Kein Zutritt ohne Erlaubnisschein. Übertreter werden verfolgt«.

Wir hatten das Diamantenland erreicht.

Man hatte mich gewarnt. In diesem Teil der Namib trieb der Wind den Sand so scharf vor sich her, dass schon die 120 Kilometer von Aus nach Lüderitz genügten, ein Auto sandzustrahlen, und zwar so gründlich, dass vom Glanz des Lacks kaum noch etwas übrig blieb. Mal schaufelt der Wind den Wüstensand von West nach Ost, mal von Ost nach West, mal von Süden nach Norden oder umgekehrt. Gnade dir Gott, wenn du dazwischen gerätst! Wenn einer dieser Teufelsstürme mit elektrischem Knistern über das Auto fegt, kann man froh sein, wenn das Auto »nur« eine blinde, wie stahlgebürstete Windschutzscheibe hat.

Mitten in dieser scheinbar gottverlassenen Landschaft stießen wir auf einen Bahnhof namens Grasplatz.

»Warum Grasplatz? Hier gibt's doch weder Baum noch Strauch!«

»Witzbold!« Ich stoppte und parkte den Wagen am Fahrbahnrand. Wir gingen hinüber zu den Bruchstücken des Bauwerks, das ein Stück Geschichte ist. Um genau zu sein: dessen Bahnmeister Geschichte geschrieben hat.

Ich erzählte, was ich darüber wusste. »Dieser Posten hat offiziell mal Grasabladeplatz geheißen. Denn bevor 1906 die Bahnlinie von Lüderitz ins Landesinnere nach Keetmanshoop fertiggestellt wurde, hat man hier zum Füttern der Frachtochsen Klee und Gras gelagert.«

Wir überquerten den alten Schienenstrang, an dessen Rand sich noch immer ein Schild befindet, auf dem in altdeutscher Schrift »Grasplatz« steht. Dahinter ist der Bahnhof, durch dessen hohläugige Fenster und Türen heißer Wind pfiff. Wir setzten uns auf zerbrochene Steine in den Schatten der Außenmauer.

»Viel ist nicht überliefert über den Apriltag 1908, als alles begann.« Was ich über dieses Datum in die Hand bekommen konnte, hatte ich gelesen. Vom Bahnmeister August Stauch und seinem schwarzen Gehilfen Zacharias Lewala und natürlich von dem Diamanten.

»Zacharias«, hatte Stauch seinem Arbeiter eingeschärft. »Wenn du schöne Steine in der Wüste findest, bring sie mir!«

»War Stauch nur einer von vielen Mineraliensammlern oder war er heiß auf Diamanten?«

Ich zuckte die Achseln. »Das ist nicht näher bekannt, ein systematischer Diamantenjäger war er sicherlich nicht.«

Juliana blätterte in einem unserer Bücher, fand die offenbar gesuchte Seite und betrachtete ein Bild. »Das also ist er …« Es war eines der wenigen Fotos, die es von dem Glückspilz gibt. »Ein ›August im Glück‹, der mit zufriedenem Lächeln in die Kamera sieht.« Juliana reichte mir das Buch.

Da saß mir also ein Millionär gegenüber, dessen Augen mich gelassen unter der Krempe seines dunklen Hutes anblickten. Auf seinen Wangen sprießte ein Dreitagebart, der in einen schwarzen Schnurrbart überging.

»Ich wüsste gern, unter welchem Stern er geboren ist.« Juliana grinste.

»Ein Glücksstern, denke ich.« Denn der Arbeiter Zacharias Lewala hatte nahe der späteren Siedlung Kolmanskuppe beim Säubern der Bahnschienen einen Diamanten gefunden und prompt seinem Chef gebracht. Es ist unwahrscheinlich, dass Stauch damals wusste, was wir heute wissen: dass dieses kristallisierter, reiner Kohlenstoff ist, den Vulkaneruptionen vor Jahrmillionen an die Oberfläche geschleudert haben. Aber er ahnte sehr wohl, dass es sich um einen sehr wertvollen Fund handeln könnte, wenn sich seine Vermutungen bestätigten. Doch er schleuderte nicht etwa die Bahnvorsteheruniform in eine Ecke seiner Hütte und stürzte mit einem Freudenschrei nach draußen, um gleich in der Wüste nach weiteren Edelsteinen zu suchen. Weit gefehlt. Stauch hat nicht den Verstand verloren, sondern er ging jetzt mit Bedacht vor. Die heimlich in Auftrag gegebene chemische Analyse ergab: Es war tatsächlich ein Diamant. Stauch und seine engsten Eingeweihten beschafften sich Abbaulizenzen für das Gelände direkt vor den Toren von Lüderitz.

»Der Rest ist Geschichte.« Ich reichte Juliana das Buch zurück. Der Ort Kolmanskuppe entstand, und Stauch wurde reich. Was heißt reich! Steinreich. Viel Geld und viel Aufwand wurde auch in Kolmanskuppe investiert. Die Minengesellschaft suchte die hier arbeitenden Glücksritter, in der Mehrheit Ingenieure und Manager, bei Laune zu halten. Luxus, vom Casino bis zum Theater, sorgte für Unterhaltung. Das Wasser ließ man aus dem 1000 Kilometer entfernten Kapstadt kommen, schließlich schmeckte das am besten. Es gab ein großes Kühlsystem, das jedem Haus einen kostenlosen Eisblock garantierte – täglich. Meerwasser wurde in einen Hochbehälter bei Elisabeth Bay gepumpt, um dann als Wasser für das Schwimmbad in der Wüste Verwendung zu finden. Es fehlte an nichts. Zur besten Zeit lebten in Kolmanskuppe rund 300 Menschen. Das Casino war das Zentrum des gesellschaftlichen Lebens. Man konnte hier gut essen, es gab eine Bibliothek und eine Bar. Die Küche war ausgelegt mit Fliesen aus Bremen und der Herd hatte einen Schornsteinabzug nach unten. Im Erdgeschoss rollten die Kugeln in der Kegelbahn, und sie tun es bis heute …

Bereits im September 1908 verfügte die Reichsregierung in Berlin eine Zugangsbeschränkung für den riesigen Sandhaufen am Atlantik: Ein rund 100 Kilometer breiter Streifen vom 26. Breitengrad bis zum Orange River wurde zum Diamantensperrgebiet erklärt und unter die alleinige Hoheit der Deutschen Diamanten Gesellschaft gestellt. Da nur in einem kleinen Teil in unmittelba-

Mit ihm begann das Diamantenfieber: August Stauch. Er wurde mit den Diamanten steinreich, am Ende starb er als kranker und armer Mann.

rer Küstennähe Diamanten vorkommen und abgebaut werden, entstand als Nebeneffekt ein riesiges Naturschutzgebiet – bis zum heutigen Tag *off limits* für Touristen, Farmer und Spekulanten.

Kolmanskuppe liegt nur wenige Kilometer südlich der Teerstraße nach Lüderitz und dient als Vorzeige-Geisterstadt am Rand des Sperrgebiets. Einige Bauten, wie das Casino, wurden restauriert und präsentieren sich gepflegt. Vor allem wird der Sand regelmäßig in die Wüste »zurückgekehrt«. Andere Häuser hat man seit Jahrzehnten ihrem Schicksal überlassen. Und mit jedem Jahr erobert sich die Namib ein Stückchen mehr zurück. In das Haus des ehemaligen Buchhalters Wiese kommt man kaum noch hinein: überall hoher Sand, Körnchen für Körnchen vom Wind hineingepustet. In den einst schmucken Anwesen des Architekten Kirchhoff und des Betriebsleiters Kolle ist der Reichtum und die Atmosphäre des alten Kolmanskuppe noch zu erahnen.

1928 begann Kolmanskuppes Bedeutung zu bröckeln. An der Mündung des Orange River, 250 Kilometer südlich von Lüderitz, waren weitaus größere Diamanten entdeckt worden. 1936 wurde die Oranjemunder Mine eröffnet, zwei Jahre später diejenige in Kolmanskuppe stillgelegt. Erst 1956 verließen die letzten Menschen Kolmanskuppe. Alles stand nun leer, und wenn in Lüderitz ein Haus gebaut wurde, benutzte man den Ort als Ersatzteillager, holte Fenster, Türen und Fußbodenbretter von dort. Erst Ende der Siebzigerjahre besann man sich auf das touristische Potenzial des Geisterortes Kolmanskuppe. Zum Glück war es noch nicht zu spät …

»Komm.«

Wir standen auf und gingen durch den Sand zurück zum Auto. Es war später Nachmittag, und dort, wo ich im Westen Lüderitz vermutete, lag eine gemein aussehende, gedrehte Wolkenwurst über der Küste.

»Vermutlich gibt es Regen.« Als wir kurz darauf Kolmanskuppe passierten, klatschten ein paar Tropfen auf die staubige Windschutzscheibe. Der Scheibenwischer vermanschte sie mit dem Sandstaub zu einem hässlichen, rotbraunen Brei.

»Spieglein, Spieglein an der Wand, wer ist die Schönste im ganzen Land?« Würde man einen Zauberspiegel nach seiner Stadtfavoritin in Namibia fragen, würde er vielleicht antworten: »Lüderitz.« Ich persönlich tippe allerdings eher auf Swakopmund. Diese beiden Küstenstädte sind so unterschiedlich, wie zwei Kinder desselben Elternpaares manchmal unterschiedlich sein können. Auch wenn der kalte Benguelastrom ihnen gleichermaßen viel von seiner Kühle abgibt. Das verleiht den beiden Konkurrentinnen Charme, aber auch Distanz, die nicht gerade dazu verhilft, sich auf den ersten Blick in sie zu verlieben. Nicht selten ertrinken beide im Nebel, die Winde pfeifen und die Morgenstunden sind kühl. Da ist vieles mehr, was die beiden verbindet. Dabei kann Swakopmund, was die Lage anbelangt, Lüderitz kaum das Wasser reichen.

Das alte Lüderitz ist eine malerisch zwischen Gesteinsbrocken arrangierte Felsenstadt. Bis heute begradigt ein Bauherr gerade so viel Fels, wie sein Haus benötigt. Rechts und links, vorne und hinten überall Fels. Selbst die Kirche – treffenderweise »Felsenkirche« genannt – sieht auf Bildern immer so aus, als stünde sie irgendwo in der Einöde, dabei liegt sie mitten in der Stadt.

Vielleicht half der wirtschaftliche Niedergang das charakteristische Stadtbild von Lüderitzbucht bewahren: Als in anderen Städten das geschah, was wir heute als Bausünden bezeichnen, hatte in Lüderitz keiner Geld, alte Gebäude einzureißen, um eine »moderne« Stadt entstehen zu lassen.

Die meisten Gebäude sind geprägt vom Stil der wilhelminischen Epoche: Fachwerkgiebel, Erker, Bogenfenster – und immer vom Zwang, zwischen den Felsen einen Platz zu finden. Doch Lüderitz gewann dadurch an Charme. In die nackten Felsen aus Granit und Schiefer schmiegen sich die Kolonialhäuser, vor den Toren der Stadt tost auf der einen Seite der Atlantik, auf der anderen Seite türmt sich direkt hinter den Häusern eine zerklüftete Felsenwüste auf.

Wenn es ein Namibier einmal so richtig ruhig haben möchte, so spottet man in Windhoek, dann fährt er nach Lüderitz. Am Sonntagnachmittag ist es schwierig, hier eine Tasse Kaffee und ein Stück Kuchen zu bekommen, auf der Straße streunt ein Rudel Hunde herum, sonst sieht man niemanden. Irgendwo lässt sich der Kaffee dann doch auftreiben, und überhaupt: Wer hat sonst schon eine ganze Stadt nur für sich allein? Und es gibt auch am Sonntag genug anzuschauen. Statt Schaufensterbummel ist in Lüderitz eben Häuser- und Umgegendbummel angesagt. Zum Beispiel zur Haifischinsel direkt am Rand der Stadt. Shark Island, wie sie offiziell heißt, ist eigentlich eine Halbinsel, die durch einen Damm mit dem Festland verbunden ist. Als Südwestafrika deutsche Kolonie wurde, beanspruchte England alle Inseln vor der Küste, also auch Shark Island. Also füllten die pfiffigen Lüderitzer einfach das schmale Stück Meer auf – damit gehörte die Haifischinsel zum Festland und war deutsch.

Auf Shark Island befindet sich ein fantastisch gelegener Campingplatz. Wir verbrachten die Nacht dort in unserem Landcruiser. Einige besonders Hartgesottene bauten hier ihre Zelte auf, was allein schon wegen des felsigen Grundes eine Meisterleistung war. Bei Sturm, Regen und nasser Kälte wagte aber kaum einer, die Nasenspitze herauszustecken. Ich hingegen wischte die Kondensfeuchtigkeit vom Inneren der Scheibe unseres Geländewagens und drehte das Radio lauter. Die Musik übertönte jetzt das Prasseln des Regens. Verglichen mit den Campern war das Schaukeln unseres Wagens, wenn der Sturm ihn beutelte, schon fast beruhigend.

Mich faszinierten hier in Lüderitz vor allem die Diamanten. Wir hatten uns daher mit Björn Basler verabredet, der sich bereit erklärt hatte, uns auf eine kleine Expedition ins Diamantensperrgebiet zu begleiten.

»Das klappt nur mit speziellem Permit«, hatte er mir erklärt. »Als Individualreisender hast du keine Chance.« Björn arbeitete zeitweise für den Wüstenexperten Gino Noli aus Lüderitz. Dessen Kolmanskop Tour Company ist als Einzige vom Diamantensyndikat lizensiert, Besucher zu den Schätzen im Diamantenland zu bringen.

Das Horn eines Landrovers trötete durch die morgendliche Stille. Björn kletterte aus dem Wagen, ein kräftiger Bursche mit offenem, braun gebranntem Gesicht, vielleicht Mitte dreißig. Er kam zu uns, reichte Juliana die Hand, dann mir. Er gab sich betont optimistisch, die dunkle Sonnenbrille hatte er trotz des verhangenen Himmels über den Schirm seiner blauen Baseballmütze geklemmt. Wir sprachen deutsch.

Björn klemmte sich hinter das Steuer.

»Zuerst müssen wir durch die Security von NAMDEB, der Diamantengesellschaft.« Er wurde ernst. »Ihr müsst mir versprechen, keine Steine, kein Stückchen Holz, keine alte, weggeworfene Flasche, kurzum nichts aufzulesen und mitzunehmen. Sonst kommen wir in Teufels Küche. Hinter jeder Kleinigkeit vermuten die Burschen von der Security geschmuggelte Diamanten. Hämmert's euch ein, dies ist Diamantensperrgebiet!«

Auf den großen Schildern neben der Pad las ich den Warnhinweis auf deutsch: »Sperrgebiet«. Darunter stand in vier Sprachen: »Warning, Waarskuwing, Warnung, Elondwelo«. Damit es auch wirklich jeder mitbekam.

Dermaßen eingeschüchtert begannen wir unsere Reise gen Süden ins Diamantenland. Ich blätterte in den Detailkarten auf meinem Schoß. Würden wir dieser Piste konsequent folgen, kämen wir irgendwann nach Oranjemund, der verbotenen Stadt Namibias.

»Oranjemund ist heute das, was vor 80 Jahren Kolmanskuppe war«, brüllte ich zu Juliana hinüber. Es war nicht einfach, das Rumpeln des Wagens und den Fahrtwind bei offenem Fenster zu übertönen. »Das Zentrum der Diamantenförderung!«

Dort, vor der Küste Namibias, wo der Orange River seine Fluten in den Atlantik spült, warten die reichsten heute bekannten Diamantenvorkommen nur darauf, an die zarten Finger und die schlanken Nacken der Schönen dieser Welt gelegt zu werden. Warten auf dem Meeresgrund, von den Urströmen vergangener Zeiten, den Vorläufern des Orange River, dorthin geschwemmt.

Ich erinnerte mich an ein Foto, auf dem sich zwei Männer über Sortiertische beugen. Vier weitere schleppen eine Art große Metallpfanne, in der vermutlich die Schätze eines Tages oder einer ganzen Woche gelagert sind. Die Tische stehen inmitten einer völlig vegetationslosen Wüste. »1910« hatte ich dem verschnörkelten Schriftzug am eselsohrigen Rand unten rechts entnommen. So hatte der Diamantenabbau in der Namib begonnen. Die Fördermethoden waren damals noch primitiv, wenn auch erfolgreich. Ein anderes Foto zeigt 25 Männer, die im Schulterschluss bäuchlings über den Wüstenboden robben und systematisch den Sand mit Pinzetten absuchen. Um die Hälse tragen sie kleine Beutelchen, in die die Rohdiamanten wandern.

»Vergesst bei allem Diamantenfieber nicht, dass es hier in der Namib auch interessantes Wild gibt – Oryxantilopen, Springböcke und Paviane«, sagte Björn und brachte uns auf den sandigen Boden der Tatsachen zurück.

»Was finden Paviane denn in dieser gottverdammten Wüste zu fressen?«

»Skorpione ... unter Steinen.«

Björn stoppte den Landrover, eine puderige Staubwolke driftete über uns hinweg. Wir warteten einen Moment, bis sie sich gelegt hatte.

Björn kurbelte das Fenster herunter und wies nach draußen: »Da seht ihr eine Buschmannkerze.« Er zeigte auf einen gut einen Meter hohen Strauch, an dessen Rändern gelbliche, vertrocknete Pflanzenteile lagen. »Die San nutzten sie, um Licht zu bekommen oder um Feuer zu machen.« Ich hatte bereits davon gehört, dass die harte, durchscheinende Rinde dieser Pflanze dermaßen wachsdurchtränkt ist, dass sie wie eine Fackel brennt.

»Die Weißen«, erklärte Björn, »benutzten trockene Buschmannkerzen sogar zum Beheizen ihrer Lokomotiven.« Das war eine große Hilfe, denn während der Spitzenzeit des Diamantenbooms hatte sich ein dicht gesponnenes Schienennetz durch diesen Teil der Namib gezogen. Er zerbröselte ein Stückchen von einer trockenen Buschmannkerze in der Hand. »Es gibt Gebiete hier, in denen man Buschmannkerzen tonnenweise zusammenschaufeln kann. Die Sache hat sich also für die Loks durchaus gelohnt.«

Unsere Pad zog sich nach Süden und schlängelte sich im Zickzack an Wanderdünen vorbei.

Björn grinste: »Dünen haben hier Vorfahrt.«

Wir erfuhren, dass es große Dünen gibt, die 200 bis 300 Meter lang sind.

»Sie ›reisen‹ mit einer Geschwindigkeit von 30 Metern pro Jahr. Kleine Sandverwehungen haben es eiliger. Wenn der Wind richtig bläst, galoppieren sie durchaus mit einer Geschwindigkeit von zehn Metern pro Tag voran.«

Er stoppte den Landrover. »Dies ist das Grillental. Hier fand man einen Schatz, der fast genauso wertvoll war wie Diamanten – Wasser. Man bohrte im Dolomitgestein und fand tatsächlich in einer Tiefe ab 140 Metern Wasser.«

Wir wanderten in die Wüste hinein. Das glatte Dolomitgestein wirkte im Mittagslicht wie eine weiße, von Eis bedeckte Felswand. Kalt glänzend. Unnahbar. Doch in einer feinen Spalte, in der ich nicht einmal den Hauch einer Erdkrume fand, entdeckte ich ein winziges Bäumchen.

Auch die 80 Jahre alte Karte auf meinem Schoß erwies sich als ein Schatz, erstaunlich zeitgemäß und verlässlich. Doch die dort eingezeichneten Dörfer waren zu *ghost towns* verkommen.

Vom Grillental folgten wir der Küste über Claratal und Carlstal nach Pomona. Ich las Namen wie Bogenfels und Dreimasterbucht. Könnte diese Bucht doch erzählen! Geschichten von Tragik und Hektik. Das Wrack eines Dreimasters hatte Pate für den Namen gestanden, bis das Meer es zertrümmert und fortgeschlürft hatte. Später kamen Versorgungsschiffe, um die Mannschaften auf den Diamantfeldern zu versorgen. Die Bezeichnungen auf meiner Karte lasen sich wie eine Speisekarte: »Plum Pudding-« und »Roast Beef Island«. Große Namen während der goldenen Zeit des Guanohandels hier. An manchen Stellen hatte der begehrte Vogeldreck bis zu 16 Meter dick gelegen, gut 700 000 Tonnen baute man Jahr für Jahr ab. 1844 hatten hier mehr als 400 Schiffe vor Anker gelegen, doch der Guanorausch war kurz. Gut ein halbes Jahrhundert später jagte man anderen Schätzen nach.

»Kommt, es ist Mittag, in einer halben Stunde werden wir in Pomona sein.«

Auch ohne Björns Ankündigung hatte ich die Veränderungen bemerkt. Tausende von übergroßen Ameisenhaufen ragten aus dem Wüstenboden. Wieder sah ich alte Bilder vor meinen Augen: schwarze, emsig arbeitende Ameisen; ihre Königinnen hatten weiße Hautfarbe und trugen die Initialen der »Deutschen Diamantengesellschaft«, »DDG«, auf ihren Overalls.

Einen Diamantrausch im Sinne des kanadischen Klondike-Goldrausches hatte es in Südwest nicht gegeben. Denn kaum waren die Gerüchte von Diamanten den Herren der deutschen Kolonialverwaltung zu Ohren gekommen, erging bereits am 22. September 1908 die »Sperrverfügung«. Schlechte Karten für individuelles Glücksrittertum. Der Trick dabei: Man hatte so nicht nur die »kleinen« Schatzsucher, sondern auch die mächtige südafrikanische Diamantenkonkurrenz von De Beers außen vor gelassen.

Mit Pomona erreichten wir eines der prominentesten Schatzkästchen im ehemaligen Südwest. Wir rollten langsam durch die Randgebiete Pomonas. Vorbei an großen, meterhohen hölzernen Fensterrahmen, die auf Sandhügeln lagen. Weiß der Teufel, wie sie dahin gekommen waren. Längst ohne Scheiben, das Holz rau, faserig und rissig. Wir fuhren an Förder- und Siebeanlagen vorbei, zwei Drittel der Maschinen waren unter Sand versteckt.

»Der Maschinenpark war damals bestens«, hörte ich Björn die Bilder meiner Fantasie erläutern. Kein Wunder, zwischen 1908 und 1914 hatte man hier über fünf Millionen Karat Diamanten aus dem Sand geklaubt. Das waren Schätze, die auch zu Investitionen anregten, und so war die Technik in der Namib moderner als bei der Konkurrenz im südafrikanischen Kimberley.

Unser Ex-Bahnhofsvorsteher August Stauch, der das Diamantenfieber ausgelöst hatte, entdeckte auch riesige Vorkommen südlich von Pomona, im so genannten Märchental. Und es kam noch toller.

Gemeinsam mit einem Professor Scheibe, einer Kapazität der königlichen Bergbauakademie Berlin, rüstete sich Stauch Anfang 1909 zu einer Expedition in die südliche Namib. Natürlich mit dem Ziel, neue Diamantenvorkommen aufzutun. Just an diesem Tag hatte Stauch einem Wüstental den Namen seiner Frau gegeben, eine Bezeichnung, die sich bis heute gehalten hat, Idatal. Da gab es eine Sensation: Während Scheibe die Positionen des Tals in den Logbüchern notierte, bemerkte Stauch, wie einer seiner Arbeiter, der Herero Jacob, gerade dabei war, trockene Buschmannkerzen zum Verfeuern zu sammeln. Im Scherz, so ist überliefert, sagte Stauch zu ihm: »Schau nicht nach Holz, suche lieber Diamanten!« Daraufhin habe sich Jacob in den Sand gekniet und angefangen, Edelsteine aufzulesen. Im Nu hatte er so viele gesammelt, dass sie nicht mehr in seine Hosentaschen passten und er sie in den Mund steckte. »Ein Märchen!«, rief Stauch, und so bekam der Platz seinen Namen. »Wie Pflaumen unter einem Pflaumenbaum« hatten die Diamanten hier gelegen, erinnerte sich Stauch später. Der Reichtum des Märchentals war in der Tat märchenhaft. In knapp zwei Jahren wurden eine Million Karat gefunden.

Und heute ... Björn zog vor dem alten Polizeigebäude, in dem einst die Schätze aufbewahrt wurden, die Handbremse. Geisterhaft war es hier. Die Steinwände des Gebäudes wirkten, als wären sie von Termiten benagt worden. Doch hier war es ein Salzluft-Wind-Cocktail, der die weicheren Sandsteine fast gänzlich weggefressen hatte. Nur die Mörtelschichten dazwischen blieben bestehen. Salzige, feuchte Winde jagten auch an diesem Tag über das Land und trieben Sand wie Schmirgelpapier vor sich her.

Auf der Spitze eines kleinen Hügels befindet sich der Geisterort Pomona. Einige Häuser sind gut erhalten, teilweise wurden sie restauriert. Da ist die alte Schule, das Haus des Bergwerksbosses. Dazwischen verlaufen die Schienen der Eisenbahn, das heißt, was von ihnen übrig blieb. Hunderte gebleichter Flaschen ragten wie leblose Stümpfe aus dem Sand, matt geschmirgelt von Sonne und Treibsand.

Ich bummelte durch die *ghost town,* setzte mich in alte Häuser und lauschte den Stimmen: Stimmen von Schwarzen, die hier wenig zu verlieren, aber auch nichts zu gewinnen hatten. Stimmen von Weißen, für die dies der Jackpot war. Nicht für alle, das bezeugen die Gräber des kleinen Friedhofs.

Dem Glückspilz Stauch bescherten die Funde zunächst fantastischen Reichtum. Doch er verlor ihn während der Wirtschaftskrise der Dreißigerjahre. 1938 kehrte er krank nach Deutschland zurück und starb dort. Seine Tochter erhielt nach seinem Tod seinen persönlichen Besitz· Von dem immensen

Reichtum fand sie nur noch zwei Mark und fünfzig Pfennige in der Kleidung des Toten.

Auch die Deutsche Diamanten Gesellschaft hatte sich verkalkuliert. Man wusste, dass die Vorkommen im Pomona-Gebiet bei über 50 Millionen Karat lagen. Doch man wusste auch, dass diese Schätze begrenzt waren. Und so richtete man sich, auch um die Diamantenpreise nicht durch eine Überproduktion verfallen zu lassen, auf eine gemäßigte und langfristige Produktion ein. Pech für sie, als 1915 das südafrikanische Militär die deutsche Schutztruppe schlug. Die Deutsche Diamanten Gesellschaft ging in der Consolidated Diamond Mines of Southwest Africa, kurz CDM, auf. Anfang der Dreißigerjahre erwarb die südafrikanische De Beers Gruppe CDM. Noch heute mischt De Beers neben dem namibischen Staat beim Heben dieser Schätze mit.

Björn hatte den Landrover vor einem der noch gut erhaltenen Häuser Pomonas geparkt. Drinnen war alles picobello aufgeräumt. Als hätten die Herren von einst das Gebäude eben erst in aller Ruhe verlassen. Hier und dort stapelten sich Mineralien. Auf einem Tisch, dessen eine Ecke Björn mit einem Staublappen abwischte, um unsere Kühlbox abzusetzen, entdeckte ich eine Ausgabe der »Deutschen Metallarbeiter Zeitschrift«, Jahrgang 1939.

»Eisen und Metall im Leistungskampf!«, las ich. *»Nationalsozialistischer Musterbetrieb: Der Führer zeichnete anlässlich der feierlichen Tagung … am 30. April 1939 folgende Betriebe … als NS-Musterbetriebe aus: Bayrische Flugzeugwerke Regensburg, Daimler Benz Motorengesellschaft …«*

Wir machten es uns drinnen gemütlich. Björn schob uns kalte Colas zu.

»Was machst du eigentlich hauptberuflich?«

»Bin zumeist Diamantentaucher auf einem Diamantenschiff vor der Küste … in der so genannten Shallow Water Concession.«

»Wie kann ich mir einen Arbeitstag an Bord eines Diamantenschiffes vorstellen?«

Björn lächelte: »Bei diesem Job und bei dieser Küste hängt alles vom Wetter ab. In diesem Jahr haben wir nur 42 Tage gehabt, an denen wir arbeiten konnten.«

»Was heißt das genau?«

»Tauchen. Zweimal am Tag gehen wir runter. Zur Zeit sind sieben Mann an Bord meines Schiffes. Vier Taucher, zwei Mann bilden die Crew und ich als Skipper.« Er grinste. »Wenn's drauf ankommt, bin ich auch Taucher, Vorarbeiter und ansonsten Mädchen für alles.«

Wir rissen die eisgekühlten Cokes auf.

»Wir bewegen uns in rund 27 Metern Tiefe«, nahm Björn den Faden wieder auf. »Dann hast du ungefähr 40 Minuten Zeit dort unten.«

»Und was machst du dort?«

Er überlegte. »Ja, was machst du. Du hoffst auf Steine und suchst mit Baggern, Grabe- oder Sauggeräten den Boden ab. Genau genommen siehst du da unten praktisch nichts. Also holen wir das Zeug hoch. Wir haben ein Fördersystem, das wie ein Staubsauger arbeitet.«

»Was geschieht, wenn das Geröll oben ist?«

»Dann geht's zu wie zu August Stauchs Zeiten. Das große Schüttelsieb geht hoch und runter und separiert. Sobald ich in 30 bis 50 Kilo Geröll vier Diamanten finde, weiß ich, dass es sich lohnen könnte, weiterzuarbeiten. Dann beladen wir das Schiff mit Geröll. Das heißt, wir packen das Zeug in 50-Kilo-Säcke, bis wir ungefähr 45 Tonnen grob sortierten Gerölls auf dem Schiff haben. Die bringen wir an Land. Die nächsten Schritte übernimmt die NAMDEB. Sieben, sieben und noch mal sieben, bis 30 Säcke Konzentrat übrig bleiben. Die kommen in eine so genannte *bow mill.* Stell dir einen Wäschetrockner vor, der sich mit rasender Geschwindigkeit dreht, bis das Geröll fein zerschlagen ist.

Übrig bleiben jetzt fünf bis sieben Säcke, ich nenn's mal Superkonzentrat. Die wandern auf den so genannten *grease*-Tisch. Das Ding ist mit einem Belag überzogen, ähnlich Bienenwachs. Der Tisch rüttelt mit hoher Vibration, dabei bleiben die schweren Diamanten in der Wachsmatte stecken.«

Er lächelte: »Das war's dann. Wir klauben unsere Schätzchen raus, zählen, sortieren und versiegeln sie und übergeben sie der NAMDEB, die sie in England auf dem Weltmarkt verhökert.«

»Tolle Geschichte«, sagte ich.

»Und ... wie reich bist du dabei geworden, Björn?«

Er grinste. »Reich an Erfahrung, ja, aber ansonsten ist es ein permanentes Glücksspiel. Es kann einen Monat mal gut gehen – gut gehen heißt, dass wir ungefähr 800 Karat vom Meeresgrund hochholen. Das wäre sogar sehr, sehr gut. Aber wir haben schon Monate gehabt, in denen wir nur lächerliche zwei Karat an die Oberfläche gelutscht haben. Mal hast du Glück und findest ein uraltes Flussbett auf dem Meeresgrund, in dessen Verlauf du jede Menge Diamanten hochpumpst. Aber hundert Meter weiter stößt du auf das nächste Flussbett – völlig diamantenfrei. Was bleibt, ist die Hoffnung auf den großen Coup.«

Wir gingen zurück zum Landrover.

»Wie ich schon sagte, das Diamantengeschäft ist auch knapp hundert Jahre nach August Stauch noch ein Glücksspiel. Wenn du willst ... nenne uns moderne Glücksritter.«

Die Aussteiger in der Wüste

»Ich glaub, ich bin im falschen Film«, wisperte ich Juliana zu. Man plauderte über das niedersächsische Städtchen Celle und die Einkaufsmöglichkeiten dort, dann ging das Gespräch über zum Schulsystem in Hamburg. Walter Theile stand auf, angelte ein paar kühle Blonde aus dem Kühlschrank und stellte sie auf den Tisch. Sofort kroch eine neblig-kühle Haut über die Flaschen. Ich griff zu. Der schwache Schein der Lampe lag weich über dem Küchentisch und den durch Unterhaltung und Bier geröteten Gesichtern der Anwesenden. Hinter dem Lichtkegel versank alles in gegenstandslosem Schwarz.

Das Gespräch driftete an meinem Ohr vorbei. Sparpolitik der Bundesregierung. Hickhack der Parteien. Die Männer ereiferten sich über schwarze Koffer mit Spendengeldern, während die Frauen die Vorzüge bestimmter Backrezepte erörterten. Ich fühlte mich tatsächlich wie im falschen Film.

Wer zur Gästefarm der Theiles will, muss mitten hinein in die Wüste. Unsere Exkursion hierher hatte von Lüderitz kommend in Aus begonnen, dort, wo das Schild »Bahnhof Hotel« steht. Ein paar Kilometer waren es danach auf der B 4 gewesen, dann war ich auf die C 13 nach Norden abgezweigt. Mir war, als führte die Straße hinein in den Bauch der Erde. Immer tiefer glitt sie in eine Landschaft, die ich als erhaben, monoton und leer, in ihrer Gegensätzlichkeit überwältigend empfand. Schnurgerade war die Pad. Der Bewuchs war gleich Null. Und hier sollte es Farmen geben?

Die Farm Tirool flog vorbei. Witzbold! Was der Namengeber sich wohl dabei gedacht hatte? War es der Versuch, sich auf diese Weise ein Stückchen alter Heimat in der Wüste zu sichern? Staub schwängerte die Luft. Steine knallten wie Gewehrsalven an das Bodenblech des Autos. Der Staubschwanz hinter unserem Landcruiser wedelte einen halben Kilometer lang. »Rrrrumps!« Reifen brachen über ein *cattle guard,* in die Fahrbahn verlegte Schwellen, die hier Tiere davon abhalten, zwischen den Weidegründen – was man hier so Weidegründe nennt – unterschiedlicher Eigentümer zu wechseln. Die Sonne stand schräg. Die wenigen Spuren auf der breiten Pad hatten im Abendlicht ihre charakteristische Struktur angenommen, jede Spur verriet eigene Identität, Individualität.

Die Worte *»shop«* und *»cold beer«* flogen auf Schildern vorüber. Auf einer Veranda vor einem kleinen Haus saßen vier Menschen und schwatzten beim Drink. Auch das driftete wie ein Spuk vorbei, und schon waren wir wieder in der Wüste. Auf den letzten 20 Kilometern zur Farm Namtib glühten die Bergspitzen. Schon längst war die Sonne gesunken und es war, als lägen im Westen feine Nebel über dem Land.

»Ich fühle mich high«, rief ich Juliana zu. »Ohne irgendwelche Stimulanzien. Hier gibt die Natur den Kick.«

Durch das nebelhafte Weiß im Westen glomm ein Licht, das aus dem Weltall zu kommen schien. Und dann, als ich schon dachte, wir hätten uns verfahren, tauchte ein Schild am Wegesrand auf: »Namtib-Desert Lodge 12 km«.

Die Berge verloren während dieser letzten zwölf Kilometer ihre Konturen, verwischten sich mit dem Grau der einbrechenden Nacht.

Als wir auf der Farm der Theiles ankamen, leuchtete die Temperaturanzeige des Kühlers rot. Unter der Motorhaube fraß sich zischender Dampf hervor, während die letzten Wassertropfen unseres leckgeschlagenen Kühlers im Sand versickerten.

Das war vor gut zwei Stunden gewesen.

Die Damen hatten jetzt das Thema gewechselt und erörterten die Zubereitung von Oryx- und Kudusteaks, während die Herren darüber abstimmten, wer der nächste deutsche Bundeskanzler werden sollte.

»Gästefarmen scheinen mir Mikrokosmen zu sein.« Ich hatte das in Julianas Richtung genuschelt. Aber sie hatte nichts mitbekommen. Die Frage der Soßen und der Beigaben zum Oryxragout waren für sie im Moment wichtiger. Ich ging von der Terrasse hinaus auf den Hof. Außerhalb des Lichtkegels war ich wieder ganz in Afrika.

Das macht den Reiz dieser Gästefarmen aus, dachte ich. Und ihre Attraktivität. Du quälst dich durch Wüsten, über Geröll und Berge, fluchst, wenn dir der Reifen bei einem Platten mit einem Knall um die Ohren fliegt oder dir der Kühler verreckt. Und dann kommst du zu einem Fleck wie diesem, so unwirklich, so anders als alles, was du von daheim kennst, irgendwie unheimlich. Das Land würde dir Angst einjagen, wenn du anstatt hier in Wirklichkeit südlich von Tamanrasset in der Zentralsahara wärst. Aber du weißt ja, du bist in Namibia, du weißt, dass hier ein Bierchen, gebraut nach deutschem Reinheitsgebot, wartet und du Rahmenbedingungen fast wie zu Hause vorfindest.

Ich wanderte hinein in die Nacht. Tausendfach funkelte es von oben und der Mond goss sein kaltes, silbriges Licht über die Felsen der Tirasberge. »Die wenigsten Menschen verstehen, wie unendlich viel in der Einsamkeit liegt«, kam mir ein Ausspruch von Wilhelm von Humboldt in den Sinn. In dieser Nacht entdeckte ich viel von diesem »unendlich viel«, ein paar Schritte nur von den anderen entfernt. Ich öffnete nur die Augen, schaute und lauschte.

»Unser Arzt ist 600 Kilometer entfernt.« Walter Theile lächelte: »Aber weißt du, wir leben so gesund, dass wir nicht mal gedanklich krank werden.« Er hielt inne. »Doch für den Fall, dass alle

Stricke reißen, haben wir eine eigene Landebahn und im Extremfall könnte ein Rettungsflugzeug aus Windhoek innerhalb von eineinhalb Stunden hier sein.«

Seine Einkäufe, so erzählte er uns, erledigt er einmal im Monat in Windhoek. Dann fährt er mit dem Pickup-Truck rund acht Stunden durch Wüsten und steinige Berge. 600 Kilometer hin, 600 Kilometer zurück. Zwei Tage dauert der Einkaufstrip, bei dem er auch Pflichtübungen auf Ämtern erledigt.

»Alles in allem bin ich vier Tage unterwegs.«

Davon hatte Walter Theile allenfalls geträumt, als er vor rund 25 Jahren noch Grund- und Hauptschullehrer in Hamburg war. Genauso wie seine Frau Renate. »Alle Fächer«, betonte er, »von der 1. Klasse Deutsch bis zur 9. Klasse Physik. Eigentlich war es interessant ...« Und doch fehlte den beiden etwas. So schufen sie diese Oase der Gastlichkeit am Rand der Namib.

1400 Meter über dem Meeresspiegel liegt ihre Farm Namtib. Aber was heißt hier überhaupt Farm, in einer Landschaft, in der eine altgediente Ostfriesenkuh Überlebensängste bekäme.

Da widersprach Walter Theile: »Es ist erstaunlich, wie gut europäische Rinderrassen, zum Beispiel Simmentaler und Pinzgauer, in solchen Gebieten gedeihen können. Die kommen selbst nach vier regenlosen Jahren noch ganz gut zurecht.«

Doch, um ehrlich zu sein, ist das Leben hier weder für Kühe noch für Menschen das reine Honigschlecken.

Walter Theile wurde nach dem Krieg in Deutschland, »im Hessischen«, wie er sagte, geboren. Doch schon bald wanderten seine Eltern nach Südwestafrika aus, wo sein Vater in den Diamantfeldern arbeitete. Er selbst ging in Lüderitzbucht zur Schule und verbrachte seine Jugend dort. Die Eltern zog es zurück nach Deutschland, und der Sohn hatte zu folgen. Nach zwölf Jahren als Pauker wurde es Walter und Renate Theile in Hamburg zu eng.

»Ich wollte partout zurück nach Hause – und das war nun mal die Namib. 1981 fuhren wir sieben Wochen durchs Land und schauten uns Farmen an. Rein zufällig fanden wir dieses Tal. Es war genau das, was wir uns vorgestellt hatten. Hier, am Fuße der 1900 Meter hohen Tirasberge, wollten wir ein eigenes Naturschutzgebiet nach unseren Vorstellungen aufbauen. In Deutschland hatten wir einiges Geld beiseite gelegt, auch unseren kleinen Bauernhof verkauft, sodass wir diese Farm bar bezahlen konnten.

Wir hatten keine Schulden, dafür ein 164 Quadratkilometer großes Paradies, aber keinen Pfennig Geld zum Leben mehr. Und natürlich auch kein geregeltes Einkommen. Der gewohnte Beamtenscheck – aber das hatten wir ja alles vorher gewusst – stellte sich nun nicht mehr ein ... Stattdessen fanden wir hier ein ziemlich heruntergekommenes Wohnhaus mit einem verrosteten Dach vor, das schon acht Jahre leer gestanden hatte. Wir hielten uns zunächst irgendwie über Wasser, indem wir die Weide an Nachbarn verpachteten. Dafür bekamen wir jedes zweite auf unserem Grund geborene Tier. So hatten wir gegen Ende des ersten Jahres 250 eigene Schafe und Ziegen. Dasselbe machten wir mit den Rindern, bis wir 40 eigene hatten. Ich selbst arbeitete als Mechaniker mit den Werkzeugen, die ich aus Deutschland mitgebracht hatte, auf Nachbarfarmen. Das so hereingekommene Geld gaben wir in Lüderitz aus, wo wir gebrauchte Möbel ersteigerten. Damit richteten wir unsere ersten zwei Gästezimmer ein.«

»Und doch klingt mir euer Leben irgendwie nach ewigem Urlaub. Sonne, Freiheit, kein Boss ...«, sagte ich, als wir anderntags durch die warme Morgensonne bummelten.

Ich höre noch Renate Theile lachen: »Ja, für 14 Tage. Aber wenn 40 Rinder an die Tränke kommen und kein Tropfen Wasser vorhanden ist und wenn wir das technische Problem heute nicht lösen können und sie morgen anfangen, jämmerlich einzugehen, und wenn die Tiere brüllen, dass es einem schwer auf die Psyche geht – dann sieht das Leben nicht mehr wie Urlaub aus.«

Der Name ihrer Farm »Namtib« ist ein Begriff, den schon vor langer Zeit die Schutztruppler und ersten Farmer hier der Sansprache entlehnt haben.

»Eigentlich müsste es Namtsib heißen«, wußte Walter. »*Nam* steht für leer und *tsib* für Spitze. Die San waren bereits sehr früh hier, denn es gab Wasser.«

»Die einzige Quelle, die permanent läuft, im gesamten Namib-Rand-Gebiet.« Das sagten die Theiles nicht ohne Stolz. Diese Quelle wurde damals, Anfang des 20. Jahrhunderts, von fünf Männern der Schutztruppe wie ein Kleinod bewacht.

Doch nachdem Deutsch-Südwest in südafrikanische Verwaltung übergegangen war, wurden große Landstriche im Südwesten an Kriegsveteranen verkauft. Aber hier wie auch anderswo am Rande der Namib hielten die Menschen nicht durch. Es regnete zu wenig, der Bewuchs ging zurück. Menschen kamen und gingen, kauften und verkauften. Jahrelang lag das Gelände der Farm Namtib brach. Dadurch erholte sich die Natur ein wenig. Zum Glück. Auch Karakulfarmer haben hier ihre Schafe weiden lassen.

»Wobei Fettschwanzschafe für diese ariden Gebiete besonders gut geeignet sind. Die Reserven in den Fettschwänzen helfen ihnen über die mageren Jahre hinweg, ähnlich wie bei den Höckern der Kamele. Aber sie belasteten das Ökosystem, weite Gebiete unseres Landes, speziell in den Wüstenrandgebieten, wurden durch sie überweidet. Es waren nicht unbedingt zu viele Tiere, sondern dieselben Tiere zu lange am selben Ort. Sie sind selektierende Fresser und haben bestimmte Pflanzen zu stark bevorzugt. Die verschwanden und minderwertige Pflanzen breiteten sich aus. Heute haben wir landesweit nur noch etwa 30 Prozent der ehemaligen Weidekapazitäten in Namibia.«

Wir stiegen in den alten VW-Bulli der Theiles und fuhren über das weitläufige Farmgelände. Bei einem Straußenpaar, das unmittelbar neben dem Oldtimer verharrte, blieben wir stehen.

»Etwa 30 Strauße haben wir auf der Farm.«

Die Theiles haben in ihrem Biosphärenreservat, wie sie es nennen, auch Farmtiere: 80 Rinder und 400 Schafe, die allerdings vom Wild zahlenmäßig bei weitem in den Schatten gestellt werden. 240 ausgewachsene Oryxantilopen leben auf dem Farmgelände sowie 60 Kälbchen. Dazu kommen 480 Springböcke, rund 50 Kudus und die erwähnten 30 Strauße. Farmtiere sowie das Wild werden durch das Farmwasser versorgt. Es kommt aus 120 Metern Tiefe, und über ein sechs Kilometer langes Leitungsnetz fließen pro Stunde an die 1000 Liter Wasser in die Tränken.

Wir fuhren weiter. Eine Herde von zwölf Oryxantilopen kreuzte unseren Weg. Irgendwo in den Kameldornbäumen mochte gerade ein Leopard wachsam über das Buschland spähen. Zehn bis zwölf von ihnen gibt es hier.

»Seit unserer Ankunft hier haben wir 28 Pferdefohlen durch Leoparden und Geparden verloren, trotzdem stellen wir ihnen nicht nach. Wir verbessern nur unsere Hütemethoden«, erklärte Walter.

Dass es hier solche Naturschätze gab, war natürlich auch anderen zu Ohren gekommen.

»Wir hatten mal eine Fotografin hier – die Amy Schoeman«, erinnerte sich Walter. Amy ist auch mir bekannt. In Namibia genießt sie als Fotografin und Naturschützerin großes Ansehen.

»Eigentlich wollten wir Dünenlandschaften fotografieren. Auf dem Rückweg, es war während eines traumhaften Sonnenuntergangs, verfolgte uns eine Tüpfelhyäne. Amy bekam glänzende Augen – ihr schwebte *das* Superfoto vor: Sonnenuntergang mit Hyäne davor! Nur war leider für ihr Teleobjektiv das Licht zu schwach. ›Ich nehme das Normalobjektiv‹, sagte sie zu mir. Also mussten wir dichter an unsere *spotted hyaena* rankommen. Da kam mir die verrückte Idee, ein krankes Tier zu mimen und die Aufmerksamkeit der Hyäne auf mich zu lenken. Ich humpelte, stöhnte und ächzte. So kam ich bis auf zehn Meter an das Tier heran. Sie musterte mich wie einen Appetithappen. Amy bekam währenddessen ihre Fotos. Toll. Die Hyäne war letztlich die gekniffene, denn aus ihrem Walter-Dinner wurde nichts. Die Fotos dieser Exkursion wurden übrigens bei einem Wettbewerb prämiert.«

Walter gab Gas. Der VW-Motor bullerte in seiner unvergleichlichen Art. Eine leichte Staubfahne flatterte hinter uns her.

Ich dachte an die Tüpfelhyäne. Ein Tier, das bis zu 85 Kilo auf die Waage bringt und wegen seines Gebisses gefürchtet ist. Zwei Hyänen jagen schon mal einem Löwen die Beute ab.

»Was ist eigentlich das Besondere an dem Gebiss einer Hyäne?«

»Dass es die Hyäne zu einem erfolgreicheren Raubtier als den Löwen macht. In einem Film von ›National Geographic‹ wurde das prächtig dokumentiert. Ich sah, wie darin ein ausgewachsener Ochse von einer einzelnen Hyäne zu Fall gebracht wurde, indem sie ihm nacheinander drei Beine durchbiss. Knacks, knacks, knacks. Jeweils mit einem einzigen schnellen Biss. Das Tier hat eine Wahnsinnskraft im Kiefer.«

Walter wies mit der Hand zu einer Tränke. »Wie du weißt, haben wir Wasserleitungen auf der Farm. Wenn sie wollten, könnten die Hyänen zur Tränke gehen und saufen – aber was tun sie stattdessen!? Sie hören das Wasser unterirdisch in der Leitung gluckern, buddeln das Rohr frei, beißen rein und zerschnipseln es mit ihrem scharfen Gebiss wie mit einem Hackmesser.«

Walter Theile stoppte den Bulli. Wir stiegen aus und blickten über die Wüste. Er zog mit der Hand einen weiten Bogen: »Wir haben hier einen hundert Kilometer breiten Sandstrand vor der Haustür, daran schließt sich der Atlantik an, und auf der anderen Seite des Wassers bist du sofort in Rio de Janeiro.«

»Apropos Wasser – als wir gestern Abend kamen, sah ich ein unheimliches Leuchten im Westen, waren das erste Anzeichen von Regen?«

Walter lächelte nachsichtig: »Schön wär's – ist aber eher unwahrscheinlich. Es gibt hier sehr eigenartige Naturphänomene. Eins ist der ›Nub‹ – sprich das mit einem Klicklaut davor, so wie die San das tun. In ihrer Sprache bedeutet das frei übersetzt: ›der Wind, der den Regen bringt‹. Durch Reibung aufgeladene Staubpartikel wirbeln plötzlich von der Namib her in höchste Höhen und bilden dort Kondensationspunkte für die Feuchtigkeit. Der Anblick ist sehr geheimnisvoll. Besonders im Abendlicht. Vielleicht habt ihr das gesehen.«

Später meinte Walter: »Unsere Farm ist so groß wie das Fürstentum Liechtenstein, rund 160 Quadratkilometer. Gut 30 000 Menschen leben dort. Die Arbeiter eingerechnet, ein Dutzend hier.«

»Hat euch das Leben hier in der Wüste verändert?«, fragte ich die beiden Aussteiger beim Abendessen. Ein frischer Wind strich über die Veranda.

Walter Theile schmunzelte und holte tief Luft. Aha, dachte ich, jetzt kommt wieder eine »Walter-Story«. Er gilt als ausgezeichneter Erzähler, in dessen Geschichten sich gelegentlich die Schnittstelle von Realität und Fantasie verwischt.

Er ging zum Kühlschrank und holte ein paar Flaschen Windhoek Lager.

»Nun«, sagte Walter und schaute hoch über sich in die Nacht hinein. »Über all dem, was wir hier tun, wacht der Geist der San: Heipse Aibab. Ein guter Geist. Er kann sich in Pflanzen, Tiere und Wind verwandeln. Er kann aber auch nur ein Gedanke sein. Heipse Aibab beschützt alles, auch unsere Herden. Und doch erinnere ich mich genau, wie wir eines Tages eine Ziege vermissten. Ihr müsst wissen, die Burenziegen hier sind weiße Ziegen, allenfalls mit braunen Köpfen, auf den Märkten sind sie als Fleischziegen begehrt. Wir suchten das Tier tagelang. Ohne Erfolg. Igendwann gaben wir es auf. Wird wohl dem Leoparden zum Opfer gefallen sein, dachte ich. Eines Tages nun kontrollierte ich meine Wildtränken, und was entdeckte ich? Meine vermisste weiße Ziege in Begleitung einer gänzlich braunen Ziege. Aber bei uns gibt es keine braunen! Merkwürdig, dachte ich. Ich fuhr ein Stück vom Weg runter, um die Ziegen zu fangen. Ich musste mich allerdings einen Moment lang auf das steinige Gelände konzentrieren, und als ich hielt, war die braune Ziege weg, nur meine weiße war noch da. Auf der Rückfahrt kam ich an einem der Kultplätze vorbei, die du hier überall in den Bergen findest. Das sind Steinhaufen, von den San aufgeschichtet. Immer dann, wenn man einen Grund hat, Heipse Aibab für irgendetwas dankbar zu sein, legt man einen neuen dazu.«

Walter sah in die Runde. »Nun – ich hatte guten Grund, dankbar zu sein, denn ich hatte meine Ziege gefunden. Also warf ich einen Stein auf den Haufen. Da stellte sich plötzlich zwei Meter vor mir eine schwarze Mamba auf, blickte mich an, schlängelte sich blitzschnell in eine Ritze des Steinhaufens und verschwand.«

Er schien nachdenklich.

»Mambas gibt es hier häufig, ich vergaß die Sache. Ich kam mit meiner Ziege nach Hause und erzählte das Vorgefallene meinem alten Hirten, einem Nama. Der fing an zu schlottern: ›Ja, weißt du nicht ... die braune Ziege war keine richtige Ziege, das war Heipse Aibab, der hat die ganze Zeit deine weiße Ziege beschützt. Und als du sie holtest, wollte er prüfen, ob du ihm dafür auch dankst. Deshalb hat er sich in eine Mamba verwandelt. Und da du aus Dank den Stein aufgeschichtet hast, hat sie dich nicht gebissen.‹ Nun ja, das ist so eine Geschichte ...« Walter nippte am Glas. »Aber einen, der hier lebt, den stimmt das schon nachdenklich.«

»Die Namib ist Balsam für die Seele«

Heipse Aibab half uns am anderen Morgen nicht aus unserem Dilemma. Der Kühler unseres Geländewagens tropfte nach wie vor.

»Denke, der muss erneuert werden.« Walter inspizierte den Schaden. »Solche Dinge sind hier an der Tagesordnung«, versuchte er uns zu trösten.

»Vermutlich hat euch ein entgegenkommendes Auto einen Stein in die Kühlerlamellen geschossen.«

Unglücklicherweise war das Loch im unteren Kühlerbereich. Das Wasser würde in kürzester Zeit auslaufen, auch wenn wir es in schnellen Intervallen nachfüllten.

Walter zog nachdenklich die Nase kraus: »Die nächste Werkstatt in eurer Fahrtrichtung ist in Swakopmund.«

Also bauten wir den Kühler aus und taten, was man unter solchen Gegebenheiten in Afrika tut: Wir improvisierten, um überhaupt weiterfahren zu können.

»Ruft uns von irgendeinem Farmtelefon unterwegs an, wenn ihr ernsthafte Probleme kriegt«, boten die Theiles an, bevor wir losfuhren.

Heipse Aibab half uns auch nicht während der Fahrt – noch nicht einmal bis zum Tor des Farmgeländes, denn bereits davor musste die frische Lötstelle gerissen sein.

»Verflixt, riechst du was?«

Heiße Dämpfe krochen ins Innere. Im nächsten Moment spielte die Temperaturanzeige verrückt.

Zurückfahren? Alles wieder von vorn. Wir hatten vorgesorgt und in jedem Gefäß, das wir auftreiben konnten, Wasser gehortet.

»Bis zum Namib Rand Nature Reserve sind es rund 200 Kilometer.« Ich breitete die Karte auf der Motorhaube aus. Juliana überschlug, wie häufig ich wohl stoppen müsste, wie häufig uns die Nadel des Temperaturmessers einen Adrenalinkick geben würde und wie oft wir aus dem Wagen sprinten müssten, um Wasser aufzufüllen, bevor sich der Kühler durch Überhitzung zerlegen würde. All das traf zu während der nächsten drei Stunden, in denen ich wie der Teufel fuhr. Alles – bis auf die komplette Selbstaufgabe des Kühlers. Der entspannte Blick in die Wüstenlandschaft wich dem ängstlichen Blinzeln auf die Armaturen. Plötzlich reduzierte sich das Wüstenerlebnis auf das Elementare, aufs Durchkommen, irgendwie auch aufs Überleben, obwohl diese Pad an der Westflanke der Namib immer wieder von Autos befahren wurde.

Wir folgten dem Verlauf der Nubibberge zur Rechten in Nord-Süd-Richtung. Das schwere, rotgoldene Licht der späten Nachmittagssonne goss sich von Westen her über ihre kargen Hänge. Eine magere Oryxantilope trottete durch dieses Paradies für Bildbandfotografen. Müde, wie mir schien, schwerfällig, die Beine stieß sie fast trotzig in den harten Boden. Längst nicht so grazil wie die federnde Schwerelosigkeit der Springböcke. Vielleicht sind die Oryxe auch nur zu klug. Denn große Sprünge kosten hier Kraft und Energie.

Wie bei dir und deinem Kühler, dachte ich schmunzelnd. Große Sprünge waren auch bei uns nicht drin.

Ich griff zur Wasserflasche. Mein Blick huschte von der Halbwüste zurück auf das Armaturenbrett. Wieder diese verflixte Hektik!

Dann trat ich entschlossen auf die Bremse und stoppte den Landcruiser. »Gib mir bitte das Fernglas.«

Juliana entdeckte das Glas zwischen den Straßenkarten, die bei der Polterei vom Armaturenbrett auf den Boden des Wagens geschlittert waren.

Den Spießbock, 100 Meter von uns entfernt, schien das alles nichts anzugehen. Unbeeindruckt vom nervösen Zischen unseres Kühlers zog er seines Wegs.

»Wasser ist sowieso kein Thema für ihn«, brummte ich mit Galgenhumor. Denn die Oryxe, auch Gemsböcke genannt, haben sich diesem Land perfekt angepasst.

»Obwohl andere Säugetiere bei einer Körpertemperatur von mehr als 42 °C verenden, überstehen Oryxantilopen vorübergehend sogar 45 °C.« Ich wandte mich Juliana zu. »Sie passen ihre Körpertemperatur den Gegebenheiten an, indem sie durch ein Netz feiner Äderchen im Schädel ihr Gehirn kühl halten.«

»Wie das?«

»Beim Atmen und Hecheln kühlt sich das Blut in den Nasenschleimhäuten ab und kühlt so durch seine Zirkulation das darüber liegende Gehirn.«

Die hirschgroße Oryxantilope behielt ihren Weg in Richtung Nubibberge bei.

»Meister der Anpassung.« Ich habe Respekt vor solchen Adaptionskünstlern, die uns Menschen, die wir einander unsere Vollkommenheit gern schulterklopfend bestätigen, hier blass aussehen lassen.

Wir stiegen aus. Vorsichtig öffnete ich mit einem großen Lappen, der die gefährlich heißen Dämpfe notdürftig auffing, den Kühlerverschluss.

»Meister der Anpassung«, brummelte ich noch einmal. Juliana fragte, was ich für Selbstgespräche führte.

»Ich dachte gerade an die Anpassung, die auch bei so manch vertrackter Situation auf unseren Reisen nötig war.«

Sie sah mich von der Seite her an.

»Wollen mal sehen, dass wir aus diesem Kühlerschlamassel

ohne Blessuren rauskommen. Noch sind es 60 Kilometer bis zum Namib Rand Nature Reserve.«

Das nachgegossene Wasser blubberte und spritzte. Der überhitzte Kühler spie gemeine, kochend heiße Dampfwölkchen. Dann war Ruhe.

Hinter der Lehne des Fahrersitzes lag eine Taschenbuchausgabe von Grzimeks Tierleben, die Juliana gerettet hatte. Der Wälzer lag eselsohrig und verdreckt da, zusammen mit zwei angestoßenen Äpfeln und einem Päckchen Kaugummi, das ich seit unserem Aufbruch bei den Theiles vergeblich gesucht hatte. Vermutlich hatte meine Hosentasche ein Loch.

»Afrikareisen waren schon immer eine Herausforderung in der hohen Kunst, einen Mindeststandard an Ordnung zu bewahren«, huschte es über die Lippen meiner reisegestählten Ehefrau. Ohne weiteren Kommentar wechselte sie das Thema: »Auch in Arabien gibt es Oryxantilopen, das so genannte weiße Oryx Arabiens.« Sie wies auf eine Karte. »Auch die Säbelantilope der Sahara gehört zu dieser Gattung. Über Wochen, sogar monatelang überleben diese Tiere ohne Wasser. Aber ihre perfekte Anpassung half ihnen nichts, als sie dem Menschen begegneten. Auf der Arabischen Halbinsel hetzte man sie letztlich mit Waffen von Autos und Flugzeugen aus, bis nur noch ein paar Hundert übrig geblieben waren.«

Juliana klappte den Band laut zu, sodass Staub aufwirbelte. »Mehr Glück hatten die Gemsböcke hier im südlichen Afrika.«

Unsere Wagentür schnappte ins Schloss. Die alte Oryxantilope mit dem hellen, fast aschgrauen glatten Fell war jetzt nur noch ein Punkt, kaum mehr als ein großes Staubkorn in der Wüste.

Pech hat manchmal die hässliche Angewohnheit, Pech nach sich zu ziehen. »Ein Unglück kommt selten allein«, behauptet ja auch der Volksmund. Keine zehn Kilometer vor dem Abzweig ins Namib Rand Nature Reserve schlingerte der Landcruiser wie auf Schmierseife.

»Reifenpanne!« Ich grollte. »Einer dieser verflixten scharfkantigen Steine hier!«

Juliana rückte trocken die Dinge ins rechte Licht: »Vermutlich, weil du im Kühlerstress zu rasant gefahren bist.«

Da plötzlich öffnete sich eine Tür in einem völlig allein in der Wüste stehenden Haus, das ich vorher nicht einmal wahrgenommen hatte. Ein junger Mann in der Uniform eines Park Rangers trat heraus. Er schwenkte eine starke Lampe und kam auf uns zu.

»Das kann ja wohl nicht wahr sein«, entfuhr es Juliana.

»Glück im Unglück«, sagte ich. »Wie meistens!«

Der Mann leuchtete auf den Wagen, runzelte die Stirn, bückte sich zum Reifen. »*Tire puncture.*« Er sprach das englische Wort für Reifenplatten wie einer, dessen Muttersprache Afrikaans ist.

»Ich bin Louw van Zyle.« Erst reichte er Juliana, danach mir die Hand. Dann drehte er sich in Richtung Haustür. »Ich wohne in diesem ehemaligen Farmgebäude und arbeite als Ranger im Namib-Rand-Naturschutzgebiet.«

Ich hörte förmlich, wie mir ein Stein vom Herzen fiel. Namib Rand – das war unser Tagesziel.

Unsere riesigen Wasservorräte hatte der gierige Kühler bis auf zwei Liter verdampft. Louw half mir, den Reifen zu wechseln. Dann schleppten wir Wasser herbei. »Im Wolwedans Dune Camp findet ihr eine große Werkstatt.«

So begann unsere Anfahrt zum größten privaten Naturschutzgebiet im südlichen Afrika.

Was bringt einen Menschen dazu, so viel Sand zu kaufen? Ich hatte ihm diese Frage gestellt. Er saß mir im Besprechungsraum seiner großen Ingenieurfirma in Windhoek gegenüber. Seine fast 70 Lebensjahre sah man ihm nicht an. Diese erste Begeg-

Fotosession mit einem Geparden.

Praktisch, wenn man bei der Hitze seinen eigenen Sonnenschirm dabeihat – wie dieses Erdhörnchen im Namib Rand Nature Reserve.

Die Victoriafälle des Sambesi an der Grenze zwischen Sambia und Simbabwe.

Der Orange River, die Grenze zwischen Namibia und Südafrika.

Der Fish River Canyon.

Reitausflug von der Cañon Lodge zum Fish River Canyon. Ein Gefühl wie auf dem Urkontinent.

Im Sassusvlei.

Eine San-Familie in Ombili. Diese Stiftung hilft den so genannten Buschmännern auf dem Weg in die Sesshaftigkeit.

Gefahr im Caprivi: Krokodile sind blitzschnelle Jäger.

Am Wasserloch von Okondeka

Elefanten sind Etoshas Stolz

nung mit Johann-Albrecht Brückner hatte vor ein paar Jahren stattgefunden.

»Warum ich so viel Sand gekauft habe?«

Albi Brückner, wie sie ihn hier nennen, hatte ein wenig schelmisch, doch eher nachdenklich gelächelt. »Ich bin auf einer Farm groß geworden. Die Stille der Natur hatte mir seitdem gefehlt. Und da ich Anfang der Achtzigerjahre ein bisschen Geld übrig hatte, besann ich mich auf meinen alten Traum, den vom eigenen Stück Land. So kaufte ich 1984 die erste Farm, Gorrasis, bei Wolwedans. Dort befindet sich heute auch mein Wochenendhaus.«

Ich war neugierig geworden und hakte nach. »... um vom Ingenieur zum Farmer umzusatteln?«

»Nein, kein Business. Ich wollte Natur ... wollte raus aus der Stadt!«

Doch Johann-Albrecht Brückner sollte schon bald viel mehr Wüste sein Eigen nennen, als er sich 1984 erträumt hatte.

»Damals, in den Achtzigerjahren, begann die große Dürre. Zunächst zwang sie die Farmer entlang der Ostflanke des Namib-Naukluft-Parks in die Knie, letztlich sogar zum wirtschaftlichen Ruin. Da besannen sich viele Farmer auf die großen Vorkommen an Oryxantilopen im angrenzenden Nationalpark. Mit ein paar Tricks ließen die sich doch gewiss aufs Farmgebiet locken ... Seit einer Gesetzesänderung von 1975 gehörte nämlich namibischen Farmern alles Wild auf ihrem Grund und Boden. Und die Trophäenjagd brachte 'ne Menge Geld in die Kasse. So begannen die Farmer Salzlecken und Wasser als Köder auszulegen. Und sie kamen beide: die Oryxantilopen aus dem Nationalpark und die geldschweren Jäger.«

Allein auf Wolwedans fielen im Jahr vor dem Verkauf an Johann-Albrecht Brückner 300 Oryxantilopen den Schüssen südafrikanischer Jäger zum Opfer. Damit geschah genau das, was manch einer zuvor als logische Folge eines politischen Unsinns prophezeit hatte, indem man nach dem Zweiten Weltkrieg verdienten südafrikanischen Soldaten für lächerliche Preise und lukrative Startdarlehen riesige Halbwüstenareale als Farmland verschafft hatte. Nur wenige zum Weiden geeignete Flächen und geringer Regen programmierten auch hier die Not vor. Als diese dann eintrat, griffen die Betroffenen in den Fleischtopf der Natur. Die Oryx-Bestände wurden durch die exzessive Jagd schwer geschädigt, und das ökologische Gleichgewicht war gestört.

Am Samstag, den 21. März 1987, machte die Zeitung »Windhoek Observer« auf ihrer Titelseite mit der Schlagzeile »Wüstenmassaker« auf. Unbeeindruckt davon propagierten derweil die Farmer weiterhin in südafrikanischen Zeitungen den Massenabschuss. Die Rechnung der Wüstenfarmer ging zunächst auf: 350 Rand zahlten die Jäger auf Wolwedans pro Kopf für jene 300 erlegten Antilopen. 105 000 Rand kamen so bei nur dreimonatiger Jagdsaison zusammen. Ein Vermögen damals …

Doch der öffentliche Aufschrei gegen das Abmetzeln der Tiere wurde lauter und brachte schließlich den gewünschten Erfolg.

Am 30. Juli 1988 notierte der »Windhoek Observer«, ein Mister Albi Brückner und ein Konsortium von Industriellen hätten unter dem Namen »Namib Rand« vier Farmen am Rand der Wüste gekauft. Zusammen 620 Quadratkilometer, allein die größte davon, Wolwedans, habe 192 Quadratkilometer. Der Grundstein für den größten privaten Naturpark im Süden Afrikas war damit gelegt.

Über dem Land liegt heute wieder die Stille der Wüste. Keine Schüsse mehr auf Oryxantilopen. Kein Blöken von Schafen und Ziegen mehr, stattdessen ziehen wieder Oryxantilopen über den flimmernden Wüstenboden. Aus dem Farmgelände Wolwedans wurde das Wolwedans Dune Camp, in dem Städter, Zivilisationsmüde und Naturfreaks die Stille der Wüste inhalieren können.

Über 120 Kilometer dehnt sich das private Naturschutzgebiet

von Nord nach Süd aus, im Osten begrenzt durch die Nubibberge. Es ist das Zusammentreffen unterschiedlichster Wüstenlandschaften, das Namib Rand kennzeichnet: riesige Sand- und Schotterflächen, endlose Grassteppen und pittoresk erodierte Berge, an die sich rote Dünenketten schließen. Zahlreiche Tiere haben hier ihr angestammtes Zuhause wiedergefunden: neben Oryxantilopen auch Hartebeester, Springböcke, Strauße, Zebras, Geckos, Schlangen und Erdhörnchen. Die Vielfalt der Vögel beeindruckt mit 114 Arten.

Mit den letzten Tropfen Wasser im Kühler unseres Landcruisers erreichten wir das ehemalige Farmhaus Wolwedans und stiegen in einen zum Nature Reserve gehörenden Landrover um. Der Lichtkegel des Autos tastete sich über einen Sand, den ich selten zuvor so intensiv rot erlebt habe wie hier. Das Geräusch des schwer arbeitenden Motors verriet mir, dass der Sand fein und weich sein musste. Ich zog mir meine leichte Jacke über. Die Hitze des Tages war der angenehmen Nachtkühle der Wüste gewichen. Der Landrover hielt vor einer zwischen Sanddünen befindlichen hölzernen Plattform, auf der ein geräumiges Safarizelt stand.

»Kenne ich aus den Büchern von Hemingway«, sagte ich schmunzelnd in Julianas Richtung. Wir stiegen die hölzernen Stufen hoch zu unserer romantischen Behausung.

Ein guter Geist des Camps zündete eine Lampe an. Hätte ich gewollt, hätte ich nach einer der großen Maglite-Taschenlampen greifen können, um mir meinen Weg durch die Dünen zu suchen. Doch die Sterne wiesen uns den Weg zur Lapa, dem Safari-Restaurant.

»Ich kam hierher, weil ich eine ›Seelenperson‹ bin«, sagte Hermann Cloete, braun gebrannter Manager, Küchenchef und Mädchen für alles im »Dune Camp«. »Die Wüste gibt mir die Freiheit, all das auszuleben, was mein Inneres mir sagt.«

Als wir ihm am nächsten Morgen beim Frühstück gegenübersaßen, tummelten sich ein paar Dutzend Namaqua-Flughühner in der Vogeltränke vor uns.

»Nur einen Feind habe ich hier draußen«, Hermann lächelte grimmig und drohte mit dem Finger einer einsamen Krähe. »Die Vögel fressen erbarmungslos alles, was man einpflanzt. Auch im Paradies müssen offenbar ein paar Schattenseiten sein.«

Wenn das alles ist …

»Wo ich aufwuchs, war es totenstill. Mein Vater ist kein Mann der vielen Worte. Und auch meine Mutter sprach nur selten. Deshalb liebe ich die Wüste.«

Hermann Cloete goss Kaffee nach. Ein Vorfahre von ihm war als Tischler von Köln am Rhein nach Südafrika gekommen. Das war bereits 1657 gewesen, zusammen mit den ersten Auswanderern unter Jan van Riebeeck. Einmal hat es Hermann nach Europa gezogen. »Es ist gut zu wissen, woher man kommt, aber die Wüste ist und bleibt mein Leben.«

Und so beackert er das, was er seine »Wüstenoase« nennt: ein paar Obst- und Pfefferbäume, er zieht eigene Apfelsinen, Mandarinen, Guavas und Feigen: »Bei mir gedeiht alles in purem Wüstensand, man muss nur dann und wann ein bisschen Kompost und Wasser dazugeben.«

Doch genau das ist hier der springende Punkt. Von oben kommt selten etwas. Das, was in Zahnputzbecher, Gärten und Viehtränken läuft, ist fast ausschließlich Grundwasser, das langsam vom Inland in unterirdischen Adern hierher vordringt. Ein Großteil davon ist fossiles Wasser, das sich über Tausende von Jahren gesammelt hat und heute aus größten Tiefen gefördert wird. Doch hier wie anderswo im Land erkennt man, dass die Vorräte nicht unendlich sind. Schon sinken die Grundwasserspiegel.

Beim Namen des Camps, »Wolwedans«, denkt man unwillkürlich an den, »der mit dem Wolf tanzt«. Doch Hermann Cloete klärte auf: »Der Name stammt von der Tüpfelhyäne, die wir in Afrikaans ›Tigerwolf‹ nennen.«

Wenn man morgens hier vor seinem Zelt saß, die Wüste einem frisch, kühl und nach den Winden der letzten Nacht unberührt wie am Schöpfungstag zu Füßen lag, mochte man zu Pinsel und Palette greifen – oder aber nach der Kamera. Eine Orgie von Pastelltönen verführte das Auge. Die Fußspuren des vergangenen Tages waren über Nacht jener feinen Wüstenriffelung gewichen, bei der jetzt, im schrägen Morgenlicht, der kleinste Dünenkamm zum scharfkantigen Grat wurde.

Doch viel Zeit für Stimmungsmalerei blieb nicht.

Wir hatten uns mit Louise Clapham verabredet, seit Jahren Tour-Guide im Wolwedans Dune Camp. Wir stiegen in ihren offenen Landrover. Ein Dutzend Springböcke flog wie schwerelos über die Wüste, in der übergroße Ringe, *fairy circles*, verstreut lagen.

»›Märchenkreise‹ nennt man sie, weil der Ursprung dieser vegetationslosen Kreise im Dunkeln liegt und über ihre Entstehung nur spekuliert wird«, wusste Louise. »›Giftige Euphorbien, die später abstarben und den Boden verseuchten‹, mutmaßen die einen, von ›unterirdischen Termitenansammlungen, die die Vegetation absterben ließen‹, sprechen die anderen.«

Die breiten Reifen unseres Landrovers fraßen sich an ihnen vorbei. Vor uns lag jetzt eine weite Senke, deren roter Wüstenboden in diesem Sommer mit einem Flaum gelblichen Grases bedeckt war. Und aus diesem sanften Arrangement von Gelb, Gold, Rot und Braun ragten erodierte Bergstümpfe. Und nirgendwo war ein Geräusch, kein Auto, keine Stimme.

Zwischen den scheinbar wirr übereinander gekugelten Granitfindlingen zelebrierte Louise unser Lunch. Trotz des Hochsommers umfächelte uns ein angenehm kühler Wind. Schwer zu glauben, dass den Sommer-Spitzentemperaturen von 42 °C hier schon mal klirrende minus 10 °C im Juli gegenüberstanden.

»Manchmal verirren sich sogar Schneeflocken zu uns«, wusste Louise. Wie schön das jetzt wäre, dachte ich und wischte mir den Schweiß von der Stirn.

Nach dem Lunch zog es uns tiefer hinein in die Wüste. Nur ein paar hundert Meter weiter stoppten wir an einem ausgewaschenen, wie von der Hand eines Künstlers modellierten Felspool.

»Während der Regenzeit füllt er sich mit Wasser.«

Jetzt aber entdeckten wir in dem leeren Loch nur das Skelett einer Schlange. Nach der Hitze des Tages zog der späte Nachmittag alle Register des Lebens. Kleine Eidechsen hasteten über Bodenfurchen. Drei Erdhörnchen stopften sich hektisch ihre Backentaschen voll, während sie die langen buschigen Schwänze wie Baldachine zum Schutz gegen die Sonne über ihre Köpfe hielten. Zwei Löffelhunde schauten spitzbübisch hinter einem Baum hervor, auf dessen Astgabel eine Eule saß. Und hinter jeder Kuppe erwachten die Farben der Wüste erneut.

Ich war so zufrieden nach diesem Erlebnis, dass mir die Vorstellung, dass diese Reise irgendwann ein Ende haben würde, fast ein Gräuel war. »Lass uns hier bleiben. Sieh doch nur mal, wie viele Deutsche in Namibia hängen bleiben.«

Bekannte von mir aus München besaßen eine Eigentumswohnung in Windhoek, ihren »Koffer in Berlin«, wie sie sagten, ein ehemaliger Restaurantbetreiber aus dem Hamburgischen hatte sich am Westrand des zentralen Hochplateaus sein höchst individuelles Paradies zwischen Steine und trockene Gräser gebaut.

»So möchte ich auch leben.« Ich blinzelte zu Juliana hinüber und wartete auf ihre Reaktion. Die kam wie erwartet. Prompt und so, wie schon bei meinen früheren Träumereien in Kanada, Alaska und Australien. Von dem »Alltag, der auch hier kein Honigschlecken ist«, sprach sie. Vertraute Argumente. Ebenso diejenigen von Freunden und Nachbarn, die ihr hier fehlen würden.

»Nicht mal die Hälfte der Leute in unserer Straße kenne ich persönlich«, konterte ich.

Ich grinste innerlich. Sie wohl auch. Das ist unser Ritual. Hundert Mal schon hatten wir so diskutiert. Und waren doch immer wieder nach Deutschland zurückgekehrt.

»Die Namib ist Balsam für die Seele …« Diese Worte von Hermann Cloete werde ich mit mir nehmen.

Wir saßen mit ihm auf der Terrasse und beschlossen, dass es heute schon vor Sonnenuntergang Zeit für einen Cabernet Sauvignon aus der Kapregion sei.

Die späte Nachmittagssonne goss weiches Licht über uns.

Dass dieses Land überhaupt von Menschen besessen werden kann … Ich trank einen Schluck und nannte diesen Fleck »inspiration point«, still, nur ganz für mich allein. Ich sah den Wein funkeln und trank noch einmal auf den »inspiration point«. In dieser Stille war ich empfänglich für Inspiration. Ich dachte an die Schöpfung.

Vielen mag die Wüste leer erscheinen, abweisend, sogar bedrohlich und Angst einjagend in ihrer Grenzenlosigkeit.

»Sie ist aber alles andere als tot«, sagte Hermann, als hätte er meine Gedanken gelesen.

Ich stellte mir vor, wie sich dieses in allen sanften Farbvariationen leuchtende rot-gelb-braune Land nach Regenfällen fast über Nacht in eine sattgrüne Weide verwandelte. Doch das waren seltene Momente. All das, was da unten in der Senke trocken war, was einem jetzt in die Hose und in die Beine piekste, als ritte man ein Stachelschwein, war dann weich, duftend, üppig grün.

Ich fand an diesem Abend noch reichlich Gelegenheit, über die Schöpfung und das, was der Nagezahn der Zeit aus ihr gemacht hatte, zu sprechen. Chef-Ranger Achim Lenssen und Ranger Louw van Zyle waren zu Besuch gekommen.

»1945 bin ich in Deutschland geboren«, sagte Achim Lenssen, der Ältere der beiden. Doch sein Aufenthalt dort glich eher einer Stippvisite. »1950 sind wir ins Heimatland zurückgekommen« –

womit er das südliche Afrika meinte. »Mein Vater war im Krieg gefallen. Mutter und ich wurden in Kapstadt heimisch. Ich ging dort zur Schule, später habe ich die dortige Universität besucht.«

Sein Studium der Geologie programmierte Achim Lenssens Lebensweg vor, denn ab 1970 widmete er sich dem namibischen Naturschutz. »Zunächst bei der Forschungsstation in Gobabeb, dann acht Jahre lang als Wildfänger.«

Ab 1980 saß er auf dem Chefsessel des Namib Naukluft Parks, bis vor kurzem, bis er beruflich nach hier umschwenkte.

Täglich kontrollieren Achim Lenssen und Louw van Zyle das riesige Namib Rand Nature Reserve, sie machen Aufzeichnungen über die Wildwanderungen und kümmern sich um die Infrastruktur: Wasserversorgung, Wege, Gebäude, Fahrzeuge, technische Geräte und Zäune.

»Ein volles Programm von manchmal morgens sechs bis abends sechs«, wie Louw van Zyle lächelnd erklärte.

»Wir sind dabei, die Zäune auf 230 Kilometern Länge abzubauen, um den Tieren keine künstlichen Fallen in den Weg zu stellen. Wir beseitigen alte Scheunen, kontrollieren Bohrlöcher und Pumpen und bauen neue Wasserstellen.«

Ein Job, der den ganzen Kerl verlangte! Genauso sah Louw auch aus: braun gebrannt, muskulös, ebenfalls mit einem Uni-Diplom aus Kapstadt in der Tasche, das ihn als Naturschützer qualifizierte.

»Durch das Farmen ist der Trinkwasserspiegel hier gefährlich gesunken«, warf Achim Lenssen ein. »Wasser ist unser größtes Problem. Wild braucht aber zum Glück nicht so viel Wasser wie die Farmtiere.«

»Würde das Wild ohne zusätzliche Angebote des Menschen überhaupt überleben?«

»Unsere Hauptwildarten sind wasserunabhängig. Natürlich gilt das vor allem für Oryxantilopen, aber auch für Springböcke und Strauße. Für die anderen Tiere haben wir einen Wasserplan erstellt, der Alternativen bietet, sobald eine Wasserstelle ausfällt. Bis zum nächsten Wasserloch sind es selten mehr als zwei Stunden.«

»Es gibt hier natürlich auch Vleis, Pfannen, in denen sich nach Regenfällen das Wasser sammelt«, ergänzte Louw. »Doch vieles haben die Farmer kaputt gemacht, indem sie in diese Pfannen Löcher bohrten, in der Hoffnung, dass das Wasser dort länger steht.«

Beide waren stolz auf »ihre« Tiere.

»Im letzten Jahr hatten wir eine Wildzählung – vom Flugzeug aus«, berichtete Louw. »Klar, dass dabei nicht jedes Tier gezählt werden konnte, weil das Gebiet einfach zu groß ist. Wir unterteilen deshalb unser Land in Abschnitte, zählen dort genau und rechnen die so ermittelten Zahlen hoch.« Jetzt strahlte er. »Im letzten August schätzten wir, dass zwischen 2500 und 3500 Oryxantilopen hier leben. Die Zahl der Springböcke liegt bei knapp 1000.«

Darüber hinaus waren sie auch die Herren über fast 500 Zebras und rund 400 Strauße. Nun hofften sie, dass auch der scheue Leopard wieder heimisch würde.

Ich trat neben Achim Lenssen an den Rand der Plattform.

»Rund 30 Jahre lebe ich hier in der Wüste.« Er war nachdenklich geworden. Gemeinsam mit seiner Frau Ursula hatte er in der Namib zwei Kinder aufgezogen. Und auf meine Frage: »Was hält Sie in so viel Einsamkeit?«, blickte er in den Himmel, dessen Sterne an diesem Abend besonders brillant funkelten.

»Die Namib übt die größte Anziehungskraft auf mich aus – ihre Weite und Ruhe, vor allem aber ihre Pastellfarben. Genau deswegen kommen auch unsere Besucher hierher – die in das Namib Rand Nature Reserve zurückgekehrten Tiere sind der Bonus.«

Tagebuchnotizen

Solange ich reise, ist mein Tagebuch – mal als Ansammlung eselsohriger Blätter, mal als Notizheft, eingefasst von schwarzen Pappdeckeln, mal als Diktiergerät – stetiger Begleiter. Auch wenn es manchmal abends eine lästige Pflicht ist, die Aufzeichnungen festzuhalten, im Nachhinein bin ich doch immer dankbar, meine Empfindungen so über den Augenblick hinaus bewahrt zu haben.

Tagebucheintrag 17. Januar

Seit einer Stunde tropft der Autokühler nicht mehr. Dank den Handwerkern im Wolwedans Dune Camp! Hoffentlich wirft Heipse Aibab von nun an ein wachsameres Auge auf uns, obwohl wir bei den Theiles vergessen haben, ihm einen Stein zu opfern. Sorry, Heipse!

Der Abschied von Hermann Cloete war herzlich. Das Wolwedans-Team hatte uns den Besuch bei Eric Heseman und eine Ballonfahrt mit ihm wärmstens ans Herz gelegt: »Da kommt ihr einmal hoch hinaus!«

Es ist bereits dunkel, als wir auf einem Wüstenpfad zu Erics Haus rollen. In einer umfunktionierten Schubkarre glimmt ein einladendes Barbecue-Feuer, auf dem ein gutes Dutzend Oryxsteaks einladend duftet.

Neben Eric sind da noch ein paar Gäste: Ralph Meyer-Rust aus Windhoek, eine Frau mit dem witzigen Namen Pepper, sie stammt aus Südafrika, und Patrick, ein Franzose.

Während wir essen, hopst ein junger Springbock zwischen uns he-

rum, der sich auch von Erics großen Hunden nicht einschüchtern lässt. Im Gegenteil, als ihm das Gestupse durch die Hunde zu bunt wird, trommelt er mit seinen zierlichen Hufen auf ihnen herum. »Bambi ist bei uns aufgewachsen und mit der Flasche großgezogen worden«, kommentiert Eric die Familienshow.

Der Wind ist stärker geworden. Eric schaut besorgt nach Osten, wo sich Wolken aufbauen. »Gewöhnlich heißt das länger andauernder Wind … oder vielleicht auch Regen!«

Nur das nicht, denke ich, halte aber bei diesem nach Wasser dürstenden Wüstenvölkchen vorsichtshalber den Mund.

Kurz nach fünf Uhr morgens ist Eric auf den Beinen, geräuschvoll wirft er uns aus den Betten. Morgenstund hat für Ballonfahrer Gold im Mund. Kein Sturm, zum Glück. Nur ein Hauch von Staub liegt in der Wüstenluft.

»Optimale Bedingungen für unseren Trip«, schwärmt Eric. Noch schnell eine Tasse Tee, und schon sind wir draußen. Zwei dunkelhäutige Namibier helfen Eric beim Verstauen seiner Ausrüstung, dem 100 000 Namibia-Dollar teuren Ballon.

»Nach 300 Flugstunden muss die Ballonhülle bei professionellen Flügen ersetzt werden«, erinnere ich mich an Erics Worte. Ein aufwändiges Vergnügen.

Ein paar hundert Meter oberhalb des Hauses stoppen wir. Die Morgensonne tastet sich mit ersten zaghaften Strahlen über den Horizont. Die Helfer haben einen riesigen Ventilator aufgebaut, der Wüstenluft in den Flugkörper pustet, um ihn zu stabilisieren. »Packt mit an«, ruft Eric. Wir springen vor und halten den sich aufbäumenden Flugkörper, von der Größe eines kleinen Festzeltes. In dem Korb, in dem wir Platz finden sollen, stehen noch vier große Gasflaschen und zwei Brenner. Momente später dringt ein Fauchen durch die morgendliche Stille. Meterhohe Flammen schlagen jetzt in den Körper des Ballons. Die Warmluft gibt ihm Auftrieb. Im Nu richtet er sich auf.

Ralph, ein begeisterter Paraglider, hat bereits sein Bündel mit dem fallschirmähnlichen Gleitsegel auf dem Rücken.

»Sobald wir eine Höhe von 2000 Metern erreicht haben, werde ich springen«, höre ich ihn zu Eric sagen. Und ohne dass ich es bemerke, beginnt der Ballon zu schweben. Ganz sachte, still, nur dann und wann noch fauchen die Brenner. Die Konturen verschwimmen mit dem Abstand zur Erde. Alles ist so winzig klein. Ralph sitzt auf dem Rand des Korbes, den Rücken dem Nichts zugewandt, und grinst.

»5000 Fuß …«, höre ich Eric sagen.

»Gib noch 1000 Fuß dazu.«

Unmerklich steigen wir.

Mit einem Urschrei stürzt sich Ralph rückwärts aus 2000 Metern Höhe in die Tiefe. Er verschwindet so schnell, dass ich kaum Zeit finde, den Auslöser meiner Kamera zu drücken. Momente später ist Ralph nur noch ein winziger Punkt über dem Rot der Namib.

Nach diesem Intermezzo drosselt Eric auf normale Flughöhe, das heißt, wir sinken. Deutlich nehme ich unzählige sich verzweigende Tierspuren im Sand wahr. Je näher wir den Wüstendünen kommen, umso konturenreicher werden sie. Schon saust das Begleitfahrzeug heran, das uns zurückbringen soll. Zwei Männer springen aus dem noch rollenden Fahrzeug und laufen unter dem langsam dahintreibenden Ballon her. Eric wirft eine Leine zur Erde. Die Helfer packen zu und ziehen. Sacht legt sich der Korb mitsamt seiner menschlichen Fracht ein wenig auf die Seite, dann hat er seine Stabilität erlangt. Wir sind sicher gelandet.

Eric zaubert eine Flasche Champagner hervor. »Auf den gelungenen Flug!«

»Auf das Erlebnis der Namib aus der Adlerperspektive«, sage ich. »Prost.«

Tagebucheintrag 18. Januar

Ein Geier hockt auf einem Baum, ignoriert die Oryxantilope, die unmittelbar unter ihm des Weges zieht. Von Eric Heseman machen wir einen Abstecher zum Sesriem Canyon am Rand des Namib-Naukluft-

Parks. Zum Sossusvlei – dem Highlight des Parks – wollen wir erst morgen fahren.

Der Sesriem Canyon, nur wenige Fahrminuten vom Parktor entfernt, ist eine 30 Meter tiefe Schlucht, einen Kilometer lang und an der schmalsten Stelle nur knapp zwei Meter breit. »Sesriem« nannten sie die Buren, weil sechs Ochsenriemen aneinander geknüpft wurden, um vom Rand aus Wasser zu schöpfen. Das braucht man heute nicht mehr, im Kühlschrank der Parkverwaltung gibt es kalte Softdrinks.

Vier Kilometer fahren wir durch die Wüste, parken unseren Wagen. Nach 30 Metern stehen wir in dieser ansonsten völlig flach und geröllhaft erscheinenden Landschaft plötzlich an der Abbruchkante eines 40 Meter tiefen Cañons. Der hat keine roten Wände wie jene aus rotem Sandstein am Grand Canyon des Colorado oder wie jene in den Bungle Bungles im Westen Australiens. Diese Ablagerungen hier sind die grauen Sedimente eines uralten Meeres.

Über einen schmalen, gewundenen Pfad steigen wir in die Überbleibsel dieses urzeitlichen Meeres hinab. Jeder Schritt entfernt uns von der flachen, konturenlosen Welt dort oben. Stattdessen entdecken wir Grotten, Höhlen und Auswaschungen, in denen sich Vögel häuslich eingerichtet haben. Ein paar Tauben steigen auf. Vogelkot klebt an den Wänden. Kilometerweit folgen wir diesem Cañon. Ich erkenne steinartigen Lehm, der zu Fratzen, Gesichtern von Teufeln und Dämonen, gebacken wurde. Am Rande dieses Cañons überlebten knorrige Bäume, in denen die Fluten vergangener Zeiten ihre Last wie an Widerhaken abgeladen haben.

Wir setzen uns in den Schatten eines Baumes: feines Sirren von Grillen schwingt in der Luft. Fast wie ein Brüllen wirkt in dieser Stille das Gurren einer Taube, die sich auf einem wie in tragischer Pose in den Himmel gereckten Ast aufplustert.

Man muss sich bei diesen Cañons dafür entscheiden, wohin man wandern will. Abwärts oder aufwärts. Anfangs gehen wir abwärts. Der Cañon wird weiter, trockener. Auf dem Weg zurück wollen wir dem Cañon in der anderen Richtung nachspüren. Unser Forscher-

drang wird belohnt. Die Wände werden schmal, berühren sich fast. Plötzlich geht es nicht mehr weiter. Ein Wasserloch versperrt uns den Weg: eine grün-gelb-bräunliche Brühe, die hier zum Paradies für Vögel wird.

Touristen und andere seltsame Erscheinungen

Touristen sind manchmal merkwürdige Wesen. Ich hatte bei einer früheren Reise, es war im August gewesen, einen hünenhaften Burschen beobachtet, wie er sich klammheimlich an seinem Vordermann vorbeischlich. Zentimeterweise. Mit der Geduld einer Schlange, die auf ihren gewohnten Erfolg baut. Sein Pokergesicht verriet nichts von seiner Absicht.

Die beiden kleinen Italiener vor ihm waren in ein lautstarkes, lebhaftes Gespräch vertieft. Die Hände des einen vollführten dabei eine Art Hula-Hoop. Ich verstand weder ihre Gesten noch ihre Worte, die wie schnelle Maschinenpistolen-Salven durch den Raum schwirrten.

Der Hüne hatte es jetzt fast geschafft, an ihnen vorbeizukommen.

Vor mir war ein halbes Dutzend Leute, die sich genau wie ich ihre Reservierungen für das Sesriem Camp am Eingang des Sossusvlei bestätigen lassen wollten.

»Easy!«, sagte die schwarze, zur Rundlichkeit neigende Parkbedienstete mit dem vollen Haarknoten im Nacken. Das galt dem Hünen. Ertappt. Er hatte kapiert und blieb stehen.

Sie wandte sich den beiden Italienern zu: »May I help you?«

Das sekundenlang unterbrochene Stakkato von Wortfetzen hämmerte erneut, dieses Mal in die Richtung der schwarzen Lady. Natürlich reines Italienisch. Unsere Parkbedienstete rollte hilflos mit den Augen, lächelte und breitete die Karte vom Namib-Naukluft-Park aus. Der Raum füllte sich.

Junge Engländer, Franzosen, Iren, Südafrikaner, Australier, Deutsche, Neuseeländer, weiß Gott, woher sie alle kamen. Da waren braun gebrannte Tour-Guides in knielangen Shorts, die am liebsten in »Hoppla-jetzt-komm-ich«-Manier schnurstracks bis vorn zum Anmeldetresen durchgestürmt wären. Aber die kleine Parkbedienstete hielt auf Disziplin.

Endlich war ich dran. Die Bestätigung für meine lange zuvor reservierte Campsite hatte ich binnen drei Minuten in den Händen. Schon war ich wieder draußen.

Fünf Lkw röhrten dort im Leerlauf, wüstentaugliche MAN und große Mercedes, einige von ihnen schon betagter, die meisten mit Sonnensegel über den Ladeflächen, unter denen sich junge Leute die Zeit vertrieben. Die Trucks wirkten wie die Staffage für einen Expeditionsfilm. Die meisten solcher Abenteuerreisen beginnen in Südafrika und führen über die Highlights Namibias, Botswanas und Simbabwes hoch zu den Victoriafällen. Und von all diesen Schätzen ist das Sossusvlei einer. Ich würde es ganz oben, an der Spitze der Schönheitsskala ansiedeln.

Ich ging hinüber zu Juliana, die draußen im Auto wartete.

»Ich habe Probleme, ›mein‹ Sesriem Camp zu finden, in dem ich noch vor Jahren als einziger Gast mit den Park Rangern bei 'ner Cola über Gott und die Welt gequatscht habe.«

Ich ging um den Wagen herum, stieg ein. Die Tür fiel ins Schloss. Jetzt im August wehte ein frischer Wind übers Land. Die Kühle belebte auch den Tourismus.

»Komm, lass uns zu unserer Campsite fahren.«

Ich bog in das Camp ein, das so herzlich wenig gemein hatte mit einem deutschen Campingplatz. Wüstenhaft, staubig war es. Bei der netten Parkbediensteten hatte ich einen stillen Platz für die Nacht erbeten. Obwohl wir Wochen zuvor reserviert und bezahlt hatten, lag die Campsite, die uns zugewiesen worden war, neben einer neu eröffneten kleinen Bar – und diese verströmte schon am frühen Nachmittag ballermannhafte Bierseligkeit. Oryxantilopen stellten sich nicht ein.

Touristen sind ein merkwürdiges Völkchen, dachte ich, fahren in die Stille der Wüste und passen diese in Rekordzeit dem vertrauten Geräuschpegel an.

Das Camp war hoffnungslos überbelegt.

»Und das, obwohl die Parkvorschriften so penibel sind«, brummte ich.

Juliana lachte lauthals. Viele der Plätze hier waren mit Gruppen belegt, nicht selten mit bis zu 30 Personen pro Campsite. Von Stille keine Spur.

Wir saßen gemütlich beim *braai* und grillten, als drei Geländewagen zielstrebig auf unsere abgegrenzte Campsite zubretterten und uns mit Staub einnebelten. Wie auf Kommando poppten zwölf Autotüren auf, zwölf gestikulierende Personen strömten heraus, knallten dicht neben uns fünf Zelte auf den Boden und begannen, sie mit ameisenhafter Geschäftigkeit aufzubauen. Uns nahm keiner von ihnen wahr.

»Meisterhaft, wie die das machen«, Juliana grinste mit einem Anflug von Galgenhumor, »dieses souveräne Ignorieren …«

Italienische Wortfetzen flogen uns um die Ohren. Ich verstand nur Bahnhof. Ich ging auf sie zu und versuchte, mich auf Englisch mit ihnen zu verständigen. Wieder nur Bahnhof. Juliana sagte mir danach, ich hätte einen roten Kopf bekommen. Als ich kurz darauf im Park Office erschien, meinte die freundliche Bedienstete mit dem schwarzen Haarknoten: »Natürlich ist das Ihre Campsite.«

Sie ging mit mir hinaus und sprach mit den Italienern. Es schien tatsächlich keiner Englisch zu verstehen. »So ist das immer!«, japste sie entnervt.

»Fluch der Schönheit«, dachte ich und musste an die Stille der frühen Neunzigerjahre hier zurückdenken. Heute scheint kein Landschaftskalender ohne die Bilderbuchdünen des Sossusvlei auszukommen. Klar, sie sind wunderbar, ebenmäßig geformt, wenn auch nicht einmalig. Bildern wie diesen bin ich in der Sahara und in der indischen Wüste Thar begegnet. Doch die hiesigen sind leicht zugänglich, hier finden Wüstenliebhaber den Komfort von Spitzenhotels und ein Tourangebot, das kaum Wünsche offen lässt.

»... und Park Ranger, die dieser Flut von Dünenanbetern ab August nicht Herr werden.« Ich sagte das mehr zu mir und auf Deutsch, sodass die nette Frau vom Visitor Centre das nicht mitbekam.

Das Divertimento südländischer Klänge wurde an diesem italienischen Abend immer beschwingter. Wir brachen unser Camp ab und flohen zu einem stilleren Fleck an der Peripherie des Camps. Dort funkelte der Nachthimmel über der Namib noch so ungetrübt wie früher – bis kurz vor 4.30 Uhr morgens. Bis die Tour-Guides die schweren Generatoren für die Kühlschränke und den Komfort ihrer Fahrgäste anwarfen. Manche hielten sich erst gar nicht damit auf und ließen gleich die Lkw-Motoren hämmern, bei voll eingeschalteten Scheinwerfern natürlich. Ich vermutete darunter auch »unsere« Italiener, denn über dem Platz lag ein vertrautes Stimmengesumm.

Pünktlich zum Sonnenaufgang öffnete ein Ranger das Tor zum Nationalpark. Das Szenario hier erinnerte mich an einen Western-Klassiker, der die Landnahme Oklahomas zum Gegenstand hat: Reiter und Planwagenfahrer stürzen Seite an Seite in höllischem Galopp beim Startschuss vor, um die Filetstücke des Pionierlandes für sich zu ergattern.

Ich schreckte auf. Der Konvoi der Sossusvlei-Fans kam ins Rollen. Stoßstange an Stoßstange schob er sich in die Bilderbuchwüste.

Juliana angelte zwischen Karten, Taschenbüchern und Reiseführern nach einem Bericht, den ich vor ein paar Jahren verfasst hatte. Sie nahm den Band, schlug ihn auf. Die Morgensonne kroch über den Horizont. Juliana blinzelte, als die ersten Strahlen ihr in die Augen stachen. Leise begann sie vorzulesen. Das zuvor flammende Rot über den Dünen war bereits blasser geworden. Wie Glühwürmchen zogen die Autorücklichter der Wüstenfreaks nach Westen. Bei Düne Nummer 45 stoppten die ersten Wagen. Pünktchen an Pünktchen trippelten die Sonnenanbeter über den scharfkantigen Grat zum Gipfel der meistfotografierten Düne der Namib.

Während Juliana las, kamen die Bilder von damals nach und nach zurück: »Nein, man muss kein Wüstenfuchs sein, um vom Sossusvlei gefesselt zu sein«, las sie. »Wer daran zweifelt, sollte sich selbst durch weichen Sand arbeiten und da, wo vielleicht alle zehn Jahre wie eine Fata Morgana ein Wüstensee entsteht, zwischen verwitterten, tot wirkenden Kameldornbäumen die Bilderbuchlandschaft betreten. Er wird auf den Dünen ins Rutschen geraten, manchmal schneller zurück- als vorankommen. Doch dann wird er den scharfen Dünenkamm erreichen und sein Blick wird über ein unendliches Meer von Sandgipfeln gleiten, spitze, runde, scharfkantige, sanft geschwungene. Und dann wird er sich in den warmen Sand setzen und schauen. Er wird genießen. Er wird überwältigt sein. Und vermutlich wird er sich fragen, warum er nicht schon früher hierher kam.

68 Kilometer lang ist die Fahrt vom Parktor zum Vlei, dem Trockensee. Und so, als habe die Wüste schon die Anfahrt effektvoll inszeniert, steigert sich die landschaftliche Dramatik von Kilometer zu Kilometer.

Keine Düne hier ist so berühmt wie die ›Dune 45‹, ein Schild weist zu ihr. Natürlich folge ich dem Pfad dorthin und verstehe, warum jeder hier auf den kleinen Knopf seines schwarzen Kastens drückt. Sie ist nun mal fotogen: sternförmig, mit scharfkantigen Graten und ein paar Bäumen genau dort, wo es sich gut fürs Foto macht.

Einen Moment lang komme ich mir wie ein Eindringling vor.

Der Fuß zermalmt fragile Sandgebilde, ausdrucksvolle waschbrettartige Muster, vom Wind modelliert. Doch mit der Gewissheit, dass dieses kleine Wunder mit den Winden der Nacht neu entstehen wird, wandere ich weiter.«

Juliana klappte das Buch zu. Wortlos fuhren wir weiter.

Unser Wüstenkonvoi hatte sich bereits ausgedünnt. Mehr und mehr Sonnenanbeter waren im wahrsten Sinne des Wortes auf der Strecke geblieben, um bei »ihrer« Düne den Sonnenaufgang zu zelebrieren. Nur der harte Kern rollte weiter.

Es ist der Tsauchab Rivier, ein Trockenfluss der Namib, der viele dieser Schätze hier schuf. Im Osten, in den Zaris- und Naukluft-Bergen liegen seine Ursprünge, denn von »Quelle« kann man bei ihm nicht sprechen. Starke Regenfälle sind seine Geburtshelfer. Schon schwillt er an, fließt nach Westen durch den Sesriem Canyon, nutzt die Gelegenheit, um blitzschnell ein weiteres Stückchen der Cañonwände herauszubeißen. Doch wie auch andere saisonale Flüsse, die der Ehrgeiz vorantreibt, den Atlantik zu erreichen, wird der Tsauchab durch hohe, unüberwindliche Dünengürtel in seine Schranken verwiesen. Er versickert in einem als Vlei bezeichneten Trockensee, der in Jahren guten Regens wie eine Fata Morgana in der Wüste schimmert.

Vor ein paar Jahren hatte ich dort, wo die Parkstraße das Bett des Tsauchab Rivier kreuzt, gestoppt. Da waren Spuren im Sand gewesen! Frische Abdrücke. Ich stieg aus, folgte der Fährte ein paar Meter und erschrak. Hinter einem stacheligen Dickicht, keine fünf Meter von mir entfernt, stand eine große Oryxantilope. Degenspitz und bedrohlich wirkten ihre Hörner. Leise zog ich mich zurück. Unbeteiligt schaute die mächtige Antilope mir zu. Ich verharrte. Hielt den Atem an.

Ob sie krank war? Oder von einem Raubtier verletzt? Oder war es die Trockenheit? Lange hatte es hier nicht geregnet. Unsinn, sagte ich mir. Wenn überhaupt ein Tier dieser Dürre trotzen kann, dann die Oryxantilope.

Sie bewegte sich weder vor noch zurück. Wie eingefallen sie war! Ich konnte mühelos ihre Rippen zählen. Während ich zum Auto zurückging, starrte die Antilope traurig hinter mir her.

Als ich am Abend zurückkam, hatte sie den Kopf mit den langen Spießen wie Schutz suchend unter ein kleines Holzhäufchen geschoben.

Ein Jahr später suchte ich dieselbe Stelle wieder auf. »Meine« Antilope war immer noch da, als lederige Hülle, bei der nichts mehr an das einst aschgraue glatte Fell mit den schwarzen Streifen erinnerte.

Die letzten Kilometer bis zum Sossusvlei waren noch immer pures Allradvergnügen. Unser Geländewagen hatte die Herausforderung souverän angenommen. Rechts und links von uns schlängelten sich die Grate der in allen Rot-Gelb-Schattierungen verlaufenden Dünen.

Ich parkte das Auto im Schatten von Kameldornbäumen neben einem Picknicktisch.

»Wenn der Tsauchab Rivier läuft, steht hier alles meterhoch unter Wasser.« Ich wandte mich Juliana zu. Die Geschichten über solche Ereignisse halten sich in dieser Welt lange. »1986 war das Sossusvlei erstmals nach zehn Jahren wieder ein See«, berichtete ich. »Ein anderer Rekord folgte elf Jahre später. Im Januar 1997 spie der Tsauchab die größte Wassermenge seit 21 Jahren ins Vlei.«

In solchen Jahren dringt das aufgeregte Schnattern von Enten und das ungewohnte Trompeten der Wildgänse durch die Wüste.

Wir hatten den Parkplatz verlassen und wanderten durch weichen Sand zum Dead Vlei. Zu dieser frühen Stunde waren wir die Ersten hier. Bis die anderen nachkamen, durfte ich mich einen Moment lang in der Illusion wiegen, hier der erste Mensch zu sein. Juliana ging vor mir. Wenn sie den Fuß hochnahm, blieben Löcher im Sand.

Doch da waren auch Zeichen anderen Lebens: die Fährte eines Schabrackenschakals. Was der Bursche mit dem schwarzen Streifen auf dem Rücken wohl hier gesucht hatte? Die Spuren eines Skorpions hätte ich hier eher vermutet. Dann entdeckte ich die winzigen Fußstapfen eines Wüstengeckos. Ihn selbst sah ich trotz der kühlen Stunde nicht, denn die eigenartigen Gesellen mit der durchschimmernden Haut, unter der sich Skelett und Organe wie auf einem Röntgenbild abheben, meiden den Tag. Erst im Schutz der Nacht beginnen sie ihre Jagd auf Insekten und Spinnen. Ein schwarz-weißer Elfenbein-Dünenkäfer hingegen düste in Charly-Chaplin-Slapstick-Manier über den Sand.

Wir rasteten auf einem Dünenkamm, von wo aus wir auf jahrhundertealte, abgestorbene Kameldornstämme im Dead Vlei unter uns blickten.

»Vielleicht wird das Sossusvlei eines Tages auch so aussehen.«

»Was meinst du damit?« Juliana nahm das Fernglas und betrachtete die Baumgerippe.

»Irgendwann floss das Wasser des Tsauchab auch bis hier, aber dann stellten sich ihm Wanderdünen in den Weg. Das Wasser kam nicht mehr durch und die Bäume vertrockneten. So wurde aus dem Vlei ein ›totes Vlei‹.«

Bei unserer Rückkehr ins Sesriem Camp begrüßte uns dieselbe Szenerie wie gestern. Neue Safari-Lkw röhrten im Leerlauf vor dem Informationszentrum. Ich schaute auf einen Blick hinein und winkte der netten Bediensteten von gestern zu. Sie lächelte ein wenig hilflos.

»Der Campingplatz ist bereits voll«, hörte ich sie zu ihrem Gegenüber sagen. Doch ihre Worte gingen unter im »Tak-Tak-Tak« der auf der anderen Seite des Tresens abgefeuerten Sprachgeschosse. Eine halbe Stunde später beobachtete ich, wie jene Sprachschützen ihr Zelt zwischen zwei reservierte Camps mogelten.

Nur wenige Jahre lag diese Erinnerung zurück. Es war, wie gesagt, im August gewesen, dem Beginn der Hochsaison hier. Dieses Mal war Januar, die heiße Zeit. Nur wenige Autos parkten am Eingang zum Camp.

Ich sah auf die Uhr und überschlug unseren Zeitplan. In ein paar Tagen würde ich mich mit einem Experten für Sanmalereien am Brandberg treffen. Heute würden wir die Strecke bis dorthin ohnehin nicht schaffen. Überdies wartete unser Kühler noch immer auf seine Generalsanierung in Swakopmund. Wir hatten deshalb den Vogelfederberg, der sich wie der Panzer einer Schildkröte vom Rand der Namib abhebt, als Nachtlager ins Auge gefasst.

»Komm«, sagte ich zu Juliana, »lass uns weiterfahren.«

Zweieinhalb Jahre versteckt in der Wüste

Der Vogelfederberg ist für mich einer der attraktivsten Berge hier. Er ist mehr ein Fels denn ein Berg, zernagt von der Erosion, die Höhlen und Felsüberhänge modellierte, granitene Baldachine, in denen lauschige Campsites liegen.

Der rote Schein unseres Lagerfeuers wischte über die grauen Felsen, bis deren Vorsprünge, Kanten und Ritzen zu leben begannen. Juliana lag auf unserer metallenen Vorratskiste, schaute in den Sternenhimmel und träumte. Ich nahm von dem mitgebrachten Holz aus unserem Auto ein Stück und schob es ins Feuer. Funken stoben. Hinter dem Lichtschein versank die Wüste in pechschwarzer Nacht.

Ich versuchte mir vorzustellen, wie es wäre, wenn man in dieser Wüste allein auf sich gestellt überleben müsste, ein paar Tage vielleicht oder ein paar Wochen oder sogar für immer. Dann würden die Unterschiede deutlich zwischen Besuchern wie uns, die immer in der gut bestückten Kühlbox einen *cold drink* hatten, Vorräte für einen Tag, meistens aber für ein paar Tage mit sich führten, und denjenigen, die jahrtausendelang hier auf Sparflamme kochten.

Doch Menschen, die nur von der Wüste lebten, waren auch hier selten geworden. Da sind die Himba im Kaokoland, im entlegenen Nordwesten. Die letzten Nomaden Namibias, wie man sie nennt. Wie lange wohl noch?, dachte ich.

Bis zu welchem Punkt würde es jemand aus unserer europäischen Kultur schaffen, so wie sie in der Wüste zu überleben? Nur von dem, was die Wüste ihm gibt. Oder so wie die Buschmänner, die San, die älteste Bevölkerungsgruppe im Land. Doch auch ihr Leben ändert sich dramatisch. Nur noch ein paar überleben mehr schlecht als recht als Jäger und Nomaden im Nordosten bei Tsumkwe.

Zähe, der Dürre angepasste Menschen sind sie, kaum mehr als 1,50 Meter groß. In alten Zeiten lebten sie in kleinen Gemeinschaften von nur drei bis vier Familien. In Zeiten großer Not teilten sich selbst diese kleinen Verbände. Ihr Gesetz bestimmte, dass zum Bestehen der Familie der Stärkste überleben müsse. Alte, die der Gruppe nicht mehr folgen konnten, ließ man mit deren Einverständnis zurück, man gab ihnen noch Essen, Feuerholz und Wasser für ein paar Tage. Von Zwillingen tötete man einen, oft beide. Starb eine Mutter bei der Geburt, begrub man das Neugeborene mit ihr.

Fremde Welten trafen aufeinander, als die ersten Weißen dieser archaischen Gesellschaft begegneten. Die Zusammenstöße mit den Weißen, die jetzt ihre Schafe und Rinder dort weiden ließen, wo die San seit Jahrtausenden das lebensnotwendige Wasser – oft kaum mehr als Schlamm – fanden, waren vorprogrammiert.

Die San waren jetzt Fremde im eigenen Land. Dazu kam, dass die Weißen maßlos das Wild erlegten, von dessen Existenz das Leben der San abhing. Es blieb ihnen nichts anderes übrig, als sich beim Vieh der Farmer zu bedienen. So schraubte sich die Spirale der Gewalt hoch. Der bekannte Südwester Missionar und Historiker Dr. Heinrich Vedder schrieb, dass allein zwischen 1786 und 1796 in Südafrika 2700 Buschmänner getötet und 700 Frauen und Kinder ver-sklavt worden seien. In Namibia wichen die San an den Rand der Etosha-Pfanne aus oder in die unzugängliche Kalahari, in die sich anfangs kaum einer der weißen Neuankömmlinge vorwagte.

Dass viele weiße Farmer, die sich in den existenziellen Randbereichen versucht hatten, hoffnungslos gescheitert waren, hatten wir wiederholt gehört. Doch ich wusste von zwei Deutschen, denen es gelungen war, in der Wüste zu überleben.

Die Flammen des von mir nachgelegten Holzscheites züngelten hoch. Als der Lichtschein über die Felsen des Wüstenberges leckte, war mir, als säßen die beiden Überlebenskünstler bei uns. Aus dem Dunkel einer Felsnische des Vogelfederbergs hörte ich den einen sagen: »*Als der Krieg begann, blieb uns nichts weiter übrig, als in die Wüste zu gehen.*«

Der Schein der Flammen schien über die schemenhafte Gestalt eines zweiten Mannes zu huschen.

»*Zweieinhalb Jahre hielten wir uns in der Namib versteckt.*«

Ich stellte mir vor, wie ich sie gefragt hätte: »Warum?«

»*Es war Krieg in Europa. Aber dieser Krieg war nicht der unsrige. Also gingen wir nach Südwest.*«

Wahrscheinlich hätten die beiden bei diesen Worten bitter gelächelt. Denn es kam anders als geplant.

»*Der Krieg erreichte uns auch hier. Man internierte deutsche Männer. Auch wir wären bald drangekommen. Aber darauf wollten wir es nicht ankommen lassen. Wir beschlossen, unser Glück in einem Wüstenversteck zu versuchen.*«

Vermutlich hätte er bei dem Wort Glück nicht gelächelt. Denn Glück hieß damals für die Geologen Henno Martin und Hermann Korn ganz einfach, nicht von der südafrikanischen Polizei aufgebracht und eingelocht zu werden. Heimlich und bei Nacht schlichen die beiden in das Namib-Naukluft-Gebiet.

Zweieinhalb Jahre lang lebten sie mit ihrem Hund Otto in der Kuiseb-Schlucht, völlig auf sich gestellt und von dem, was sie mit Einfallsreichtum und Mut der Wüste abrangen. Mir war, als hörte ich Henno Martin sagen: »*Der Westteil des Felsüberhanges war am tiefsten; hier beschlossen wir, unser ›Wohnzimmer‹ einzurichten. Wir stellten unsere zwei kleinen Klappstühle hinein, einen alten Blech-*

koffer, der als Tisch dienen musste, und zwei leere, aufeinander gestellte Benzinkisten als Schrank. Den Radioapparat stellten wir in die obere Kiste. An das ›Wohnzimmer‹ schloss sich die ›Küche‹ an. Viel Holz gab es in der näheren Umgebung nicht, deshalb durfte der Ofen nicht zu viel Zug haben. Wir hoben eine lange, rechteckige Grube aus und kleideten sie mit Steinplatten aus, die wir vom Fuß des Kalkkliffs holten.«

Ob die beiden wohl Sehnsucht nach der Zivilisation hatten?, fragte ich mich.

»Wir wussten, wir würden ein Leben an der Grenze zu führen haben, rein körperlich an der Grenze der Lebensmöglichkeit überhaupt. Das war das Gesetz der Wüste. Aber auch seelisch würde es nicht anders sein. Wir würden ein primitives Leben führen und uns hart an der Grenze wilder, gestaltloser Rohheit bewegen müssen, wollten wir überleben.

Eine Nachricht bereitete uns Sorgen: Das Wasser im Kolk ging unaufhaltsam von Tag zu Tag zurück. Die Erde unseres Gartens, die bei unserer Ankunft feucht gewesen war, wurde trocken und spröde. Nur tägliches Gießen vermochte den Garten zu retten. Dazu war der Weg in den Cañon aber zu beschwerlich. Wir mussten den Garten wohl oder übel aufgeben.

*Am nächsten Morgen ernteten wir schweren Herzens das alte Gartenstück ab. Wir gewannen acht Radieschen verschiedener Größe, ein kleines Bund Mangold, ein Blättchen Petersilie und ein Dutzend streichholzdünner Karotten.«**

Unser Lagerfeuer war niedergebrannt. Juliana war auf der metallenen Vorratskiste eingeschlafen. Die schemenhaften Gesichter, die mir der Feuerschein auf die Felsen gezaubert hatte, waren mit dem Verglimmen der Glut verschwunden.

* Die Zitate erfolgen mit freundlicher Genehmigung der Namibia Wissenschaftlichen Gesellschaft, Windhoek. Henno Martins Buch »Wenn es Krieg gibt, gehen wir in die Wüste« ist auch im deutschen Buchhandel erhältlich.

Hermann Korn starb bereits vor mehr als einem halben Jahrhundert bei einem Autounfall. Henno Martin lehrte später als Geologieprofessor in Göttingen. Auch er ist gestorben. Und doch leben die beiden in Henno Martins Schilderungen über diese Robinsonade weiter, dachte ich, während ich die Matratzen in unserem Geländewagen für die Nacht herrichtete.

In Swakopmund erhielt unser Auto einen neuen Kühler. Wir stockten unsere Vorräte auf, denn vor uns lag das Damaraland, ein ehemaliges Homeland, das die südafrikanische Regierung im Rahmen des Odendaal-Plans in den Sechzigerjahren den schwarzen Namibiern zugewiesen hatte.

Auch wenn die Homeland- und damit die Rassenpolitik passé ist und heute jeder ungeachtet seiner Hautfarbe wohnen kann, wo es ihm passt, hat der Name sich doch in das Gedächtnis eingebrannt.

Das Damaraland umfasst eine der vielgesichtigsten Landschaften Namibias. Mit dem markanten Felsstachel »Spitzkoppe«, dem größten im Land, dem Brandberg und Twyfelfontein, dem Kleinod der Felsgravuren.

Die letzte Nacht in Swakopmund war kühl gewesen. Und das, obwohl der Januar hier in den Hochsommer fällt. Jemand hatte gesagt: »Nach 20 Kilometern werdet ihr wieder in ›Afrika‹ sein.« Das klang gut. Das verhieß blauen Himmel und Sonnenschein.

Auf der breit ausgebauten B 2, dem Asphaltband, das Swakopmund mit Windhoek verbindet, begannen wir unsere Reise nach Norden. 118 Kilometer nach Verlassen Swakopmunds wies ein Schild nach links: »D1918«. Mehr nicht. Wir folgten dem Hinweis. Straßenausschilderungen in Namibia sind nicht wortreich, dafür aber präzise. Wir hatten die letzten sichthemmenden Hügel überquert, als ich unvermittelt auf die Bremse trat. An senkrecht stehende Reißzähne eines Löwen erinnerte mich der 1759

Meter hohe nackte Fels der Spitzkoppe, der von den Pondok-Bergen flankiert wird.

»Groot Spitzkop« nennen die Einheimischen den kleinen Ort zu Füßen des Massivs, ein Sammelsurium schäbiger Häuser, mit Wänden und Dächern aus Wellblech und platt geschlagenen Blecheimern. Nichts Ansprechendes. Bis auf seine Bewohner, die uns neben der Piste freundlich grüßten.

Plötzlich stand da wie aus dem Boden gewachsen ein Bursche. Er trug nur abgewetzte, doch sorgfältig geflickte Shorts. Aber seine Augen blitzten wie Bergkristalle, als er aus einer alten Plastiktüte hübsche Mineralien hervorzauberte.

Die wenigen »schwarzen« Siedlungen im Damaraland sind reizlos, oft armselig. Das gilt auch für jene nahe der stillgelegten Mine von Uis, die kaum aus mehr besteht als aus ein paar Dutzend elender Hütten aus platt gehämmerten Ölfässern, zwischen denen an Leinen Wäsche flattert.

Bis 1990 hatte der IMCOR-Konzern hier Zinn gefördert. Dann sackten die Rohstoffpreise und für Uis, das von einer blendend weißen Abraumhalde dominiert wird, begann der Totengesang. 1000 Menschen hatte die Mine beschäftigt, mehr als dreimal so viele lebten hier. Die Kleinstadt verfiel in einen Dornröschenschlaf. Doch es fand sich kein Prinz, um sie zu küssen. Man verhökerte Uis an Investoren und Privatleute. So hält sich der kleine Ort über Wasser.

In Uis trafen wir Jerry Rousseau.

»Seit 1984 lebe ich hier«, schwärmte Jerry, ein namibisches Urgestein, der als Rentner hierher zurückgekehrt war, nachdem er 40 Jahre lang als Geologe in Südafrika gearbeitet hatte.

»Du fragst mich nach dem Paradies – für mich ist es hier: kein Fernsehen, kein Lärm, dafür Tiere und Frieden! Endlos viele Nächte habe ich draußen am Brandberg verbracht. Nie bin ich von einem wilden Tier bedroht worden. Nie habe ich Angst gehabt, mich in der Wüste zum Schlafen niederzulegen. Mehr als eine Decke benötige ich nicht. Und wenn ich daliege, schaue ich in den glasklaren Sternenhimmel und lausche in die Stille.«

Der Brandberg, der von Uis aus wie eine riesige, behäbige Schildkröte wirkt, ist ein 550 Quadratkilometer großer Steinhaufen ohne markanten Gipfel. Ein Schild mit der Aufschrift »Wit Vrou« wies uns den Weg zu ihm.

»Diese ›weiße Dame des Brandbergs‹ ist eine Felsmalerei, über die Experten sich heute noch die Köpfe heiß reden«, sagte ich zu Juliana, während wir auf den Berg zufuhren, »eine namibische Berühmtheit, auch wenn die Darstellung leider während der letzten 50 Jahre stärker verblasste als in all den Jahrhunderten zuvor. Hobbyfotografen hatten ihre Limonaden darüber gekippt, um die Farben fürs Foto aufzufrischen.« Heute schützt ein solider Eisenzaun die White Lady.

Die Nacht vor dem Rendezvous mit ihr verbrachten wir an einem einsamen Berghang mit Fünf-Sterne-Blick. Niemand außer uns war da, bis auf die Grillen, die die aufkommende Dämmerung mit frenetischem Zirpkonzert begrüßten. Die hauchdünne Mondsichel rastete derweil auf einem Gipfel des Brandbergs. Aus der Lichterflut der Milchstraße lösten sich zwei silberne Punkte und huschten wie Glühwürmchen über den Himmel.

Am nächsten Morgen folgten wir dem Pfad durch die Tsisab-Schlucht zur White Lady. Ein leichter Wind, in den sich das Summen von Fliegen mischte, wirbelte Staub auf. Das Jubilieren von Vögeln hallte als Echo von den roten Felswänden.

Versteckt hinter mächtigen Felsen, ganz in der Nähe eines großen Wasserlochs, war das rund 40 Zentimeter hohe Bild mehr zu ahnen als zu sehen. Fast alles um die White Lady ist Spekulation. Man meinte gar, an ihr griechische Stilelemente zu entdecken. Das ist Unsinn. Heute weiß man sogar: Die Dame ist ein Mann!

Begegnung auf dem Brandberg

»Warum besteigt man den Brandberg?«, hatte ich Jerry Rousseau in Uis gefragt.

»Fahr selbst hin, steig hinauf, dann weißt du die Antwort.« Aber letztlich hatte er sich doch noch bequemt, mir einen kleinen Einblick in sein Innerstes zu gewähren, und von einer großartig kargen Landschaft, prähistorischen Malereien, seltenen Pflanzen und außergewöhnlichen Mineralien gesprochen. Er hatte dabei versonnen vor sich hin gebrummelt: »Du brauchst nicht viel, um ihn zu verstehen, du musst nur Augen und Ohren öffnen.«

Daraufhin hatte ich mich mit dem Brandberg-Experten Joe Walter verabredet. Joe hatte versprochen, mich zu einer der schönsten und bedeutendsten Sanmalereien an diesem höchsten Berg Namibias zu führen.

Noch war es finster, als wir den ehemaligen Minenort Uis verließen. Zögerlich sammelte sich das Licht des anbrechenden Tages an der Spitze des Brandbergs, wurde blassrosa, bis die Sonne den Berg nach und nach mit rotem Licht überschüttete. Ich dachte an seinen Namen – der Brandberg schien an diesem Morgen tatsächlich in Flammen zu stehen.

»Die Geschichte des Brandbergs begann vor rund 120 Millionen Jahren«, plauderte Joe Walter. »Damals lag das Land hier noch drei Kilometer höher als heute. Irgendwann drang aus dem Erdinneren eine Magmasubstanz hervor. Sie brach aber nicht aus wie bei einem Vulkan, sondern quoll durch die Spalten und Risse nur bis kurz unter die Erdoberfläche. Dort erkaltete sie zu Granit. Während der nächsten 120 Millionen Jahre begann das einfallsreiche Spiel der Erosion. Sie trug die auf der Granitmasse liegenden Schichten ab. Allein der Granithaufen blieb intakt.«

Durch ein Gewirr kleiner Fahrspuren, die immer seltener und schmaler wurden, bis letztlich nur noch die Doppelspur eines Geländewagens übrig blieb, näherten wir uns der größten Kunstgalerie der Welt. Auf 1000 *rock art sites* finden sich 50 000 Felsmalereien. Wer sucht, findet im Westen, am Fuße des Berges, auch Felsgravuren. All das macht den Brandberg einmalig.

»Schon merkwürdig«, Joe war nachdenklich geworden, »unsere geschriebene namibische Geschichte ist nicht mal 150 Jahre alt ...« Ich lenkte den Wagen vorsichtig auf den alten Spuren entlang, um nicht den fragilen Wüstenboden zu verletzen. Joe sah aus dem Fenster unseres Landcruisers.

»Dabei reicht die Geschichte der Felsbilder hier im Land nachweislich 27 000 Jahre zurück.«

Ich wusste, worauf er anspielte. Natürlich hatte ich von der Apollo-11-Grotte gehört. Sie lag unten im Südwesten, in den Hunsbergen. Ein deutscher Archäologe hatte gerade über seinen Ausgrabungen dort gehockt, als die Weltraumfähre Apollo 11 am 24. Juli 1969 nach der ersten Mondlandung erfolgreich zur Erde zurückkehrte. Doch was war das in den Augen des Archäologen Erich Wendt im Vergleich zu der Entdeckung »seiner« Höhle, die 70 000 Jahre lang von Menschen bewohnt worden war. Sein ältestes Fundstück, die Abbildung eines Tierkörpers, sollte sich schon bald unter den Augen der schärfsten Kritiker und genauester wissenschaftlicher Messinstrumente als 27 000 Jahre alt erweisen.

Wir folgten der einsamen Spur im Sand. Keine Menschenseele weit und breit. Das tat gut. Der Morgen war still.

»Es ist die Kühle, die Nähe zum Benguelastrom und es sind die bassinartigen Felsauswaschungen, in denen sich das Wasser sammelt, die den Brandberg für die unbekannten frühen Kulturen zum idealen Lebensraum machten. Man nimmt an, dass die Masse der Brandbergbilder während der letzten 6000 Jahre entstand«, berichtete Joe.

Ich bog jetzt nach rechts hin ab. Die schmale Piste, der ich gefolgt war, verzweigte sich, führte offenbar in einem großen Bogen um den Berg herum. Ein Stichweg brachte uns an den Anfang einer Schlucht.

Immer dichter rollte ich auf den Brandberg zu. Nicht dass er mich sonderlich beeindruckt hätte. Er ist kein Berg, der das Land wie ein Matterhorn dominiert. Seine Felsen schlagen einen nicht wie die Eigernordwand in Bann. Als ich ihn so aus der Nähe sah, erinnerte er mich zunächst an einen riesigen Geröllhaufen, auf dem ein Riese mit Millionen gewaltiger Granitkugeln gespielt hatte. Manche schienen nur darauf zu warten, dass sie eine leichtfertige Hand in Bewegung setzte.

»Ende der Siebzigerjahre begann der deutsche Felsbildforscher Harald Pager die Felsbilder am Brandberg systematisch zu untersuchen, zu katalogisieren und zu kopieren«, nahm Joe den Faden wieder auf.

Ich hatte von Pagers Lebenswerk gehört. Er hatte anfangs geglaubt, die Arbeit innerhalb von zwei Jahren abschließen zu können. Sieben Jahre benötigte er dafür schließlich, unterstützt von Einheimischen, die auch für Wasser und Lebensmittel sorgten. Während Harald Pager ausmaß, kopierte und zeichnete, kundschafteten sie neue Bilder aus.

Sein völlig unerwarteter Tod beendete die ungeheure Schaffenskraft im Jahr 1985. Doch zu diesem Zeitpunkt hatte er bereits an 900 *rock art sites* mit geradezu akribischer Sorgfalt 43 000 Bilder kopiert.

Joe und ich waren dem Brandberg so nahe gekommen, wie das mit dem Auto möglich ist. Ich entdeckte zwei alte Feuerstellen auf dem Boden. Es musste schon lange her sein, dass Menschen hier gewesen waren.

Die Büsche und Blumen am Fuß des Berges blühten. Insekten summten. Mir unbekannte Vögel jubilierten. Jetzt, nach dem Regen der letzten Tage, erinnerte der Brandberg mich an einen riesigen Blumenstrauß. Abertausend Morgensternblüten bedeckten den Boden wie ein gelber Teppich.

»Ich verstehe deine Liebe zum Brandberg«, sagte ich zu Joe.

»Eine alte Liebe …«, er schmunzelte, »und sie rostet nicht. 1965 war ich hier erstmals als Pfadfinder unterwegs. Da schwor ich mir, dass ich auch mal auf den Königstein, das ist der Gipfel, kommen würde. Doch das dauerte noch bis 1969. Ich hatte damals noch nicht allzu viel Ahnung von der Bergsteigerei. Natürlich hatte ich viel zu viel Ausrüstung bei mir.« Er lachte. »Typischer Anfängerfehler. Also legte ich oben ein Depot an, weil ich ein Jahr später wiederkommen wollte. Wie du dir vorstellen kannst, hatten die Mäuse in der Zwischenzeit alles ratzfatz kaputt gefressen.«

»In welcher Jahreszeit besteigt man den Brandberg am besten?«

»Hauptsächlich während unseres Herbstes. Mit Vorsicht kann man ihn, wenn es geregnet hat und kühl ist, so wie heute, auch im Sommer angehen. Meistens gibt es hier eine Brise vom Meer, aber es kann auch verdammt heiß werden, vor allem vor dem Regen, wenn die Brise vom Meer nicht mehr durchkommt.«

Plötzlich nahm ich eine merkwürdige Bewegung wahr.

»Was war das?« Ich sah aus dem Augenwinkel einen hopsenden Schatten. »Erinnert mich an die großen Sprünge eines Kängurus.«

Joe Walter lachte.

»Ein Ameisenbär!«

Das Tier setzte in großen Sprüngen durch den Busch, dann tauchte es im trockenen Gras ab.

»Die Schlucht hier vor uns heißt Ga-asb-Schlucht«, sagte Joe.

Es war kurz nach acht Uhr morgens. Wir schulterten unsere Rucksäcke und folgten einer Zebrapad.

»Welche Tiere gibt es außer Zebras sonst noch am Berg?«

»Alles, was auch sonst in dieser Gegend kreucht und fleucht. Springböcke und Oryxantilopen.« Joe stoppte und zeigte nach Westen. »Sieh mal, da hinten sind zwei Strauße. Auf der Nordwestseite, am Ugab Rivier, gibt es sogar ein paar Nashörner. Nicht weit davon ist das Einstandsgebiet eines Geparden.«

Wir stoppten an einem gelb blühenden Morgenstern und an einer Kandelaber-Euphorbie, der wohl giftigsten Pflanze in Namibia. »Bei kriegerischen Auseinandersetzungen vergiftete man mit ihr Wasserstellen«, sagte Joe. »Nashörnern allerdings scheint ihr Gift nichts auszumachen, sie naschen sie als Leckerbissen.«

Je höher wir kletterten, umso monumentaler wurden die wie Murmeln am Berghang liegenden Granitblöcke. Manche bildeten Höhlen, in denen meine Fantasie schweifte: Wie viele San-Generationen hatten hier wohl gelebt?

9.20 Uhr vormittags: Die Sonne zwängte sich jetzt durch die letzten dünnen Wolkenschleier.

»Es wird heiß«, sagte ich.

Bald danach gab es nur noch pures Blau am Himmel. Unsere Etappen wurden kürzer, die Pausen länger, mein Atem ging lauter. Ich suchte Schatten. In 1100 Metern Höhe stießen wir auf einen Busch, den ich für abgestorben hielt.

»Von wegen …«, sagte Joe. »Ein Wunderbusch.« Er bückte sich, brach ein Stückchen ab und reichte es mir. »Wenn man diesen Zweig ins Wasser steckt, so tot und trocken wie er jetzt ist, dann ist er am nächsten Morgen grün. Man kann einen Tee aus ihm zubereiten, einen sehr wohlriechenden, der nach Myrrhe duftet.«

Wir tasteten uns jetzt an einem sieben Meter hohen Steinwall entlang. Mit der Freiheit des Entdeckers nannte ich ihn »Chinesische Mauer«.

Zwei Stunden später erreichten wir endlich unser Tagesziel. Unter uns lag die Namib, aus der jetzt im Dunst des späten Vormittags ein paar Felsspitzen ragten. Trotz der lähmenden Hitze war die Natur nicht ganz erstorben. Ein paar Vögel sangen noch.

»Komm«, ermunterte mich Joe.

Wir erreichten einen 50 Meter langen, wulstartigen Felsüberhang.

»Ein One-Million-Dollar-Blick", schwärmte ich, als ich von dieser Höhle in die Weite unter uns sah. Andere müssen das auch so empfunden haben, denn hier hatte sich eine unbekannte Kultur für alle Zeiten mit einem der schönsten Bilder verewigt. Ich stellte mir vor, wie im Schutz dieser Felsen mit dem Panoramablick über die Ga-asb-Schlucht vor vielleicht 3000 Jahren ein paar Menschen gekniet hatten, um dieses Kunstwerk zu schaffen.

Oft zeigen Felsmalereien an ein und derselben Wand Motive, die während unterschiedlicher Epochen entstanden, manchmal auch wurden Bilder übereinander gemalt. Was gelegentlich wie ein mit Weichzeichnereffekt mosaikhaft ineinander verlaufendes Ensemble wirkt, mögen über Jahrhunderte oder gar Jahrtausende entstandene Einzelbilder sein.

»Was wird in den Malereien gewöhnlich dargestellt«, erkundigte ich mich bei Joe.

»Springböcke und Giraffen. Frauen mit Körben, du findest auch Jäger mit Pfeil und Bogen.«

Ich betrachtete jenes erstaunliche Bild auf der roten Granitwand genauer. Da waren der Hals und der Kopf einer Giraffe. Drei Männer schienen sich anzuschleichen. Ihre Körper waren geradezu modern abstrahiert, die Strichführung auf das Wesentliche reduziert.

»Sie scheinen in Bewegung zu sein.« Ich blickte zu Joe. »Vermutlich sind sie auf der Jagd.«

Zu gern hätte ich gewusst, warum diese Malereien entstanden waren. Hatten sie kultische oder spirituelle Hintergründe? Dienten sie der Vorbereitung auf die Jagd? Oder saß man hier nach erfolgreicher Jagd, schmauste und ließ in Gedanken die Bilder des Geschehenen Revue passieren? Vielleicht aber diente die Höhle auch nur als Unterschlupf während der Regenzeit. Die Jäger malten womöglich ganz einfach nur, um sich nicht zu langweilen. Ich hatte so viele Fragen. Und wusste, dass ich keine Antworten erhalten würde.

Angenommen, dieses Bild wäre vor etwa 3300 Jahren entstanden, dann wäre das zur Zeit der Regentschaft des Pharao Ramses II. in Ägypten gewesen; und selbst wenn es nur 1200 Jahre alt wäre, wäre der Künstler ein Zeitgenosse von Karl dem Großen gewesen. Angesichts solcher Dimensionen spürte ich, wie klein und unbedeutend wir doch vor der Zeit sind. Auch im Anblick der Granitmasse dieses Berges, die bereits vor 120 Millionen Jahren erstarrt war. Jetzt verstand ich Jerry Rousseau und seine Liebe zum Brandberg. Ich wünschte, dass der Atem der vergangenen Jahrtausende noch lange hier ungehindert wehen konnte. Ohne Besuchermassen und ohne vor Vandalismus schützende Eisengitter, die um die Malereien gelegt werden – wie bei der White Lady.

Ich schloss die Augen und meinte die Menschen hier zu sehen. Ein lebendiges, fröhliches Völkchen. Schlanke Jäger, klein, drahtig, wie die San. Die Männer palaverten am Feuer, besserten Pfeile und Bogen aus. Die Frauen bereiteten das Essen. Im Hintergrund spielten Kinder. Diese Menschen nahmen von der Erde nur das, was nachwuchs. Sie gingen behutsam mit ihr um. Sie hinterließen nichts außer 50 000 Bilder.

»Dies ist eine der schönsten Malereien, die es am Brandberg gibt!« Joes Worte rissen mich aus meinen Träumereien in die Gegenwart zurück. »Und bedenke, das sind keine Chemiefarben, das sind Naturfarben, vor Jahrtausenden gemixt und aufgetragen.«

»Wer fand dieses Bild als Erster?«

»Einer von Pagers Trägern. Während Pager selbst Malereien

kopierte, erkundeten seine Männer die Gegend und entdeckten diesen Schatz.«

Ich lehnte mich gegen die kühle Felswand. »Wann und bei welcher Gelegenheit hast du deine schönste Höhle entdeckt?«

»1971, nachdem ich als Vermesser oben auf dem Königstein einen trigonometrischen Vermessungspunkt ausgerichtet hatte. Eine Pfadfindergruppe begleitete mich dabei. Beim Abstieg kamen wir um einen Felsen herum, da sah ich sie. Ich hatte bei dieser Höhle so ein merkwürdiges Kribbeln im Bauch: ›Also, wenn da keine Malereien drin sind, dann fress ich meinen Hut‹, sagte ich zu den anderen. Ich ging rein und blieb wie angewurzelt stehen. Eine irre Vielfalt! Vermutlich ist jahrtausendelang niemand vor dir drin gewesen, dachte ich. Von der Anzahl der Malereien war es wohl das Vielfache von dem, was du hier siehst. Vielleicht nicht ganz so brillant wie dies, aber doch großartig. Schlangenhöhle ist ihr Name, nach einer dort gemalten drei Meter langen Schlange. Wir vermuten, dass diese Schlange einen Wasserlauf symbolisiert.«

Joe und ich stiegen noch am selben Tag vom Berg hinab. Es wurde unerträglich heiß. Verschwitzt und durstig kamen wir am Auto an.

Unten leuchteten wieder die Blumen, Schmetterlinge tanzten. Aus einer Ritze zwischen zwei Felsen zwängte sich ein Bäumchen.

»Warum nur geht alle Welt zur White Lady? Wo es doch diese Schätze hier gibt.«

»Ist man gut so!«, sagte Joe Walter. »Diese Region ist viel zu empfindsam, als dass sie Tourismus in Massen vertragen würde. Was du da oben am Berg gesehen hast, sind unwiederbringliche Kulturschätze der Menschheit. Ich hoffe, dass die Felsmalereien bald als Weltkulturerbe unter den Schutz der UNESCO gestellt werden. Also lass uns zufrieden sein, dass alle Welt zur White Lady geht!«

Plötzlich durchdrang ein schrilles Pfeifen die Stille.

»Klippspringer«, bemerkte Joe trocken. Wie Springbälle federten zwei kleine gelbbraune Tiere von Fels zu Fels, verharrten, schauten neugierig zu uns herüber und verschwanden zwischen den Steinen.

Vom Brandberg aus rollten Juliana und ich durch das karge Damaraland nach Norden. Ziegen streunten auf der Fahrbahn, häufiger als anderswo sah ich *donkey carts*, von Eseln gezogene zweirädrige Karren, von denen Menschen zu uns herüberwinkten. Bizarre Granitscheiben reckten sich senkrecht in den Himmel, wie von riesigen Steinmetzen vom Berg abgespalten. Und überall traf ich auf Felsen, die ich in Anlehnung an ein berühmtes australisches Vorbild »Devil's Marbles«, Teufelsmurmeln, nannte.

Im Tagebuch notierte ich Folgendes:

Die Zäune sind verschwunden, die großen Farmen zurückgeblieben. Stattdessen entdecke ich kleine Hütten neben der Straße, Ziegen dafür auf der Fahrbahn, dann und wann einen donkey cart, hintendrauf Schwarze. Fröhliche Gesichter. Menschen, die den Fremden zuwinken. Auch die Landschaft verändert sich. Wie von den Bergen abgespalten stehen senkrechte, bizarr in den Himmel gereckte Granitscheiben aus Felsbergen vor. Runde, manchmal ovale, aber auch halbrunde Granitkugeln ruhen auf Felsbuckeln, die an die Rücken gigantischer Schildkröten erinnern. Darüber ein Himmel, so leuchtend blau, dass die Farbe fast das Auge schmerzt.

Es ist heiß. Trocken die Luft. Von fern dringt der schrille Schrei eines Vogels zu uns, Fliegen summen. Im Hintergrund mache ich Tafelberge aus. Willkommen im Damaraland, Namibias letzter großer Wildnis neben dem Kaokoveld.

Das Land wird karger, je weiter wir nach Nordwesten kommen. Wind ist aufgekommen, trägt roten Staub vor sich her. Millionen roter, scharfkantiger Steine bedecken den kargen Boden neben der Fahrbahn, ein Teppich der Erosion.

Dort, wo das sandige Bett des Huab Rivier die Pad 3214 kreuzt, besuchte ich einen alten Bekannten, Elias Xaogub. Der engagierte Damara hatte hier die Dinge beherzt in die eigenen Hände genommen und eine kleine Campsite mit liebevoll gemauerten Picknicktischen und Sitzgelegenheiten geschaffen, das Aba Huab Camp.

»Und das Schönste ist«, sagte Elias, »bei mir gibt's das kälteste Bier weit und breit.«

Doch da war noch etwas. Das Camp befand sich nur einen Sprung von einer der größten Felsgalerien Afrikas entfernt, den »Rock Art Sites«.

Uri-Aus, »plätschernde Quelle«, heißt dieser Ort in der Sprache der Damara. Ein völlig anderer Name als der, den ihm kurz nach dem Zweiten Weltkrieg die Weißen gaben: Damals erwarb ein Farmer namens Levin dieses Gelände für die Viehzucht. Doch er stellte enttäuscht fest, dass das Wasser nur noch müde tröpfelte. Mister Levin nannte die Quelle daraufhin »fragwürdige Quelle«, Twyfelfontein.

»Die Wissenschaftler glauben, dass die Nahrung jener frühen Menschen Niederwild war und der Darstellung der Giraffen, Elefanten und Nashörner auf den Felsen von Twyfelfontein eher spirituelle Bedeutung zukam«, sagte Elias, als wir die Felsgalerien im warmen Licht der Spätnachmittagssonne besuchten.

»Felsgravuren für mystische Zwecke, erstellt in Trance?«

»Komm mit«, sagte Elias, »es gibt Indizien dafür.« Er führte uns zu dem Bild eines Löwen. »Zähl die Krallen an den Tatzen.«

Ich zählte: »Jeweils fünf.«

»In der Natur aber hat der Löwe, was jeder weiß, nur vier.«

Wir gingen weiter.

»Erosion und der Hang heutiger Besucher, sich an den Petroglyphen zu verewigen, sind die größten Gefahren hier. Eine bearbeitete Felsplatte ist bereits verrutscht, eine andere zerbrochen.

Beeindruckend ist die abstrakte Darstellung zweier Nashörner. Auffällig ist der Löwe, dessen Schwanz im rechten Winkel nach oben hin abknickt.«

Wir suchten weiter und stießen auf eine Höhle, die in früheren Zeiten Hirten als Kral gedient hatte. An ihren Wänden entdeckte ich Bilder von Rindern.

»Was du als Indiz dafür nehmen kannst, dass sie weniger als 2000 Jahre alt sind. Denn erst zu jener Zeit kamen die ersten Rinder nach Namibia«, wusste Elias.

Mister Levin und seine Frau quälten sich 20 Jahre lang mit diesem trockenen Land ab. Ihre Kinder schickten sie nach Khorixas und Otjiwarongo zur Schule. Dann warfen auch sie das Handtuch.

Steinwüste auch, so weit das Auge reichte, als wir der Hauptstraße C 39 nach Westen folgten. Inmitten riesiger Geröllkegel entstand hier unlängst ein interessantes touristisches Projekt, das Damaraland Camp. Wir machten auf einer Reifen schindenden Steinpiste einen Abstecher dorthin.

Linus Hanibeb arbeitete hier als Tour-Guide. Sein Job war es, Gäste auf Exkursionen zu begleiten.

»Ich bin hier geboren«, erzählte uns der junge Mann. »In Bergsieg-De Riet, einem kleinen Dorf, in dem aber nicht nur Damara leben. Ich bin Riemvasmaaker«, fügte er vielsagend hinzu. Ich stutzte. Linus klärte uns auf: Ihren Namen, der auf deutsch etwa »Riemenfestschnürer« bedeutete, erhielten diese Menschen schon vor Jahrhunderten in Südafrika, wo sie ursprünglich lebten.

»Die Buren hatten meine Vorfahren zur Jagd auf Buschmänner angesetzt, die den Weißen das Vieh stahlen. Die Riemvasmaaker brachten die Buschmänner mit Riemen gefesselt zurück. Daher der Name.«

Man wies später den Riemvasmaakern Land in der nördlichen Kapprovinz am Orange River, nahe den Augrabies-Wasserfällen, zu. Generationenlang lebten sie dort – bis das südafrikanische Militär ihre Heimat im Handstreich beschlagnahmte und sie in die Steinwüste des Damaralandes abschob. Rund 25 Jahre lebten sie hier, dann, mit der Unabhängigkeit Namibias, durften sie ihr Schicksal selbst in die Hand nehmen. Rund 60 Prozent von ihnen kehrten nach Riemvasmaak zurück, wo sie ihre alte Heimatgemeinde weitgehend vom Militär zerstört vorfanden. Die anderen blieben.

Abends saßen wir vor unseren großen Safarizelten und studierten im Nachthimmel das Meer silbern glänzender Perlen. Einen solchen Himmel habe ich nur in der Klarheit der Wüste oder in der klirrenden Winterkälte Alaskas erlebt. Plötzlich huschte eine Sternschnuppe aus ihm hervor und verglühte. Die Vögel waren längst verstummt. Erst kurz vor Mitternacht kam ein Wind auf, der uns schnell vergessen ließ, dass die Tagestemperatur bei 35 °C im Schatten gelegen hatte. »… und morgen vermutlich wieder liegt«, bemerkte Juliana.

So lebte man im alten »Südwest«

»Ich bin mir sicher, dass meine Spurensuche hier im Nordwesten ein Volltreffer wird«, meinte ich zu Juliana, als wir in Richtung Etosha-Nationalpark fuhren.

Auf einer Fläche so groß wie Hessen tummeln sich hier am Rande einer salzverkrusteten Niederung mit Namen Etosha-Pfanne 50 000 Tiere – vom Sechs-Tonnen-Elefanten bis hin zum fünf Kilo leichten Dikdik.

Es ist noch gar nicht so lange her, dass die Haikom*, eine Untergruppe der San, hier durchzogen. Ich hatte interessiert das Wissen über sie gesammelt. Hatte mit Leuten gesprochen, die diese Menschen anders erlebt hatten als der durchreisende Besucher, der mit ihnen lediglich kränkliche, in Lumpen steckende dürre Gestalten assoziierte. Ich hatte einiges über die San gelernt, denn wann immer ich Gelegenheit dazu habe, besuche ich Ilse Schatz und Reinhard Friedrich, zwei Experten in der Region Tsumeb.

In ihrer Freizeit sammelt Ilse Schatz seit Jahren mit bienenhaftem Fleiß, was ihr sammelnswert erscheint, von der Kanone, die 1915 von der deutschen Schutztruppe im Otjikoto-See versenkt worden ist, bis hin zu Fragmenten der Sankultur.

Ich saß bei einer meiner letzten Reisen mit Ilse Schatz in ihrem Haus in der Ilse-Schatz-Straße in Tsumeb (in der Tat haben die

* Wegen der besseren Lesbarkeit wird auf die Darstellung der Klicklaute der Sansprache verzichtet.

Stadtväter bereits zu Lebzeiten eine Straße nach ihrer angesehenen Bürgerin benannt) und schmauste köstliche Omajova-Pilze.

Diese Frau steckt voller San-Geschichten, dachte ich, während ich ihr zuhörte. Klar, einen Großteil ihres Lebens hatte sie auf Farmen verbracht, auf denen auch San lebten. Zuerst war das im Gebiet von Grootfontein gewesen und später, nach ihrer Heirat (»natürlich mit einem Farmer«, hatte sie schmunzelnd hinzugefügt), war sie auf die Farm Otjiguinas gezogen, welche an den Otjikoto-See grenzt. Hier lebte sie unter Haikom-San.*

»Wie jede Farmersfrau hatte auch ich einen engen Kontakt zu meinen Mitarbeitern«, plauderte sie, bevor wir zum Nachtisch übergingen. »Waren sie krank, kamen sie zu mir, wurde ein Baby geboren, so musste die ›Missis‹ natürlich auch dabei sein. Und je älter ich wurde, umso mehr interessierten mich ihre Sitten und Bräuche. Oft hörte ich sie abends tanzen und singen. Sobald meine Kinder schliefen, trieb mich die Neugierde zu ihnen hinüber. Doch sobald sie mich sahen, hörten sie auf zu tanzen und zu singen.

Inzwischen hatte ich im Haushalt einen sehr begabten jungen Haikom. Er war auf unserer Farm geboren, hatte einige Jahre in Tsumeb die Schule besucht und sich auf den Namen Gustav taufen lassen. Er sprach perfekt Afrikaans, und wir zwei verstanden uns prächtig. Mit ihm eröffnete ich auf Otjiguinas eine kleine Buschmann-Schule. Gustav war unser Lehrer. In dieser Aufgabe ging er auf, und die Kinder der Farmer lernten mit Eifer Lesen und Schreiben.

Eines Abends berichtete er ganz aufgeregt: ›Heute abend heilen drei Medizinmänner Kranke.‹« Ilse Schatz sah auf: »Die Neugierde trieb mich hin, und als mich an diesem Abend der Medizinmann Garugu erblickte, bot er mir erstmals nach fast 20 Jah-

* Tipp: Von Ilse Schatz ist in Namibia ein kleines Buch mit dem Titel »Unter Buschleuten« erhältlich.

ren ohne ein Wort einen Baumstumpf als Sitzgelegenheit an und fuhr mit seinen Zeremonien fort.«

Dieser Tag war für Ilse Schatz der Durchbruch. Von da an erhielt sie immer Bescheid, wenn ein Fest oder eine Heilung anstand.

»Ich war bis dahin der Auffassung gewesen, dass das, was ich auf der Farm sah und hörte, die allgemein gültigen Sitten und Bräuche der Haikom seien. Doch von wegen.« Sie lachte. »Von ›allgemein‹ kann keine Rede sein. Wie sollten sie auch, Buschmänner waren nie ein Volk mit einem Oberhaupt. Immer hatten sie in Sippen nach den sehr individuellen Regeln ihrer kleinen Gemeinschaft gelebt. Die Buschmänner auf unserer Farm stammten von Namutoni, Otjikoto, Tsumeb, Guinas und Bobos. Und schon bei ihnen stieß ich auf große Unterschiede.

›Sitzend, verschnürt in einem runden Loch, bestatten wir unsere Toten, sodass sie mit dem Gesicht zur aufgehenden Sonne schauen‹, sagte mir der von Otjikoto. ›Ein Toter wird sitzend verschnürt in ein verlassenes Erdferkelloch gesteckt, welches man gut mit Steinen verschließt, aber sein Gesicht muss dabei gen Westen schauen, denn so wie die Sonne im Westen schlafen geht, so soll der Tote nun auch schlafen‹, sagte der von Namutoni.«

»Was bedeutet eigentlich Haikom?«

»Baumschläfer«, sagte sie.

»Wegen der Moskitos schliefen sie während der Regenzeit in Bäumen. Unter dem Baum stellten sie einen Rauchfang auf, den sie aus Holz und Bast hergestellt hatten. In diesem Rauchfang, dessen Öffnung an der Oberseite war, damit der Rauch nach oben hin abzog, machten sie ein Feuer aus Tamboti-Holz. Der Rauch vertrieb die Moskitos.

Die Haikom des Karstfeldes lebten in Sippen, von denen jede ein Oberhaupt hatte. Kein Sippenangehöriger durfte sein Grenzgebiet überschreiten, sonst hätte er mit der benachbarten Sippe Ärger gekriegt. Schoss man ein Tier an, das ins Nachbargebiet geflüchtet war, so durfte man es nicht weiterverfolgen.

Das Oberhaupt der Sippe am Otjikoto-See hieß Gakoweb. Doch alle nannten ihn nur Otjikoto. Das war sein Spitzname. Die Mitglieder der Sippe durften in Notzeiten nicht ohne weiteres Wasser aus dem See schöpfen. Erst mussten sie Gakowebs Erlaubnis einholen und ihm ein kleines Geschenk, eine Pfeilspitze oder Ähnliches, bringen.«

Ilse Schatz nahm ihr Glas und trank einen Schluck.

»Überhaupt, das Wasser ... Diese Menschen des Buschlandes waren nicht an Wasser in großen Mengen gewöhnt. Faktisch lebten sie nur von Regenwasser, das sie in den Felsspalten der Berge fanden. Einfallsreich, wie sie sind, drehten sie aus Bast und Fasern lange Seile, an denen sie Straußeneierschalen befestigten, mit denen sie das Wasser aus Felsspalten schöpften. Waren die Spalten zu eng, so befestigten sie an einem Seilende Kräuselgras. Das tauchten sie ins Wasser, zogen es hoch und sogen das Wasser aus den Halmen.«

Nach dem Essen gingen wir in den Garten.

»Komm«, sagte Ilse, »lass uns noch ein Stück durch Tsumeb bummeln.«

Im Oktober betört in der 17 000-Einwohner-Stadt ein Meer von Jacarandablüten, zu Beginn der Regenzeit duftet Frangipani, leuchten Flamboyantblüten und Bougainvilleen ergießen sich wie schwere Blütenteppiche über Steinwände. Wir bummelten Tsumebs Hauptstraße, die Main Street, entlang, tranken im gemütlichen Etosha-Café ein Tässchen Kaffee und landeten zum Schluss im kleinen Park, dem Museum gegenüber.

»Wir wollen uns auf eine Bank setzen«, schlug Ilse vor. »Schon die San kannten diesen Platz.«

Ein Bursche, kaum älter als 15 Jahre, hatte sich uns gegenüber hingeflegelt. Sein riesiges Kofferradio hatte er stolz ans Ohr gedrückt. Er grinste mich an. Nebenan war das schmucke Tsumeb-Museum, ein Stückchen weiter stand das alte Bürohaus des ehemaligen deutschen Bergwerksdirektors.

Es war verrückt. Überall stieß man in Tsumeb auf Bezugspunkte zu Deutschland. Wie Ilse Schatz … Auch wenn sie von einem Leben unter Buschmännern erzählte, konnte man sie sich ebenso gut bei einem Damen-Kaffeekränzchen in Hameln, Reichenhall oder Lübeck vorstellen.

»Wie war denn das Leben damals in Südwest?«, fragte ich sie.

»1929 wurde ich in Südwest geboren. Meine Eltern waren drei Jahre zuvor hierher ausgewandert.« Sie lächelte. »Mutter redete mit uns Kindern nur hessisch und Papa ›badenserisch‹. Mutter schilderte uns ihren Heimatort Langen so genau, dass ich mir im Geiste alles bestens vorstellen konnte: die alte Mühle am Bach, in der sie als Kind gewohnt hatte, den ›Vierröhrenbrunnen‹, den Lieblingsspielplatz der Langener Kinder, und den ›Stumpfeturm‹. Meine Fantasie kannte die Gassen, in denen sie mit Kreiseln und Murmeln gespielt hatte. Ich begegnete ihren Lehrern und Nachbarn.

Mutter und Vater hatten kein Geld, um Kinderbücher zu kaufen. Doch Mutter kannte alle Grimm'schen Märchen und konnte sie wundervoll erzählen. Wenn Vater bei Sonnenuntergang heimkam, begann er, von seinem Heimatort Ladenburg am Neckar zu erzählen. Bald kannten wir auch diesen Ort – und Papas Jungenstreiche dazu. Zum Entsetzen unserer Mutter lernten wir auch eine stattliche Anzahl Ladenburger Kraftausdrücke.«

Ilse Schatz zuzuhören war spannend wie ein Roman. Und während sie von »zu Hause« sprach und Deutschland meinte, regneten Jacarandablüten auf uns nieder.

»Vater war ein leidenschaftlicher Tänzer, Mutter konnte wunderbar singen. Häufig kam es vor, dass sie am Ofen stand und sang, Vater mit einfiel – nicht schön, aber laut – und uns nach und nach Walzer-, Schieber-, Tango- und Foxtrottschritte beibrachte. Bald kannten wir alle Schlager der Zwanzigerjahre. 1933 kam unser heiß ersehnter Bruder zur Welt. Doch ein Jahr später setzte starker Regen ein und wir erkrankten an Malaria.

Man behandelte uns mit Chinin, doch um unseren Kleinen stand es schlimm. Vater spannte den Ochsenwagen an, und die treue Buschmann-Seele Kasuppi hielt den Kleinen während der ganzen Fahrt zum Arzt in einem Kissen auf seinem Schoß. Derweil goss es in Strömen. In Grootfontein angekommen, spannte Vater die Tiere am Ausspannplatz aus, nahm den Kleinen auf den Arm und ging zum Arzt. Der gab unserem Bruder eine Injektion – doch auf dem Weg zurück zum Ochsenwagen starb er in Vaters Armen. Der Arzt hatte ihm eine falsche Spritze gegeben … Es folgten Gerichtsverhandlungen, und dem Arzt wurde die Approbation entzogen. Doch Mutter lachte jetzt nicht mehr und litt fürchterlich unter Heimweh. Vater pachtete daraufhin eine andere Farm. Das war gut, denn die neue Umgebung machte Mutter wieder fröhlicher.«

Ilse Schatz war nachdenklich geworden.

»Mutters größte Freude war, wenn ›Deutschlandpost‹ eintraf. Fuhr Vater in den Ort, warteten wir gespannt auf seine Rückkehr, und Mutter wurde immer aufgeregter. Kaum hatte sie Vater begrüßt, war ihre erste Frage: ›Hast du Briefe von zu Hause mitgebracht?‹

Die Jahre gingen dahin. Mit der Farmerei ging es aufwärts.

Eines Tages, ich war beim Kochen, weil sich Besuch angesagt hatte, machte es ›flopp‹ und das Gas war alle. Eine volle Flasche stand zwar neben der leeren, doch ich schaffte es nicht, ihren Verschluss aufzudrehen. Ich suchte nach einem passenden Schlüssel. Vergebens. Also fuhr ich kurz entschlossen zu einem Geschäft, um das richtige Werkzeug zu kaufen. Ein freundlicher schwarzer Verkäufer begrüßte mich und fragte, womit er dienen könne. Ich bat ihn um ein Werkzeug, mit dem ich die Flasche aufbekäme. Er: ›Ja, wie heißt denn das Werkzeug?‹ Ich: ›Das weiß ich doch nicht, Sie sollten mich beraten.‹ Er aber schüttelte nur mitleidig über meine Unwissenheit den Kopf. Das ging so einige Zeit hin und her, währenddessen überlegte er offensichtlich krampfhaft, wie er mir helfen könne. Dabei schaute er sehnsüchtig zur Decke, so als hoffte er, der Herr möge ihm doch eine Eingebung schenken. Und die kam …

Nach reiflichem Überlegen sagte er : ›Nee Mevrou, al wat jy kort is 'n sterk man.‹ (Meine Dame, alles, was Sie brauchen, ist ein starker Mann.) Daraufhin ging ich zum nächsten Verkäufer, und der konnte helfen.«

»Egal, welche Hautfarbe sie haben, die Menschen sind für mich der sympathischste Schlüssel zu diesem Land«, rief ich durch den rüttelnden Wind in Julianas Richtung und dachte dabei an meine letzte Begegnung mit Ilse Schatz. »Wir sollten ihrem Tipp folgen und dieses Mal die Farm Hedwigslust besuchen.« Ich dachte an die Initiative dort, die es sich zum Ziel gesetzt hatte, den San neue Perspektiven in einer sich rasant verändernden Welt zu eröfffnen.

Ich wandte mich Juliana zu. Sie hatte beide Füße auf das Armaturenbrett des Autos gestützt, die Knie angewinkelt, das Kinn auf eine Faust gelehnt und verträumt nach draußen geblickt. Der Wind spielte in ihren schulterlangen Haaren. Vermutlich hatte sie meine Worte gar nicht mitbekommen.

Vom Damaraland kommend, hatten wir Outjo erreicht. In fast gerader Linie zieht sich von hier die Straße C 38 nordwärts, ein gut ausgebautes Asphaltsträßchen, auf dem wir gen Etosha flogen.

»Wir müssen uns beeilen«, sagte sie.

Wir sollten auf jeden Fall Hedwigslust besuchen, beharrte ich im Stillen. Ich sah auf die Uhr.

»Hast Recht, in spätestens einer Stunde wird das Andersson Gate schließen.« Pünktlich in dem Moment, in dem das letzte Stück Sonnenball am Horizont verglühte, würde das südliche Parktor zum Etosha-Nationalpark unerbittlich dichtgemacht.

Perlhühner liefen aufgeschreckt über die Fahrbahn, Vögel tänzelten über dem Asphalt. Vermutlich jagten sie Insekten, dachte ich. Das lustig aussehende Warzenschwein schaute nur kurz hoch, als unser Geländewagen vorbeifuhr.

»Nur noch 50 Kilometer bis zur Etosha-Pfanne«, bemerkte Juliana und sah von der Karte auf.

Zwölf Millionen Jahre ist es her, dass die Wasser des Kunene River hier in einen Binnensee flossen. Als Veränderungen der Erdoberfläche den Fluss zum Atlantik umleiteten, kam das Aus für den See. Sand und Lehm nachfolgender Jahrmillionen füllten sein fast 300 Meter tiefes Bett, bis das heutige Landschaftsbild stand: eine weite, glatte, weiße Fläche, die nur während der seltenen großen Regenfälle von Ekuma- und Oshigambo-Fluss im Norden und dem Omuramba Ovambo im Osten gefüllt wird.

Zu sehen, wie sich die Etosha-Pfanne in einen durchgehenden See verwandelt, ist ein seltenes Ereignis. Die letzte große Flut kam 1978. In solchen Jahren lebt die »tote Wüste«. Das flache, aufgeheizte Wasser wird für kurze Zeit zum Abbild der Entstehung irdischen Lebens. Algen bilden sich, eine nahrhafte Suppe für Tiere, allen voran die Flamingos, ist bereitet. Für die huscht plötzlich ein geheimes Signal durch Afrika. Zehntausende folgen ihm, manchmal sind es Hunderttausende, bis zu einer Million. Im Nu färbt sich die Etosha-Pfanne von den Leibern der Flamingos rosa. Niemand weiß, wo und wie sie der Ruf erreicht, doch sie kommen aus den entlegensten Ecken des Kontinents, um dicht an dicht mit Pelikanen und Reihern am reich gedeckten Tisch der Natur zu tafeln – 1969 allerdings mit fast tragischem Ende. Nach den Regenfällen hatte die Sonne die Pfanne ungewöhnlich schnell trocken gebrannt. Mit dem Wasser verschwand auch das Futter für die noch flugunfähigen Flamingoküken. Da starteten Naturschützer die »Operation Flamingo«, fingen 20 000 Jungvögel per Hand und brachten sie in die noch Wasser führende Fischerpfanne bei Namutoni. Zwei Jahre später trocknete das Wasser erneut zu früh aus. Doch diesmal nahmen 30 000 Flamingoküken ihr Schicksal in die eigenen Fittiche. Eskortiert von ein paar erwachsenen Vögeln tippelten sie 80 Kilometer nach Norden. Einen Monat später sammelten sich die Überlebenden, immerhin 25 000 Jungvögel, im noch wasserreichen Ekuma-Delta.

Ich erinnere mich, wie ich als Heranwachsender die Tierfilme von Professor Grzimek auf der Mattscheibe des Schwarzweißfernsehers verschlungen habe. Ich sehe noch die riesigen Gnuherden in den Savannen Ostafrikas, den kecken Schimpansen, der im Studio vor laufender Kamera Purzelbäume schlug, und höre die freundliche Stimme eines Mannes, der Millionen Zuschauern die Wunder Afrikas in die guten Stuben der Sechziger- und Siebzigerjahre brachte.

Jetzt sah ich die Bilder live.

An dem ersten angesteuerten Wasserloch hielten sich die großen Tiere noch verborgen. Stattdessen entdeckten wir eine »Siedlung« mit putzigen, sichernd vor ihrer Haustür stehenden Erdhörnchen. Die Sonne hatte sich hinter einer düsteren Wolke verkrochen. Dann und wann tröpfelte es sogar. Allenfalls lokale Regenschauer, dachte ich. Nur ein paar Tropfen benetzten meine Haut, die Masse des als grauer Vorhang aus dem Himmel fallenden Regens verpuffte auf dem Weg zur Erde. Es war warm. 34 Grad, verriet mir das Thermometer.

»Fahr etwas langsamer.« Juliana hatte sich nach vorn gebeugt. »Da hinten auf der Straße steht ein Lkw, vielleicht ist da ein Löwe?«

Sie nahm das Fernglas, langsam rollten wir an den mächtigen MAN-Expeditions-Truck mit der Aufschrift »Gondwana Tours – Nairobi – Kapstadt« heran. Ein Dutzend Twens räkelte sich auf Sitzen und genoss aus höherer Warte den Blick über die Savanne. Jemand deutete auf einen Punkt im Busch. Ich reckte den Hals.

»Sieh mal, ein Gepard!«

80 Meter vor uns erhob sich der Sprintweltmeister, reckte sich genüsslich, verharrte und schaute dann zu uns herüber. Innerhalb von fünf Minuten entdeckten wir vier Geparden.

»Die haben ja Kragen?!« Juliana setzte das Fernglas ab.

»Diese ›Kragen‹ sind Radiosender!«

Etwa 100 Meter entfernt sah ich einen Pickup-Truck mit der Aufschrift »Etosha Research«. »Offenbar erforscht man hier die Lebensgewohnheiten der Geparden.«

Die Sprinter zogen, nach allen Seiten sichernd, über die Straße. Keine 200 Meter von uns entfernt, am anderen Ende der Fahrbahn, erkannte ich eine Giraffe. Seit sie die Geparden bemerkt hatte, waren ihre Bewegungen eingefroren. Aufmerksam starrte sie zu uns herüber. Doch die Geparden ignorierten sie.

Kurz vor Sonnenuntergang erreichten wir das Okaukuejo Camp und damit den Besucherliebling des Parks. Noch zögerten die regenschweren Wolken, ob sie ihre ganze Fracht über uns abladen sollten, zwischen ihnen blitzten die Strahlen der untergehenden Sonne.

Knapp hundert Jahre ist es her, dass man Okaukuejo als Befestigungsposten eines Sperrgürtels errichtete, um die sich ausbreitende Rinderpest in den Griff zu bekommen. 1953 kam der erste Wildhüter hierher. Heute bietet Okaukuejo ein Afrikaerlebnis der Extraklasse.

Zwei Stunden vor Mitternacht. Noch waren die Bänke hinter der Natursteinmauer am großen Wasserloch unterhalb des Camps voll besetzt. Mehrere 3500-Watt-Halogenstrahler ließen die afrikanische Wildnis wie eine Hollywood-Kulisse erstrahlen. Man nuckelte am Bier, plauderte leise mit Nachbarn, während Myriaden angestrahlter Insekten gegen den schwarzen Nachthimmel wie Funken von Wunderkerzen flimmerten.

Ich merkte, wie ein Ruck durch die Zuschauer ging.

»Ein Leopard«, flüsterte Juliana.

Da zerriss höhnisch, aber effektvoll das Lachen einer Hyäne die Stille.

Früh am nächsten Morgen waren wir wieder zur Stelle. Jetzt herrschte Hochbetrieb im Tierreich. Doch nur zögernd wagten sich Antilopen und Springböcke an die Wasserstelle – dort lauerte jetzt der Tod in Gestalt einer Löwin. Plötzlich kam Bewegung ins Bild: ein Elefant. Erregt wackelte er mit den riesigen Ohren, was so viel heißt wie »kein Platz für Zweisamkeit«. Die Löwin trollte sich. 50 Springböcke und acht Kudus schienen noch immer unentschlossen. Das änderte sich, als drei wonnige Warzenschweine nur fünf Meter von der Löwin entfernt zum Wasser trippelten. Das war das Signal für alle anderen. Vorsichtig tasteten sich die feingliedrigen Springböcke an die Tränke – vorsichtshalber ließen sie einen Sicherheitsabstand von 30 Metern zu ihrem Todfeind. An die Löwin schoben sich immer dichter die drei kecken Warzenschweine mit den witzigen, hauerbewehrten Schädeln heran. »Dumme Schweine« dachte ich, doch offenbar können die *warthogs* ihre Fluchtgeschwindigkeit bestens einschätzen. Fünf Meter, vier Meter ... die Löwin hob den Kopf. Was folgte, glich einer Explosion. Die Warzenschweine flogen förmlich auseinander und rasten mit steil aufgestellten Schwänzen davon.

Das letzte Königreich der Tiere

Unser Besuch der Etosha-Pfanne hatte eigentlich schon Wochen zuvor in Windhoek begonnen. Dabei hatte es dort zunächst nach allem anderen ausgesehen als nach Buschsavanne und dem König der Löwen. Wir hatten uns bis an die Peripherie der Stadt durchgefragt. Dort waren wir der Rendsburger Straße gefolgt, hatten die Nordlandstraße passiert und waren in die Eiderstraße eingebogen. Hier trafen wir auf Dr. Hartmut Winterbach. »Aber nur, wenn ich nicht gerade bei meinen Nashörnern bin«, hatte er uns zuvor avisiert.

Wir folgten dem freundlichen Wildbiologen in sein Büro. Überall sah ich Schädel. Aber was für welche! Hartmut Winterbach lud uns ein, Platz zu nehmen.

»Nashornschädel«, erklärte er.

Wir setzten uns.

»Zur Zeit arbeite ich für unser Nashornprogramm.«

Er sah mein erstauntes Gesicht: »Wir haben nur zwei Nationalparks, die groß genug und auch sicher genug sind, um Nashörner zu beherbergen. Die anderen sind entweder zu klein oder haben nicht die richtigen Lebensbedingungen oder aber es wird dort zu viel gewildert.«

»Was ist der Hintergrund für die aufwendigen Nashornprogramme?«

»Wir wollen nicht zu viele Nashörner konzentriert in einem Park haben. Die Gefahr besteht, dass bei einem Managementfehler oder aber Wilderei alle Tiere ausgerottet werden. Die Idee ist, Tiere in kleinen Gruppen, zum Beispiel zwei bis drei Bullen und zwei bis drei weibliche Tiere, an Farmer zu geben. Die werden zwar nicht die Eigentümer der Tiere, sind aber glücklich, weil sie auf ihren Gästefarmen eine zusätzliche Attraktion haben. Allerdings hat der Staat immer das letzte Sagen. Ein Nashorn benötigt in einer Buschsavanne nördlich von Windhoek etwa 1000 Hektar Fläche. Bei fünf oder sechs Nashörnern, bei denen auch innerhalb der nächsten Jahre noch mit Nachwuchs zu rechnen ist, benötigt man also eine Fläche von 10 000 bis 12 000 Hektar. Farmen, die für solche Programme in die engere Wahl kommen, sind auch bei uns selten.«

»Und wer trägt die Kosten?«

»Die Farmer, auch bei Dürre müssen sie für Futter sorgen. Unser Ministerium tritt erst wieder auf den Plan, sollten Tiere ausbrechen. Trotzdem sind zahlreiche *game ranches* unserem Anliegen gegenüber aufgeschlossen. Nashörner sind nun mal eine Top-Touristenattraktion. Nur die wenigsten Privatleute können es sich erlauben, solche Tiere zu kaufen. Für ein Spitzmaulnashorn legst du zwischen 100 000 und 150 000 Namibische Dollar auf den Tisch.«

Ich sah mich in Hartmut Winterbachs Büro um. Ich fühlte mich wie in der Requisitenkammer des Leinwandklassikers »Hatari«. An der Wand lehnte ein Gewehr. »Ein Betäubungsgewehr?«, fragte ich.

»Ja.« Hartmut Winterbach nickte, »das setzen wir ein, wenn wir unsere Nashörner von einem Park in den anderen umquartieren. Wir verfolgen das Tier vom Hubschrauber aus, um auszuschließen, dass es Probleme kriegt, Atem- oder Kreislaufprobleme. Es muss alles innerhalb von zehn Minuten abgewickelt sein. Kaum liegt das *rhino* betäubt auf dem Boden, kommt auch schon unser Truck mit dem Käfig. Wir ziehen das Nashorn rein und ab geht's ins neue Wildgebiet.«

»Ein ungeheurer Aufwand!«

Hartmut Winterbach tippte auf die Tastatur seines Computers und sah Zahlenlisten durch. »Sieh dir die Zahlen an: 1972 gab es noch 65 000 Spitzmaulnashörner in Afrika. Heute sind es gerade mal 3500.«

Hingeschlachtet, weil ihr Horn – nicht nur im Fernen Osten – als Potenzmittel geradezu mit Gold aufgewogen wird. Für ein Kilo Horn blättern die Endabnehmer in Hongkong oder Tokio 30000 US-Dollar auf den Tisch. Für sie und die Jemeniten, bei denen ein Dolchgriff aus Rhino-Horn als Symbol für Männlichkeit und Reichtum gilt, wurden in der Vergangenheit innerhalb von zwei Jahren allein im Etosha-Nationalpark 31 Spitzmaulnashörner getötet. Ein weltweites Handelsverbot konnte den Massenmord nicht stoppen. Mir war schon zu Ohren gekommen, dass Park Ranger klagen: ›Man spendet sehr viel für die Nashornforschung, aber viel zu wenig für ihren Schutz. Was nützt das beste Wissen, wenn es keine Nashörner mehr gibt!‹«

Ich interessierte mich für die Lebensbedingungen dieser Kolosse.

»Spitzmaulnashörner, wir nennen sie auch *black rhinos*, fressen überwiegend Busch«, wusste Hartmut Winterbach. »Sie wiegen etwa eine Tonne. Generell sind sie gefährdeter als die Breitmaulnashörner. Das Breitmaulnashorn oder *white rhino* ist weitaus schwerer. Es wiegt drei Tonnen und frisst Gras. Man sieht also, wie die Rahmenbedingungen sein müssen, wo wir unsere Tiere auswildern. Die Farmer müssen viel Zeit und viel Geld investieren. Aber sie tun es gerne. Sechs Farmer haben zur Zeit Nashörner in Obhut.«

»Hat denn die Wilderei zugenommen?«

»Zum Glück nein. Unser Programm ist eine Präventivmaßnahme.«

»Welche anderen Tiere sind in Namibia staatlich geschützt?«

»Der Löwe und der afrikanische Wildhund. Wenn solch ein Tier auf eine Farm kommt, muss es von den Naturschutzbehörden erst zum Problemtier erklärt werden, bevor es zum Abschuss freigegeben wird.«

»Und wie ist es mit Geparden und Leoparden?«

»Diese beiden Arten, aber auch andere Raubkatzen, sind sozusagen das ›Eigentum‹ des Farmers. Wenn er behauptet, sie stellten ein Problem für ihn dar, kann er sie fangen. Es gibt kein Gesetz, das ihn hindert.«

Bald nach unserer Ankunft in Okaukuejo trafen wir uns mit Peter Erb, dem leitenden Naturschutzbeamten im Etosha-Nationalpark, dem »Herrn« über 22 270 Quadratkilometer Fläche und 50000 Tiere.

Er selbst sah sich freilich nicht als solchen und winkte ab. »Wir sind die Helfer, damit Namibias letztes Königreich der Tiere überlebt. Wir könnten uns allerdings auf den Begriff ›Manager‹ einigen, denn ohne Wild- und Natur-Management sähe die Zukunft des Etosha-Parks düster aus.«

Was ich kaum glauben konnte, wenn ich an die Bilder vom Spätnachmittag am Wasserloch Olifantsbad dachte: 20 Meter vor mir hatten 50 Steppenzebras bis über die Hufe im Wasser gestanden und in langen Zügen Wasser getrunken.

Plötzlich war Bewegung in einen blattlosen Strauch gekommen. Gähnend reckte sich darunter eine Löwin, schlenderte zur Tränke, als gäbe es nichts Unwichtigeres als Zebras. Doch sie brachte das Wasser unter 400 Hufen zum Brodeln. Gelangweilt gönnte sich jetzt die Königin einen Schluck und zog weiter. Ich beobachtete, wie ein mächtiger Mähnenlöwe ihr wie ein Schatten folgte. Da – plötzlich tauchte ein Rivale auf. Wie ein Blitz flog der »Platzlöwe« auf den Herausforderer zu. 400 Kilo Muskeln, Krallen und Zähne prallten auf- und ineinander. Staub wirbelte. Blitzschnelle Prankenhiebe wurden ausgetauscht, und während der Herausforderer das Weite suchte, fand der Verteidiger die Belohnung in der Begattung seiner Löwin.

»In den 1970er Jahren hatten wir etwa 500 Löwen im Nationalpark, heute sind es gerade mal 200«, berichtete Peter Erb. »Ein Grund war das Nahrungsangebot. Mitte der Sechzigerjahre lebten hier 25 000 Gnus, heute sind es noch ganze 2500.

Mit dem Aussterben der Gnus war die Hauptnahrung und damit auch die Überlebenschance für die großen Raubkatzen dramatisch gesunken. Manche von ihnen verließen den Park, viele wurden draußen die Beute von Jägern.

Einer der Schwerpunkte unserer Arbeit ist derzeit das Monitoring, das Überwachen und Erfassen des Löwenbestandes. Wir wollen mehr über das Verhalten der Löwen erlernen. Dabei geht es auch darum, Verhaltensweisen im Zusammenhang mit dem Ausbrechen der Löwen zu erforschen. Ihr müsst wissen, der Etosha-Nationalpark ist zwar eingezäunt, aber Löwen sind clever. Sie nutzen die von Warzenschweinen und Stachelschweinen gegrabenen Löcher. Doch statt der Freiheit sehen sie sich den Farmern gegenüber, für die sie natürlich eine Bedrohung ihres Viehbestandes sind. Unser Löwe wird entweder gefangen oder – schlimmer noch – abgeschossen.«

Seit seiner Gründung durch die deutsche Kolonialverwaltung wurde der Etosha-Nationalpark zunehmend kleiner. Große Probleme für die Tiere brachte in den Sechzigerjahren der Odendaal-Plan, der Homelands für die schwarze Bevölkerung schuf. Gleichzeitig schrumpfte der Park von 99 526 auf 22 270 Quadratkilometer.

Ein 850 Kilometer langer Parkzaun folgte, um die Tiere vor Wilderern zu schützen. Doch er unterbrach uralte Wanderrouten, insbesondere jene der Gnus, die zuvor in Dürrezeiten zu Tausenden nach Angola gewechselt waren. Tückische Gefahren barg auch der Straßenbau. In Löchern, aus denen man Kies geschaufelt hatte, sammelte sich Regenwasser, das aufgrund der Bodenbeschaffenheit zur Brutstätte für Milzbrandbakterien wurde. 90 Prozent aller Gnus starben innerhalb dreier Jahrzehnte, der Bestand an Steppenzebras ging von 15 000 auf 5000 zurück. Milzbrand wurde auch der größte Killer der Elefanten.

»1300 Elefanten leben noch im Park. Das ist aber auch unsere Obergrenze. Vor Jahren mussten wir den Bestand um 500 Tiere reduzieren«, berichtete der Naturschützer Erb.

Ich fragte ihn nach der Zahl der Nashörner im Park. Als Antwort bekam ich ein Achselzucken und ein vielsagendes Lächeln, was ich etwa so deutete: In diesem sensiblen naturschützerischen Bereich gibt man nicht gern Zahlen preis.

»Sind die Tiere mit Sendern gekennzeichnet?«, fragte ich, da ich das schon bei Geparden und anderen Tieren gesehen hatte.

Peter Erb winkte ab. »Zu kostspielig. Die meisten *rhinos* sind mit Ohrkerben markiert. So stellen wir fest, welches Tier sich wo aufhält, welchen Lebensraum es bevorzugt und wie die Fortpflanzung ist.«

Trotz aller Eingriffe des Menschen empfand ich Etosha als ein kleines Paradies. Eine Insel, in der der Mensch trotz schwerer Eingriffe letztlich doch noch alles zum Besten fügte. Ich fühlte mich dort sehr unbeschwert und frei. Aus den geplanten drei Tagen wurden fünf. Ich hätte auch zehn oder zwanzig Tage bleiben mögen. In der Tat empfand ich Etosha als Arche Noah in diesem wuchernden Krebsgeschwür, das wir Menschen Zivilisation nennen. Klar, ein paar Survival-Spezialisten hatten bei dieser Rettungsinsel kräftig mit Hand angelegt. Sonst hätte es wohl kein »Paradies der Tiere« gegeben. Aber hatte nicht Noah das genauso gemacht?

Immer wenn wir abends am illuminierten Wasserloch von Okaukuejo saßen, war mir, als kämen die Tiere, um den Menschen für diese Arche zu danken. Und ich dankte ihnen für diese Begegnung. In einer Welt, in der sich daheim Lebensräume zwischen 80 und 150 Quadratmetern Wohnfläche bewegen, gehören Etosha oder der Fish River Canyon zu den wenigen Ökonischen, in denen man seine inneren Batterien aufladen kann.

Schon lange war es dunkel. Das Bier in meiner Hand war bereits lauwarm. Tausend und mehr Insekten wirbelten kunterbunt im starken Strahl der Scheinwerfer, wie Schneeflocken. Da war mir, als hielten wir alle fast gleichzeitig den Atem an. Es war, als würde ich dumpfe Tritte vernehmen, als würde bei den trinkenden Springböcken die angeborene Wachsamkeit in höchste Alarmbereitschaft umschlagen. Dann sah ich, wie kolossale anthrazitfarbene Körper sich aus dem Schwarz der nächtlichen Savanne schälten. Der Pulsschlag hinter diesen Bewegungen war gemächlich. Wie in Zeitlupe kamen die schweren Elefanten näher.

Ich zählte leise vor mich hin und kam auf 34. Große und kleine, Kühe und Bullen. Sie tranken, standen einander im Wasser gegenüber und wiegten wie gedankenverloren die Köpfe. Die Elefantenbabys, die kaum die Höhe der Knie der Großen erreichten, verschwanden in dem Knäuel der riesenhaften Leiber.

Ein Nashorn schien die Gesellschaft der Dickhäuter als bedrohlich zu empfinden. Fast leichtfüßig erhob sich der 1000-Kilo-Brocken aus seiner Mulde, in der er eben noch gedöst hatte, und kam auf den Steinwall zugelaufen. Wir hielten den Atem an.

»Hier, bitte nimm das Fernglas!«, sagte ich zu Juliana. Ich suchte eilig in meiner Fototasche nach dem Blitzlicht, wechselte das Teleobjektiv gegen die Normalbrennweite. Erste Blitze flammten auf.

»Kannst du erkennen, was genau es ist?«

»Vermutlich ein Spitzmaulnashorn.« Juliana suchte mit dem Fernglas den Randbereich oberhalb des Wasserlochs ab. Doch immer wieder tauchte das Tier seinen Kopf ins hohe, brüchige Gras.

Ich war ein Stück von ihr fort in Richtung der Mampf- und Brechgeräusche gegangen. Die Elefanten-Panoramashow im Hintergrund war einen Moment lang vergessen.

Bisher hatten wir auf dieser Reise noch kein Spitzmaulnashorn gesehen. Es gehörte zu den gefährdetsten Großsäugern. Deutlich konnte ich jetzt die spitzen Lippen erkennen. Der Koloss hob den Kopf, schaute verunsichert in die Richtung der Besucher. Auch die Springböcke, Dauergäste am Wasserloch, hatten sich bei der Ankunft der Elefanten ein Stück zurückgezogen.

»Komm«, sagte Juliana, »morgen früh wollen wir zeitig los!« Sie ist viel vernünftiger als ich. Ich habe nur eine geringe Neigung zum Frühaufstehen, dafür gehe ich viel zu gerne spät zu Bett.

Natürlich ließen wir in dieser Nacht unsere guten Vorsätze sausen. Natürlich wäre es vernünftig gewesen, nicht zu spät unter die dünne Haut des Leinenschlafsacks zu kriechen, denn es war kühl geworden. Am Wasserloch war jetzt ein Kommen und Gehen wie in der beliebtesten Einkaufsstraße meiner Heimatstadt zur Vorweihnachtszeit.

»Nur noch zehn Minuten«, sagte ich.

Die Reihen neben uns hatten sich schon merklich gelichtet. Grillen zirpten. In der Luft schnurrte und surrte es, dann und wann klatschte es, wenn ein großes Insekt den heißen Strahlern zu nahe gekommen war.

Entlang der Etosha-Pfanne

Das war offensichtlich nicht meine Stunde. Ich gähnte herzhaft, stieß mir beim Aussteigen aus unserem Camper den Schädel am Türrahmen, dann trat ich mir einen spitzen Dorn durch die Gummilatschen in den Fuß. »Autsch!«, grummelte ich und sank ermattet in unseren Campingstuhl, den wir über Nacht neben dem Landcruiser hatten stehen lassen. Juliana muss Mitleid empfunden haben, denn sie goss fast kochend heißen Kaffee in meinen Becher und schob ihn mir in die Hand. Ich verbrannte mir die Finger.

»Autsch«, sagte ich. Juliana lächelte und verschwand im Wagen. Ich hörte sie werkeln. Sie ordnete bereits die Dinge für unsere Etosha-Exkursion.

Mit der Gelenkigkeit eines Bären nach siebenmonatigem Winterschlaf bewegten sich auch die Gestalten auf der nächsten Campsite, die meine Augen im aufsteigenden Kaffeedampf nur wie in einem milchigen Nebel ausmachten. Es waren zwölf junge Leute. Auf ihren Gaskochern zischte es. Aus großen Kesseln holten sie sich heißes Wasser für ihre Instant-Kaffees.

Auf der Tür des Trucks konnte ich unter dem Namen der Reisegesellschaft noch die Angaben »Kapstadt«, die Telefonnummer und den Hinweis »Der ultimative Kick für alle jungen Leute zwischen 18 und 28« erkennen.

»Autsch!«, die Dritte! Juliana spritzte mir beim Nachgießen ein paar Tropfen des heißen Kaffees auf die Finger. Langsam kehrte das Leben in meinen Körper zurück.

Die da drüben haben dir einiges voraus, dachte ich, jedenfalls eine Nasenlänge mehr »Jugend«. Aber geht es nicht um etwas ganz anderes? Ich musste an einen 60-Jährigen denken, dem die Ärzte gesagt hatten, er sei wohl zu krank zum Arbeiten. Er selbst sah das allerdings entschieden anders. Ich traf ihn zwischen Cairns und Cloncurry, im australischen Outback, im Schatten eines Eukalyptusbaumes. Sein Hund saß neben ihm und wedelte fröhlich mit dem Schwanz. Die beiden waren zwei Jahre lang zu Fuß rund um Australien gezogen. Sie hatten mich angestrahlt und der Mann hatte geschworen: »Ich fühle mich so fit wie nie zuvor!«

Die frühe Sonne zauberte einen Hauch ihrer glühenden Scheibe auf die Kante des Horizonts. Wenig später war aus dem roten Strich eine flimmernde Halbkugel geworden. Mir war, als hätte sie ein Stück aus dem Horizont herausgebissen. Die Akazien warfen lange Schatten. Einige junge Leute auf der Campsite neben uns plauderten jetzt schon etwas angeregter, andere starrten noch muffelig in ihre Kaffeetassen.

Ich hörte das Trompeten eines Elefanten. Aus dem Dörfchen der schwarzen Parkarbeiter an der Peripherie des Besuchercamps dröhnten aus Kofferradios afrikanische Klänge. Ich meinte, auch Trommeln zu hören.

Ich stand auf, ging zum Gaskocher und goss mir den Rest des Kaffees ein. Angenehm warm waren die Strahlen der Morgensonne. Würziger Duft von Erde und Tieren, von Staub und einem Hauch Feuchtigkeit lag über dem Land. Ein Gelbschnabeltoko hopste auf den Ast eines Zweiges über mir.

»Heute könnte ich Bäume ausreißen!«, sagte ich zu Juliana und reckte mich.

Sie sah mich auffordernd an: »Fang schon mal damit an, deinen Schlafsack zusammenzurollen und das Auto aufzuräumen.«

134 Kilometer sind es zwischen den beiden Parkzentren Namutoni im Osten, nahe dem Von-Lindequist-Gate, und Okaukuejo im Süden. Eine Distanz, die auf einer bundesdeutschen Autobahn bequem in einer Stunde zu bewältigen sein dürfte, am Rand der Etosha-Pfanne aber locker zu einem fast zweitägigen Sightseeing-Trip wird.

Wie ein mächtiges Gewölbe hob sich eindrucksvoll der mit Kumuluswölkchen dekorierte blaue Himmel gegen das flimmernde Weiß der Etosha-Pfanne ab. Weit in der Ferne erkannte ich helle Sand- und Staubwolken, die wie lang gezogene Nebel über den See trieben. Unbeeindruckt lag eine Oryxantilope auf dem trockenen Boden und döste.

Über den trutzigen, weißen Wänden des wie für alle Ewigkeit gebauten Fort Namutoni flatterte bei unserer Ankunft die namibische Flagge. Omutjamatunda hatten die Einheimischen diesen Fleck genannt.

Wer zuletzt lacht, lacht am besten, dachte ich. Eine Hand voll deutscher Schutztruppler hatte eine Übermacht von Ovambos hier zurückgeschlagen. Heute wehte hier die Flagge der damals Unterlegenen. So viel zur Geschichte. Jetzt übernachten aus aller Welt angereiste Touristen in diesem Bollwerk, in dessen Innenhof Bougainvilleen und Hibiskus blühen. Mir schien es eher zu einer Burg am Rhein als in den tropischen Norden Namibias zu passen.

Als die Schutztruppe ankam, stand hier bereits ein Kral der Ovambo. Die Kolonialverwaltung beabsichtigte, nach dem Ausbruch der Rinderpest von 1886 hier einen Kontrollposten zu errichten – so entstand der Vorgänger von Fort Namutoni. Man fühlte sich auf diesem entlegenen Außenposten sicher. Ein Fehler, wie sich bald herausstellte. Am 28. Januar 1904 griffen 500 Ovambo das Fort an. Für die Schutztruppler war es ein Glücksfall, dass gerade drei Siedler zu Gast waren.

Einen halben Tag lang tobte der ungleiche Kampf. Dann

flüchteten die Ovambo, auch die Verteidiger machten sich aus dem Staub. Namutoni wurde kurz darauf von den Ovambo niedergebrannt, jedoch nach dem Ende der Herero-Kämpfe in der heutigen Form wieder aufgebaut. 1938 schlug hier ein Blitz ein. Man wollte Fort Namutoni abreißen, entschied sich im letzten Moment aber dagegen.

Friedlich war die Atmosphäre von Namutoni, als wir durch die parkartige Landschaft bummelten. Vögel sangen, Schmetterlinge nippten an leuchtenden Bougainvilleablüten.

Unweit von Namutoni befindet sich die Fisher's Pan. Noch heute erlebt man an ihr Bilder wie 1851, als der erste Weiße, ein Schwede namens Carl Andersson hier ankam. Zweieinhalb Jahrzehnte später schrieb der Amerikaner Gerald McKiernan: »Auch wenn alle Menagerien der Welt ihre Pforten öffnen würden, nichts würde diesem Bild gleichkommen.«

McKiernans Aussagen gelten noch immer. Wir verließen die asphaltierte Parkstraße und zweigten zum Wasserloch von Klein-Namutoni ab.

»Schau mal!« Juliana reichte mir das Fernglas.

Deutlich erkannte ich die Konturen eines Nashorns, das sich aus dem graugelben Busch wälzte. Zwei Oryxantilopen hoben kurz die Köpfe, dann konzentrierten sie sich auf die wenigen Grashalme auf dem Boden. Auf einem Ast hockte mit frechem Gesicht ein Gelbschnabeltoko. Dieser unausgewogene Körperbau! Dieser kleine Kopf im Vergleich zu dem riesigen Schnabel! Mit diesem hackte er jetzt auf einen Ast, erwischte offenbar einen Käfer, zerknackte und verspeiste ihn.

Die Sonne stand bereits tief. Gnadenlos pünktlich würden die Parktore zum Sonnenuntergang schließen. Wir mussten uns beeilen.

Die Nacht verbrachten wir auf dem Campingplatz von Namutoni. Am anderen Morgen – das Gate des Camps war mit dem ersten Sonnenstrahl geöffnet worden – fuhren wir erneut zum

Wasserloch von Klein-Namutoni. Wir waren die ersten Menschen, doch mehrere Hundert Etosha-Bewohner hatten sich zum Rat der Tiere versammelt: eine riesige Zebra-Herde, sechs Giraffen, vier Oryxantilopen, ein Sprung Impalas. Im Wasser verharrten regungslos drei Flamingos. Die Marabus ließen sich jetzt neben ihnen nieder. Zwölf Gnus tasteten sich vorsichtig heran und tranken. Eilig verließen die meisten die Wasserstelle. Bis auf Mutter Gnu, die irritiert ihrem Jungen hinterhersah, das mit staksigen Beinen und hilflos blökend um unser Fahrzeug rannte. Doch wohlbehalten fand das Junge zur Mama zurück, steckte den Kopf zwischen deren Beine, erwischte nach ein paar ruckenden Kopfbewegungen ihre Zitzen und begann genüsslich daran zu nuckeln.

Plötzlich kam Bewegung in die Tiere. Wie auf Kommando stürmten alle Hals über Kopf davon.

Fehlalarm.

Wie Statuen verweilten zwei Giraffen am Ufer, regungslos. Wachsam blickten sie in die Ferne. Dann fasste sich die erste ein Herz, spreizte die Beine und begann umständlich, als hätte sie Gicht, mit gestrecktem Hals zu saufen. Ein gefährlicher Moment für eine Giraffe, denn jetzt ist sie anfällig gegenüber Löwenangriffen. Doch Löwen sahen wir an diesem Morgen nicht.

Es galt aufzupassen, als wir abends von Namutoni aus auf der Straße C 38 in Richtung Tsumeb fuhren. Pralle, schwarzweiße Zebrahintern versperrten uns die Fahrbahn. Seelenruhig folgten sie dem Band der Straße, ihre Körper warfen lange Schatten.

Die C 38 trifft rechtwinklig auf die B 1, den »Transnamibia Highway«, der Namibia von Noordoewer im Süden über Windhoek, Otjiwarongo und Tsumeb im Norden mit dem Ovamboland verbindet.

Wir folgten der B 1 ein Stück und bogen auf Farmpads in Richtung Tsintsabis ab. Die teilweise riesigen Ländereien der weißen

Farmer endeten hier. Während nach Süden hin ein fast geometrisches Geflecht rechtwinklig aufeinander zulaufender Erdstraßen existiert, ist nördlich von hier Wildnis. Die Farmer hier leben im Grenzbereich, »Tür an Tür« mit den San.

Ich lenkte den Landcruiser von der Straße auf eine Farmpad. Dann standen wir vor der Farm Sachsenheim. Wann immer ich hier bin, statte ich Gerd Sachse einen Besuch ab. Ich parkte unseren Geländewagen auf dem Campingplatz in der Nähe seines Hauses.

»Kommt rüber auf einen Drink«, lud Gerd uns ein. Er spricht ein hartes Deutsch, einen eigentümlichen, sympathischen Sprach-Cocktail, angereichert mit Wörtern des Afrikaans, der Sprache der Buren.

Gerd Sachse lachte: »Meine Familie ist ja auch schon seit 1865 im Land.«

Sein Urgroßvater war Missionar der Berliner Mission gewesen. »Später hat die Familie mit der Landwirtschaft begonnen.«

»Wie groß ist Sachsenheim?«

»10 000 Hektar.« Gerd Sachse wiegte den Kopf. »Gerade mal groß genug, um zu überleben.«

»10 000 Hektar – das sind doch 100 Quadratkilometer!«

»Das ist vielleicht viel in Deutschland, aber nicht hier. Du musst die ›Verbuschung‹ des Landes bedenken, und wenn du die abziehst, bleibt nicht viel übrig«, warf Gerd ein. Er sah mein fragendes Gesicht. »Verbuschung als Folge der jahrzehntelangen Beweidung durch Rinder. Jetzt breiten sich Büsche aus, die das Weidegras verdrängen.«

»Wie viele Nutztiere habt ihr auf der Farm?«

»350 Rinder und 70 Schafe.«

Um wirtschaftlich bestehen zu können, schwenkte Gerd Sachse auch auf Jagdsafaris und den Tourismus um. Auf meine Frage nach der Anzahl von Wild auf Sachsenheim schüttelte er den Kopf: »Ich weiß es nicht … Der Busch ist zu dicht, das Gelände zu unübersichtlich. Einigermaßen verlässliche Zahlen gibt's nur über meine Giraffenpopulation – so zwischen 100 und 120 Tieren.«

Die Liste der übrigen Farmbewohner klingt wie das Who's who der afrikanischen Fauna: Elenantilope, Warzenschwein, Kudu, Oryx, Kuhantilope, Zebra, Schakal, Hyäne und Dikdik.

»Einen Teil meines Wildbestandes verkaufe ich lebend an *game farms* in Südafrika und Botswana. Die Trophäenjagd zwischen Mai und Oktober ist ein anderes wirtschaftliches Standbein.«

»Könntest du so leben, so isoliert? So abgeschieden?«

Juliana sah mich an, antwortete aber nicht, während ich der Fahrspur aus Sachsenheim heraus folgte. Wir hatten schon so oft über dieses Thema gesprochen. Mich bedrückt Abgeschiedenheit und Isolation nicht. Ich würde gern dieses Leben leben. Sie ist lieber unter Menschen.

»Und was heißt überhaupt isoliert? Tiere gibt es hier in Hülle und Fülle und immer wieder kommen Gäste. Die nächsten Nachbarn sind auch nur zehn oder zwanzig Kilometer entfernt.«

Ein anderer, der die Einsamkeit liebt, in ihr sogar aufwuchs, ist Reinhard Friedrich.

»Nein, nein, so einsam war es gar nicht«, korrigierte er mich. »Ich hatte viele Spielgefährten. Es waren Haikom. Mit ihnen wuchs ich auf, von ihnen erlernte ich ihre Sprache.«

Mir war bekannt, dass die San eine der phonetisch kompliziertesten Sprachen der Welt sprechen. Durchsetzt mit einer Vielzahl unterschiedlicher Schnalz- und Klicklaute, die in schneller, wechselnder Folge der Sprache beigegeben werden.

Reinhard Friedrich spricht nicht nur deren Sprache, er denkt auch wie die San. Er ging mit ihnen zur Jagd. Von diesem Erfahrungsschatz zehrt er noch heute, wenn er seine Gäste über das Gelände seiner Farm führt. Auch ihm macht die Verbuschung seines 4850 Hektar großen Besitzes zu schaffen.

»Von der Landwirtschaft allein kann ich nicht mehr leben. Meinem Großvater reichten noch acht Hektar Land, um ein Rind halten zu können, heute benötigst du dafür 20 Hektar. Und dann die Kostenexplosion! Ein 3-Tonnen-Kleinlaster, für den ich 1980 noch 23 Rinder zahlte, kostet mich heute genau 130 Rinder!«

Wir setzten uns unter einen Tamboti-Baum. Reinhard Friedrichs Frau Yvonne bereitete das Abendessen. Vor uns flackerte das Lagerfeuer. Unser Gastgeber plauderte über die Haikom, ihr Leben und ihre Bräuche.

»Es erscheint einem merkwürdig, wie sie sich verhalten, wenn man ihnen etwas schenkt. Das Geschenk wird unter allen Stammesmitgliedern aufgeteilt. Jeder bekommt etwas. Das ist Teil ihrer Lebensstrategie, denn mal findet der eine etwas, mal der andere. Immer teilen sie. Wenn ein Kind ein Bonbon erhält und es sind sechs Freunde da, wird das Bonbon in mehrere Stücke gebrochen. Derjenige, der geteilt hat, kann oft nicht bis sieben zählen und steht ganz zum Schluss ohne Süßigkeit da. Ihm bleibt nur, sich die Finger abzulecken. Aber damit ist er zufrieden, er hat wenigstens keinen Streit verursacht. Den zu vermeiden, ist sein oberstes Gesetz, denn Konflikte kosten unnütz Kraft.«

Wie ein gleich bleibender Hochfrequenzton erfüllte das Zirpen der Grillen die Luft. Gegen 23 Uhr schwoll es an zu einem lautstarken Konzert.

Reinhard Friedrich wies in den Baum über uns. »Der Tamboti ist für die Buschmänner ein sehr wichtiger Baum. Sie schätzen ihn, weil sein Holz gut brennt, auch wenn es nass ist. Sein Rauch vertreibt Insekten, und die teerartige ›Milch‹ im Stamm verwenden sie als Pfeilgift, das sie anderen Giften beimischen.

Reinhard stand auf und ging in die Hütte nebenan. Ich hörte ihn rascheln. Mit ein paar Pfeilen, wie sie die San verwenden, kam er zurück. »Ein sehr gefährliches Gift, das die östlich von hier in der Kalahari lebenden Kung-San benutzten, stammt von der Larve eines Käfers. Dieser Käfer legt zwischen Dezember und Januar seine Eier auf einen Strauch, der nur in der Kalahari vorkommt. Die Raupen schlüpfen und kriechen runter in den Boden, etwa 30 bis 40 Zentimeter tief, wo sie einen Kokon bilden. Die Kung merken sich den Standort und graben, wenn es so weit ist, unter den Sträuchern. Aus dem Kokon ist jetzt eine Käferlarve geworden. Sie reißen ihr das Vorderteil ab. Dabei muss der Buschmann höllisch darauf achten, dass er keine Wunde an den Händen hat. Die Larve wird von hinten nach vorn regelrecht ausgequetscht. Der Saft wird auf eine Pfeilspitze aufgetragen. Vorzugsweise geschieht das in der Nähe einer Flamme, um das Trocknen zu beschleunigen. Das so entstandene Gift ist hochwirksam. Es wird gleichermaßen geschätzt wie auch gefürchtet.«

Sein Wissen hatte Reinhard Friedrich schon früh über die Grenzen der Region hinaus bekannt gemacht. »Eines Tages kamen die Filmemacher von Walt Disney und fragten mich, ob ich Interesse hätte, als Buschmann-Sachverständiger an einem Dokumentarfilm mitzuarbeiten. Einem der Darsteller, der großmütterlicherseits von Buschmännern abstammte, brachte ich die notwendigen Wörter und die sechs unterschiedlichen Klicklaute der Buschmann-Sprache bei.

Später kamen Journalisten und schrieben sowohl über den Film als auch über mich. So entstand bei mir die Idee, mein Wissen über die San mit anderen zu teilen.«

Er stand auf, nahm die Petroleumlampe und geleitete uns zu einer seiner traditionellen San-Hütten, die er für sein Unternehmen »Muramba Bushman Trails« gebaut hatte. Sie erinnerte mich an einen großen Bienenkorb.

»Etwa 30 000 Buschmänner leben heute noch in Namibia, sehr grob geschätzt, denn eine Zählung wäre schwierig und vermutlich auch ungenau. Mit denen, die in Botswana, Angola und in Südafrika leben, schätzt man ihre Population auf insgesamt 80 000 bis 100 000. Die meisten der namibischen San leben das traditionelle Leben nicht mehr. Sie meinen, dann als rückständig und dumm zu gelten. In mancherlei Hinsicht ist das schade. Nimm zum Beispiel diese traditionelle Hütte, deren Bauweise effizient bei Hitze, aber auch bei Kälte ist. Heute leben die San in Blechhütten, in denen sie im Sommer fast verbrennen und im Winter erfrieren. Obwohl das Blech rostet, gilt es als modern. Keiner will in die altbewährten Hütten zurück.«

Der Umbruch begann für die namibischen San, als das südafrikanische Militär zum Kampf gegen die SWAPO nach Norden verlegt wurde. Vorher hatten viele San noch als Nomaden oder als Farmarbeiter gelebt. Damit war es jetzt vorbei. Sie galten in den Augen der Militärs als exzellente Spurensucher. Daher wurden sie als Spezialisten zur Verfolgung schwarzer Terroristen umworben und eingesetzt. Ihr Lohn war hoch, allerdings hatten sie zum Geld keinerlei Bezug. Eine 100-Rand-Note galt für sie weniger als eine Flasche Wein, die man im Laden für fünf oder zehn Rand kaufen konnte. Die San wurden ausgebeutet. Die Alkoholabhängigkeit unter ihnen stieg.

Abend- und Morgenstunden sind in Afrika die Stunden der Aktivität. Wir standen am nächsten Morgen früh auf und folgten dem Omuramba Ovambo, einem Trockenfluss. Die wenigen Regentropfen der vergangenen Nacht lagen noch auf den Gräsern und den Blättern der Büsche. Auf den Ästen einer Makalani-Palme stand regungslos ein Marabu.

Reinhard Friedrich lenkte seinen Wagen zu einem zwei Meter hohen Termitenhügel. Er stieg aus. Wir folgten ihm.

»Esst ihr Termiten?«

»Nein!« Juliana schüttelte sich. »Warum?«

»Nun, wenn die Termiten ausschwärmen, beginnt für fast alle Lebewesen Namibias das große Fressen. Es kommen Raubtiere, sogar Leoparden, die Eulenfamilien, später die Marabus und Störche, Adler, Falken, die Frösche am Abend. Der Ochsenfrosch, der zum Hügel kommt, wird von den Buschmännern dankbar als Beigabe mit nach Haus genommen und verspeist. Aber es kommen auch die Schlangen, Skorpione, Spinnen und Ameisen.«

»Wie viele Termiten leben denn in solch einem Hügel?«

»Unzählige, wir fangen bis zu 18 Kilo pro Hügel.«

»Und wann schwärmen sie?«

»Das hängt immer vom Regen ab. Es müssen 20 bis 30 Millimeter gefallen sein. Windstille und Wärme sind ideal. Wenn die Bewohner eines Hügels fliegen, schwärmen auch die anderen aus, wie abgesprochen, wie synchronisiert. Ich habe noch nie erlebt, dass sie früher als acht Uhr fünfzig vormittags oder später als zehn nach neun erschienen sind. Meist sogar auf die Minute genau um neun!«

Wir gingen zu einem anderen Termitenhügel. Reinhard zeigte auf einen großen weißen Pilz.

»Ein Omajova-Pilz. Er wird von den Termiten gezogen.«

Er sah wohl unsere ungläubigen Gesichter.

»Ich halte die Termiten für die größten Ingenieure. Die Temperatur in ihrem Bau halten sie konstant auf 31 °C, sommers wie winters. Die Luftfeuchtigkeit drinnen liegt gleich bleibend bei 90 Prozent. Das ist wichtig für das Wachstum des Omajova-Pilzes. Zuvor haben sie einen Pilz draußen abgetragen und in Stücke geschnitten. Sie haben zu diesem Zeitpunkt einen Nährboden vorbereitet, auf den die Sporen fallen. Daraus wächst der Pilz.«

Wir gingen zum Auto zurück.

»Manche Leute fahren 500 Kilometer weit, um solche Delikatessen zu finden, sie schmecken köstlich. Der Buschmann sammelt nur Pilze, die auf Termitenhügeln gedeihen. Er weiß, dann sind sie genießbar. Übrigens wird der Omajova bis zu eineinhalb Kilo schwer.«

Als wir uns verabschiedeten, fragte Reinhard Friedrich: »Wo geht es als Nächstes hin?«

»Richtung Caprivi und weiter nach Botswana.«

Er sah mich mit schelmischem Lächeln an. »Pass im *bushmanland* und in Botswana auf … da gibt es noch den Brauch, als Liebeserklärung so genannte ›Liebespfeile‹ abzuschießen. Man nimmt dazu einen winzig kleinen Bogen aus dem Horn einer Oryxantilope und einem Sehnenstrang. Der Pfeil wird aus einem Grashalm hergestellt. Der verliebte Buschmann folgt nun heimlich seinem Mädchen, wenn es Wurzeln, Beeren oder Nüsse sammeln geht. Geduldig wartet er. Irgendwann schießt er ihr versteckt einen kleinen Pfeil auf den Hintern. Ignoriert sie den Pfeil oder zertritt sie ihn, gilt das als Korb. Hebt sie ihn auf oder gibt sie ihn dem Jäger zurück, dann willigt sie zur Hochzeit ein.«

Caprivi-Poker

Von der Region Tsumeb wollten wir nach Norden in Richtung Caprivi-Zipfel fahren. Wir hatten unsere Skepsis angesichts der derzeitigen politischen Situation zunächst einmal hintangestellt. Während der politischen Ruhe, die dem namibischen Anhängsel nach der Unabhängigkeit auch touristischen Aufwind verschafft hatte, hatte ich Caprivi immer wieder mal besucht. Dabei konnte ich mit Freude verfolgen, wie der Trans-Caprivi-Highway von einer gnadenlos Achsen und Reifen killenden Schlaglochpiste zum glatten Asphaltband mutiert war. Doch innerpolitische Konflikte im Süden Angolas waren zeitweise auch auf den Norden Namibias übergeschwappt. Und hatten bei uns zu der Frage geführt: »Ist es sicher genug, dort entlangzufahren?«

»Wenn wir erst mal Katima Mulilo im Osten des Caprivi-Zipfels erreicht haben, sind es doch nur noch ein paar Stunden, bis wir an den Victoriafällen sind.«

Juliana hatte mit dem Sicherheitsrisiko gekontert. »Jeder empfiehlt, sich zwischen Divundo und Kongola einem Militärkonvoi anzuschließen.«

»Richtig«, beharrte ich. »Aber sollten wir nicht erst einmal losfahren und sehen, wie sich die Situation im Nordosten überhaupt darstellt?«

»Und bedenke Simbabwe ...«, warf Juliana ein. »Jede Menge Überfälle auf weiße Farmer, politisch motivierte Gewalttaten, bei denen, wenn es hart auf hart kommt, auf die Polizei kein Verlass sein dürfte.«

Ich hatte mir strikt vorgenommen, vorsichtig zu sein.

»Nicht bei Nacht über Land fahren«, hatte man uns immer wieder geraten und: »Das Fahrzeug innen verriegeln!«

Ich nahm die Tipps ernst. Andererseits waren wir oft genug in Afrika unterwegs gewesen und wussten, dass hier nicht immer alles so heiß gegessen wird, wie es in den Medien bei uns in Europa gekocht wird. Aber meine inneren Sensoren waren ausgefahren.

»Wir werden vorsichtig sein«, beruhigte ich Juliana, »bislang konnten wir immer auf unser Quäntchen Glück vertrauen.«

Also fuhren wir los. Ich hatte eine Fahrt in Etappen geplant. Zwei Tage nach unserem Besuch bei Reinhard Friedrich statteten wir der Ombili-Buschmann-Initiative auf der Farm Hedwigslust einen Besuch ab.

Es war später Nachmittag, als wir dort ankamen. Vor halbrunden, spartanischen Holzhütten brannten kleine Feuer, vor denen zierliche Frauen und Kinder saßen. Der Himmel war schwer, ein Regenguss kündigte sich an. Gelegentlich brach ein Lichtstrahl durch das Grau des Himmels. Im Dorf war es still, obwohl die Menschen sich unterhielten. Mir war, als läge ein Hauch von »heiler Welt« über dem San-Camp, obwohl die Welt, aus der diese Menschen kamen, in Scherben lag.

Wir bummelten durch dieses kleine Dorf, in dem die Ombili-Stifung mehr als 350 San ein neues Zuhause gibt. Ombili ist eine Initiative, die entstand, als der namibische Unabhängigkeitskampf vorbei war und die vom südafrikanischen Militär als Spurenleser eingesetzten San plötzlich »überflüssig« wurden. Einer ihrer Kommandanten hatte sich Hilfe suchend an den zwischenzeitlich verstorbenen Farmer Klaus Mais-Rische gewandt. Der hatte der Aufnahme der San auf seiner weitläufigen Farm zugestimmt. So entstand die Ombili-Stiftung.

»Wir haben hier auf der Farm Hedwigslust eine große Landbauschule«, sagte mir Beate Mais-Rische. »Die San erlernen bei uns die den Nomaden nicht vertraute Sesshaftigkeit, sie bekommen Anreize für die ihnen nicht vertraute feste Arbeit, sie können allerdings auch gehen, wann immer sie wollen, oder auch hier ihrem Sammlertrieb folgen.«

Dafür stellt ihnen Beate Mais-Rische ihre beiden Farmen von zusammen 10 000 Hektar zur Verfügung.

»Doch Buschleute, die in der Wildnis aufgewachsen sind, zieht es immer wieder hinaus in die Einsamkeit«, hörte ich sie sagen.

»Früher kamen sie während der Trockenzeit auf meine Farm, um bei der Ernte zu helfen. Doch sobald der Regen fiel, bekamen sie Heimweh und zogen los in die Weite des Buschlandes, um zu jagen«, waren mir Reinhard Friedrichs Worte in Erinnerung.

Das machten nur ganz wenige von denjenigen, die auf Ombili lebten.

Neun Zehntel aller namibischen San sind Analphabeten. In Ombili darf jeder zwischen sechs und sechzehn Jahren die Schulbank drücken. Noch lebt man in der blitzblanken Siedlung zwischen zwei Welten. »Anfangs wurde hier noch gezaubert«, sagte man uns. »Unsere Zauberer waren bis Windhoek und Swakopmund bekannt, von wo die Hilfesuchenden angereist kamen. Sie nannten die Zauberer ›Doktor‹, doch das ging auf Dauer nicht mit den Stiftungszielen einher.«

Vor einer kleinen Rundhütte sah ich eine blutjunge Mutter, kaum älter als 14 Jahre. Die San heiraten früh – eine Praxis, die sie auch hier beibehalten haben.

Während unseres Bummels durch das weitläufige Gelände von Ombili war die Sonne gesunken. Nur ein sanfter goldener Schleier war hinter den Schirmakazien verblieben. Wir gingen zurück zum Haus, in dem hier gefertigte Handarbeiten und Straußeneierschalen, wie sie seit Jahrtausenden als Trinkgefäße verwandt wurden, angeboten wurden.

»Einer der Besucher hier hat kürzlich gesagt, unsere Schule würde die Menschen nachteilig beeinflussen. Ein anderer meinte, man solle die Buschmänner nicht ›zivilisieren‹, damit ihre Familienstrukturen ›heil‹ blieben. Ich sage, es ist ein unrealistisches Wunschdenken, das idealisierte Bild des ›freien Nomaden‹ zu pflegen. Es gibt ihn nicht mehr. Früher wurden sie nur durch Farmgrenzen eingeengt, heute ist bedingt durch die Geburtenexplosion der Landbedarf und damit der Druck von außen auf sie stärker denn je. Buschmänner haben immer überlebt, durch Anpassung. Sie werden es wieder tun, diesmal als Farmer.« Diese Worte des Experten Reinhard Friedrich könnten meine sein.

Wir fuhren von Ombili nach Tsumeb und Grootfontein, um Post aufzugeben, Einkäufe zu tätigen, zu tanken und die tausenderlei kleinen Dinge zu erledigen, die für den »großen Sprung«, wie ich ihn nannte, hoch zu den Victoriafällen erforderlich waren.

»So über den breiten Daumen gepeilt, dürfte der große Sprung rund 1000 Kilometer lang sein.«

Juliana rechnete anhand der Kartenangaben nach.

»Die Straße zwischen Grootfontein und Rundu ist glatt wie eine Flugrollbahn«, sagte ich, »gerade, wie mit dem Lineal gezogen.«

Legte man europäische Maßstäbe an, reichte Namibia von Hannover im Norden bis Rom im Süden und in Ost-West-Richtung von Berlin bis weit hinter London. Das musste man sich klar machen, wollte man Namibias fernen tropischen Zipfel erkunden. Bis zur Unabhängigkeit war der Caprivi-Zipfel ein strategisch wichtiger Brückenkopf im Kampf gegen die »Rebellen« der SWAPO. Heute sind ein Drittel des Zipfels Wildreservate und Nationalparks.

»Die Motive, sich für den Caprivi-Zipfel zu interessieren, haben sich über die Jahre geändert«, sagte ich zu Juliana. »Vergiss nicht, sein Geburtsort war ein Pokertisch der Weltgeschichte.« Im Jahr 1890 war das gewesen, als die alten Rivalen England und Deutschland sich gegenseitig auf ihre militärischen und kolonialen Interessen hin abklopften. Was dabei herauskam, hieß »Helgoland-Sansibar-Vertrag«: Sansibar ging an England, Helgoland und ein 20 englische Meilen breiter Landkorridor, der fast bis an die Victoriafälle reichte, fiel Deutschland zu. Jetzt hatte der Kaiser Zugang zum Sambesi und damit Marscherleichterung zu seinen ostafrikanischen Kolonien. Als Dank für den Verhandlungserfolg bekam der Zipfel den Namen des deutschen Chefunterhändlers Reichskanzler Graf Leo von Caprivi.

250 Kilometer zieht sich der Highway B 8 wie mit dem Lineal gezogen von Grootfontein nach Rundu, wo er scharf nach Osten, Richtung Caprivi und weiter Richtung Victoria Falls abknickt. Endlose Buschsavanne säumt die Fahrbahn, immer größer werden die Bäume – der Regen fällt hier üppiger als anderswo.

»Nördlich des Seuchenzauns beginnt Schwarzafrika«, hatte ich immer wieder in Windhoek gehört. Dieser mehrere Meter hohe Zaun, der die tropischen Tierkrankheiten des Nordens von dem ertragreichen Landwirtschaftsgürtel des Südens fern halten soll, zieht sich nördlich von Grootfontein wie ein Einschnitt quer durchs Land.

An diesem Abend notierte ich in mein Tagebuch:

Ein schwarzer Kontrolleur fragt am Seuchenzaun nach dem Pass. Woher, wohin? Er vergleicht die Autonummer mit meinen Papieren. Notiert die Passnummern. Dann öffnet sich der Schlagbaum und wir sind mittendrin in Schwarzafrika. Eigentümlich, es geschah so schlagartig. Schwarze Frauen mit Lasten auf den Köpfen schlendern in graziler Haltung neben dem Highway zu ihren Bomas – Schilfhütten, rund, inmitten eines Gevierts, das durch Holzpalisaden außenherum geschützt ist. Männer schleppen zusammengetragenes Brennholz.

Zwei schwere Ochsen ziehen einen hölzernen Frachtschlitten über den Boden. Ein sechsjähriger Junge treibt die Ochsen an. Ein alter, gebrechlicher Mann mit einem Stock und einem Beutel über der Schulter schlurft von der Feldarbeit heim. Ich erkenne Zeichen von Brandrodungen.

Es ist, als sei das Licht hier weicher als anderswo in Namibia. Die Konturen zarter, augenfreundlicher. Ein Hauch von Tropen, der Atem Schwarzafrikas liegt hier über dem Land. Der Geruch von Staub und Kochfeuern.

In der Ferne schieben sich Gewitterköpfe über den Horizont: weißgrau, rötlich, bläulich, alles in zarten Pastellfarben. Die Zielgerade Richtung Caprivi tut dem Auge gut. Von Kilometer zu Kilometer wird das Land grüner. Und irgendwann in diesem Farbspiel knallt einem die grellgelb gepinselte Wellblechbude ins Auge, daneben ein unangemessen überdimensionales Schild mit der protzigen Aufschrift: »Chicago Inn. Cold drinks!«

Kinder tänzeln im Sambaschritt über die Straße. Ochsen und Rinder werden nach Hause getrieben. Überall winzige Dörfer. Schwarzafrika dringt kontinuierlich, begierig nach Süden.

Ich sehe Frauen Schubkarren, auf denen Wasserkanister stehen, zur Wasserstelle schieben. Ein zwölfjähriger Junge, der mit einer Schleuder einen wachtelartigen Vogel erlegt hat, winkt uns zu. Doch ich muss aufpassen: Kühe überqueren die Fahrbahn.

Es herrscht Not. Der Ackerboden ist nicht mal aufgekratzt, staubig ist er, zu trocken. Wie soll da etwas wachsen? Ein Mann, nur mit einem Stock, an den er Plastikfähnchen gebunden hat, treibt seine beiden Ochsen an, die einen Schlitten mit zehn Zentimeter breiten Kufen ziehen. Darauf poltern Wasserfässer.

Es wird dämmerig. Nur noch ein paar Holzschnitzer und Souvenirverkäufer harren am Straßenrand aus. Originelle Holzflugzeuge sind der letzte Schrei, gut einen halben Meter lang, daneben bunte Armee-Jeeps. Jetzt ist es dunkel. Runter vom Gas, sei vorsichtig. Man trifft sich jetzt auf dem Highway: kleine Gruppen von sechs, acht oder zehn Menschen. Ein gebeugter Mann in zerrissenen Kleidern mit zwei schweren Baumstämmen auf dem Rücken wankt schwerfällig zu seiner Hütte. Dort flackert ein kleines Feuer, wie überall hier. Elektrizität ist in den winzigen Strohhüttendörfern unbekannt. Draußen sitzt man rund ums Kochfeuer.

Vorsicht! Schwarzafrika ist gefährlich bei Nacht. Dem ersten unbeleuchteten Traktor mit überbreitem Arbeitsgerät weiche ich aus. Der nächste ist hinten zwar unbeleuchtet, vorn aber blenden seine in alle Richtungen stehenden Scheinwerfer die Entgegenkommenden.

An der Tankstelle in Rundu tankte ich für den langen Weg nach Osten voll. Eine dürre Gestalt schob sich dicht an mich heran. Die zerrissene Khakijacke des Burschen schlotterte um den mageren Körper. Er streckte mir die offene Hand mit den zu Krallen gebogenen Fingern entgegen. »Bushman«, drang es aus dem fast zahnlosen Mund, als sei es das Zauberwort, das Geldbeutel öffnet.

Nachfahren der »edlen Wilden« der Kalahari schlurfen heute in dieser trostlosen Kulisse zwischen stinkenden Autos durch Öl und Staub. Bettelnd tasten sie sich von Wagen zu Wagen, kassieren ein paar Cent hier, ein paar Cent dort. Bis zum Ende der Fünfzigerjahre lebten zahlreiche von ihnen im Caprivi-Zipfel. Dann aber proklamierte man den Wildpark und sie mussten Tieren weichen. Die Letzten gingen freiwillig während der Unabhängigkeitskämpfe.

Die Asphaltstraße von Rundu nach Osten verläuft parallel zum Kavango River. Er ist die Lebensader hier. Bei Bagani beginnt der Caprivi-Zipfel, 32 Kilometer breit, so wie es beim Politpoker von 1890 bestimmt worden war. Nahe der gesichtslosen Siedlung Bagani befinden sich die Popa-Fälle des Kavango, unser Etappenziel.

Es war dunkel, als wir dort ankamen, doch dann kletterte der Vollmond über die Büsche und leuchtete im dichten Dunst, der über den tropischen Wäldern lag, zehnmal so groß wie daheim. An einem Seitenarm des Flusses fanden wir das Popa Falls Camp. Das Gurren von Tauben erfüllte die Luft, ein anderer Vogel pfiff ein grelles Kommando.

Am Morgen danach wurden die Stimmen der Nacht von denen Abertausender fidelnder Grillen abgelöst. Dschungelerlebnisse auch am Boden: Da war die schmarotzende Würgefeige, die durch intimes Umschlingen ihrem Wirt den Todeskuss gab. In schwermütiger Pose hing über einem kleinen Seitenarm des Kavango eine mächtige Bananenblüte herab.

»Vor rund 14 Tagen wachte nachts einer meiner Gäste auf, weil er draußen vor seinem Zelt merkwürdiges Schnaufen und Rupfgeräusche hörte. Er blickte hinaus – und sah einem Flußpferd geradewegs in die Augen«, erzählte uns Frank Malgas, der dunkelhäutige Campmanager. Den Eingang seines Büros hatte er mit zwei riesigen Elefantenschädeln dekoriert.

»Die stammen alle von verendeten Tieren aus dem Mahango Game Reserve.«

Frank Malgas bat uns in sein Office. »Setzt euch.«

»Können wir hier Infomaterial über die Nationalparks kaufen?«

Er sah mich bedauernd an. »Caprivi ist touristisch noch ein Neuling, auch was seine Nationalparks anbelangt.« Er zuckte die Achseln. »Gedrucktes Material ist rar.«

Doch dann suchte Frank im Schreibtisch, fand einen eselsohrigen Zettel und strich ihn glatt. Er stöberte nach einem Kugelschreiber oder Bleistift.

»Warte«, sagte ich und sprintete zum Wagen, um von dort ein Schreibwerkzeug zu holen. Frank nahm meinen Stift und begann eine Karte zu zeichnen. Er schien mit seinem Werk zufrieden zu sein.

»15 Kilometer sind es von hier zum Parktor. Nach einem weiteren Kilometer erreicht ihr den Mahango Omuramba. Von dort braucht ihr nur noch dem Pfad entlang dem Trockenfluss zu folgen.«

Mahango wird eine großartige touristische Zukunft haben. Vor Jahren begann man, das Wild hier per Helikopter zu zählen.

Das Ergebnis war stattlich: 64 Flußpferde, 103 Säbelantilopen, 34 Krokodile und 319 Elefanten. Für eine Fläche von nur 2450 Quadratkilometern ist das ein gewaltiger Bestand.

Unsere erste Begegnung war allerdings eher bescheiden: zwei Schildkröten, die im Vertrauen auf die Rücksicht des Autofahrers im Schneckentempo über die Pad zogen. Nicht so gelassen sah das die Warzenschweinmutter, die mit ihren beiden Jungen mit steil aufgerichtetem Schwanz davonsauste. Regungslos, mit weit abgestellten Lauschern, beäugte uns ein Kudu. Daneben stolzierte, so als scherte ihn das alles nicht, ein Straußenhahn. Dann ging es Schlag auf Schlag: elf Kudus, dreißig Impalas, ein Dutzend Leierantilopen. Für eine gelungene Dramaturgie sorgte obendrein der Himmel: Bilderbuchhaft hoben sich weit ausladende Bäume gegen korkenzieherartig gezwirbelte Wolken ab. Gewitter lag in der Luft. Und silbern glänzten die Wasser des Kavango.

Der Spätnachmittag hatte noch andere Paukenschläge parat: einen mächtigen Elefanten, der sich, keine 50 Meter von uns entfernt, aufgeregt mit wackelnden Ohren im Kreis drehte; die sinkende Sonne, deren glühender Ball sich geradezu kitschig-schön in den breiten Schirm einer Akazie schob. Afrika, wie es schöner nicht sein könnte! Ein Paradies ohne Schatten, fast …

»Bisher gab es keine Löwen im Park«, hatte Frank Malgas gesagt. »Was natürlich problematisch ist, denn unsere Antilopen vermehren sich viel zu rasant.«

»Kürzlich allerdings gab es ein Löwengastspiel«, erinnerte sich Frank. »Doch anstatt im Park altersschwache Tiere zu jagen, riss das Löwen-Duo in den umliegenden Dörfern acht Rinder.«

Es ist das Wasser, das Caprivi zu einer der außergewöhnlichsten Reisedestinationen macht. Von Namibias fünf ganzjährig Wasser führenden Flüssen fließen drei hier: Okavango, Kwando und Sambesi. In regenreichen Jahren überfluten sie große Landesteile und bilden den Liambezi Lake.

Dort, wo Caprivi aufgrund seiner dichten Vegetation am »afrikanischsten« ist, liegt malerisch an einem Arm des Kwando River die Lianshulu Lodge.

Es war bereits dunkel, als wir dort ankamen; flackernde Petroleumlampen beleuchteten schwach den Weg. Den Rest erledigten die Sterne. Bis Mitternacht quakten die Frösche mit der Klangfülle eines Opernchores. Wir saßen in leinenbezogenen Stahlrohrsesseln auf der Terrasse der Lodge und fühlten uns wie in einem Hollywoodfilm. Dazu passte der elegante dunkelhaarige Kellner, der uns mit einem höflichen Lächeln kühle Getränke servierte.

Nur einen Steinwurf entfernt, gluckste träge der Kwando River. Könnte ich durch das hohe Schilf am Ufer des Flusses hindurchsehen, würde ich drüben, auf der anderen Seite des Wassers, Botswana liegen sehen.

»Bitte zum Abendessen kommen.« Der schwarze Kellner war zu uns getreten. Ich erhielt den Platz neben Ralph Meyer-Rust, dem Gastgeber.

»Geboren bin ich in Nigeria, in Ostafrika wuchs ich auf, ging dann nach Südafrika, Botswana, Simbabwe und blieb vor mehr als zwanzig Jahren in Namibia hängen«, umriss Ralph kurz seinen Werdegang. Dabei hätte er genauso gut in einer norddeutschen Kleinstadt leben können: Sein Hochdeutsch war gepflegt und so akzentfrei, wie seine Haare blond waren.

Ich kannte ihn bereits. Er war jener Ralph, der sich bei unserer Ballonfahrt im Namib Rand Nature Reserve in 2000 Metern Höhe mit dem Paraglider aus dem Korb des Ballons gestürzt hatte.

»Schon vor der Unabhängigkeit, als in Caprivi das Militär noch das Sagen hatte, habe ich Besucher durch den entlegenen Zipfel geführt.« Er goss mir einen guten Tropfen ins Glas.

»Das war zwar wegen der damals vielen einzuholenden Permits kompliziert, doch so nahm meine Liebe zu den Sümpfen und Flüssen hier Gestalt an. Irgendwann habe ich dann mit Partnern die Lianshulu Lodge gebaut. Dass später hier der Mudumu Nationalpark entstand, konnte uns natürlich nur recht sein.«

Urtümlich und urgemütlich war das Innere der Lodge, deren Reetdach auf riesigen Baumstämmen ruhte. Die offenen Wände schafften den fließenden Übergang zum tropischen Grün am Ufer des Kwando draußen. Über der Bar grinste mich ein riesiger Kaffernbüffelschädel an. Darauf saß eine Eule, die die Gäste mit wachsamem Blick zu mustern schien.

»Die ist echt ...« Ralph Meyer-Rust lachte. »Sie war ein Findelkind, wurde hier großgezogen und gehört seitdem zur Familie.«

Barbie, die Managerin, und ihr Mann Andrew, der ebenfalls in der Lianshulu Lodge arbeitete, saßen auch mit am Tisch.

»Habt ihr das schon immer gemacht, ich meine als Lodge-Manager auf solch einem traumhaften Fleckchen Erde zu arbeiten?«

»Nein.« Barbie schüttelte den Kopf. »Andrew ist von Beruf Arzt. Die ganzen letzten Jahre hatten wir schwer geschuftet. Dann dachen wir, dass es an der Zeit sei, uns eine Auszeit zu gönnen.« Sie lachte. »Andrew ist jetzt unser Hausmeister hier.«

Ich hatte Schwierigkeiten, dem Gespräch mit Ernsthaftigkeit zu folgen. Die Eule war näher gekommen, hatte sich einen Kugelschreiber vom Empfangstresen stibitzt, balancierte ihn im Schnabel und ließ ihn auf die Erde plumpsen. Barbie kannte dieses Spiel offenbar. Sie nahm den Stift hoch und legte ihn erneut auf die Platte. Die Eule grabschte mit den Fängen danach, nahm ihn in den Schnabel, um ihn sofort wieder fallen zu lassen.

Ich ging zu Juliana hinaus auf die Terrasse. Im Südwesten von uns erstreckte sich das Binnendelta des Okavango, die Okavango-Sümpfe. Riesige Naturschutzgebiete im Nachbarland sorgten für eines der größten Tierrefugien, das noch weitgehend intakt war: Moremi Game Reserve und Chobe Nationalpark, mit der größten Elefantendichte auf Erden.

Das Plätschern des Kwando River drang zu uns. Die meisten Tiere hatten sich zurückgezogen. Die Nachtaktiven lauerten jetzt auf ihre Beute. Einzäunungen gab es hier übrigens nicht …

Ein Dutzend brennender Petroleumlampen säumten die Wege zu den Hütten der Lodge. Nur die Frösche lärmten bis Mitternacht. Kurz nach fünf Uhr morgens wurde ich wach. Ich rieb mir die Augen, hörte genauer hin. Hunderte von Vögeln begrüßten singend den Tag.

Der träge Kwando bestimmt das Leben hier. Hippos, Flusspferde, balgen sich in ihm. Südöstlich der Lianshulu Lodge verfächert er sich zu den Linyanti-Sümpfen. Krokodile, Moorantilopen und Wasser-Kudus leben an ihm. Der Kwando River trägt nun bald schon den Namen Mashi, dann heißt er Linyanti, danach Itenge und letztlich Chobe River – ein Fakt, das dem Reiseberichterstatter das Leben nicht gerade erleichtert!

Gestern noch hatte ein Parkangestellter uns beruhigt: »Jetzt, in der heißen Jahreszeit, sind Krokodile nicht an Land, sondern im kühlen Wasser.«

Als ich zum Restaurant ging, nahm ich unterhalb meines Wegs eine blitzschnelle Bewegung wahr. Ich erstarrte. Ein Krokodil! Nicht allzu groß, vielleicht drei Meter lang, aber immerhin … Erneut schoss es vor. Irgendetwas hatte sich im Gras bewegt. Wir lachten, als wir feststellten, dass es die Düse eines Gartenschlauchs war. Grinsend zog ein schwarzer Gärtner, der das Krokodil aus sicherer Entfernung beobachtete, den Schlauch zu sich heran. Wodurch er zwei weitere Attacken des hungrigen *croc* auf den Gartenschlauch provozierte.

Wir stillten unseren Frühstücksappetit im Restaurant. Dort verabredeten wir uns mit Ralph Meyer-Rust zu einer Motorbootfahrt.

Tausende von Seerosen bedeckten den Kwando wie ein grüner Teppich, aus dem gelbe, rosa und weiße Blüten leuchteten. In den Wellen, durch den Bug des Bootes in Bewegung gesetzt, brach sich das Licht des Morgens. Was für eine verschwenderiche Pracht.

Was ich zuvor für das anderer Flussufer gehalten hatte, entpuppte sich als Insel.

»Die Insel gab es früher nicht. Sie entstand, als der Fluss sein Bett veränderte«, sagte Ralph. Mit leisem Summen seines Outborders glitt unser Boot durchs Wasser.

»Wie sieht es hier mit Wilddiebereien aus?«

»Wir wissen, dass Caprivi den höchsten privaten Waffenanteil in Namibia hat – legal und registriert. Ob die Menschen die Waffen hier einsetzen als Kompensation für ein Rind, das der Löwe ihnen weggeholt hat … ich weiß nicht.« Alles Weitere blieb unausgesprochen.

»Eins ist gewiss, während des langen Krieges wurde das Wild von den Soldaten *just for fun* geschossen. Heute wird es erlegt, weil die Menschen Hunger haben.«

Ralph drosselte den Motor. Vor uns, allenfalls 30 oder 40 Meter entfernt, tummelten sich zwei Dutzend Flusspferde im Wasser. Es wirkte, als spielten sie. Doch Flusspferde sind gefährlich. Es heißt, die meisten Todesfälle in Afrika, die von Tieren verursacht werden, gehen auf ihr Konto. Es war ein munteres Plätschern, Gähnen, man zeigte sich die Zähne, kurzum, es war die Stunde der Großmäuligkeit.

»Komisch«, sagte Juliana, »Nilpferde sind schon lange am Nil ausgestorben und haben so gar nichts von Pferden an sich.«

Ich hatte gehört, dass der längste je bekannt gewordene Hauer eines Bullen 64,5 Zentimeter lang gewesen war. In früheren Jahren waren die Zähne der Flusspferde begehrter als die Elfenbeinzähne von Elefanten. Der Grund: Die Hauer wurden im Laufe der Zeit nicht gelb und waren beliebt als menschlicher Zahnersatz.

In einem Seitenarm des Kwando entdeckten wir eine Flusspferdfamilie. »Der Bulle, sein Harem und die Jungen«, erläuterte

Ralph. Langsam glitten wir vorbei. Ich war froh, dass unser Boot eindrucksvoll groß war, denn gereizte Bullen tauchen nicht selten ab, um dann mit Schwung von unten einen Einbaum durch die Luft zu wirbeln.

Uferbäume spiegelten sich im Wasser. Still lagen Seerosen auf der Oberfläche. Wir glitten hindurch. Ein Rotbauchreiher verharrte bewegungslos auf einem Stein. Zwei große Sporengänse schritten gravitätisch durchs seichte Uferwasser. Nirgendwo empfand ich Namibia tropischer, exotischer, verführerischer und vielfältiger als hier.

Katima Mulilo, die Hauptstadt des Caprivi-Zipfels, war das Kontrastprogramm zur Stille der Lianshulu Lodge. Klapprige Autos dröhnten durch die Straßen. Kofferradios röhrten, man führte stolz seine Hupen vor. Da die Zentralregierung weit entfernt ist, gab es hier auch mehr Schlaglöcher in den Straßen als anderswo. Verfall machte sich auch dort breit, wo vieles noch gar nicht zu Ende gebracht worden war. Überall aber sah ich Tankstellen und kleine Supermärkte zur Versorgung des Hinterlandes.

Vom zentralen Markt prallte uns schwarzafrikanisches Leben entgegen. Was den Auslagen an Fülle fehlte, ersetzten Radios an Lautstärke. Frauen in leuchtend bunten Kleidern trugen ihre entzückenden Kinder in Tüchern am Körper. Die Düfte, die mir vom Markt entgegenschlugen, waren derb. Fisch, geräuchert und gesalzen. Rauch biss in die Nase. So grell wie die Farben der Kleider, so prall, laut und animierend war das Leben in Katima Mulilo.

Ich habe die Vision, dass diese Stadt eines Tages an der »Hauptstraße« Afrikas liegen wird, der Trasse von West nach Ost. Das gäbe Katima Mulilo jenen Impuls zurück, der durch den Abzug des südafrikanischen Militärs abhanden kam. Sicherlich wäre es auch eine Bestätigung des Reichskanzlers Graf von Caprivi, bei dessen Ringen um den Zipfel die Vision eines Zugangs nach Ostafrika schon auf dem Verhandlungstisch lag.

Es war später Nachmittag. Auf dem Markt wurde es ruhiger. Wir bummelten durch das »Caprivi Arts & Cultural Centre«. Ein junger, unternehmungslustiger Einheimischer namens Moses Nasilele hatte es initiiert. Er war wohl Mitte dreißig. Er hockte zwischen den Masken und meterhohen Holzfiguren, führte Buch, tippte Zahlen in seinen Computer und ging Listen durch.

»Nach der Unabhängigkeit war es mein Ziel, das handwerkliche Potenzial der Menschen hier zu nutzen, ihre Kunst zu entwickeln,« sagte er mir.

Ich dachte an Annaleen Eins, die Direktorin der National Art Gallery of Namibia, die Ähnliches berichtet hatte. »Wir schicken Trainer in die entlegenen Regionen Namibias, um die Menschen in traditionellen Fertigkeiten wie Schnitzen und Töpfern unterrichten zu lassen«, hatte sie berichtet.

Moses Nasileles Kulturzentrum genießt weit über die Region hinaus einen guten Ruf.

Das Licht wurde weicher, in Katima Mulilo war es jetzt still geworden.

»Lass uns eine Lodge am Ufer des Sambesi suchen.«

Wir fanden ein weites, parkartiges Gelände, auf dem wir über Nacht mit dem Toyota bleiben konnten. Wir genossen den Blick über den Fluss, der sich im Abendlicht rotgolden färbte und lauschten dem Kreischen der Vögel.

»Schön«, sagte Juliana.

»Siehst du«, ich wandte mich ihr zu, »es war doch eine pfiffige Idee, einen Abstecher nach ›Schwarzafrika‹ zu machen.«

Sie gab mir einen Kuss auf die Wange.

Affentheater an den Victoriafällen

Der Angriff kam blitzschnell, präzise und für uns völlig unerwartet. Mit gierigen Fingern griffen sie nach allem im Auto, was ihnen wertvoll erschien. Dann verschwanden sie wie ein Spuk.

Der Tag hatte friedlich begonnen. Gegen sechs Uhr morgens war die Sonne aufgegangen, ich war mit ihr aufgestanden und hatte zunächst geglaubt, die Büsche auf der anderen Seite des parkartigen Campingplatzes am Rande der Ortschaft Victoria Falls würden in Flammen stehen. Aber offenbar war es nur der leichte Staub, der im Morgenlicht den Eindruck eines Buschbrandes verstärkte.

Juliana hatte die »zweite Lage«, wie sie es nennt, in unserem Geländewagencamper verlassen und kletterte etwas steif nach unten.

Die »zweite Lage« war eine hölzerne Schlafebene, ein Zwischenboden zwischen dem Bodenblech des Geländewagens und seinem Dach. Ich schlief im »Unterdeck« neben Spüle und Gaskocher, Juliana eine Etage über mir. Das gab zwar nur ein Minimum an Komfort, doch wir hatten uns bewusst für diese Geländewagen-Camper-Kombination entschieden, da auf diese Weise die Offroad-Eigenschaften erhalten blieben. Denn jedes bisschen Extra-Komfort bringt auch Extragewicht, und das geht zu Lasten der Geländeeigenschaften.

Doch daran dachte ich nicht, als ich mich in den kleinen Campingstuhl setzte und in den jungen Morgen schaute.

»Was gibt‹s zum Frühstück?«

Juliana, die sich in ihrem unübertrefflichen Drang nach morgendlicher Aktivität bereits mit dem Innenleben des Kühlschrankes auseinander setzte, sah hoch: »Toast, Marmelade, Käse. Was hältst du davon, wenn du schon mal den Kaffee aufsetzt, Sir?«

Ich tat wie geheißen. Aktivität auch beim Personal, das das kleine, lauschige Camp picobello sauber hielt. Zwei Männer fischten die während der Nacht in den Pool gefallenen Blätter aus dem Wasser. Ein anderer kam auf uns zu und bot mir an, unser Auto zu waschen.

»How much?« Ich rieb mir die Fingerspitzen.

»Ten Dollar.« Entspannt lächelte er mich bei der Antwort an.

»Simbabwe Dollar?« Sicherheitshalber fragte ich nach. Denn das wäre ein Spitzenpreis gewesen.

»Nein, nein!« Der Bursche hob beschwörend die Hände. Er strahlte mich an: »US-Dollar!«

Lausebande, sagte ich mir im Stillen. Die Touristen haben die Preise in Victoria Falls verdorben. Hier wurden US-Dollar verlangt, wofür anderenorts im Land Simbabwe-Dollar berechnet wurden. Zehn US-Dollar waren ein irrer Preis, der absolut nicht zum Preisgefüge passte.

Wir feilschten drei Minuten lang, dann einigten wir uns auf fünf US-Dollar. Immer noch zu viel. Doch er war glücklich und ich zufrieden.

Das war zehn Minuten vor der Attacke gewesen.

Mir war aufgefallen, dass eine junge schwarze Frau mit einem Gewehr unter dem Arm über den Platz patrouillierte, wachsam in die Büsche schaute, dann und wann bei den Arbeitern am Pool stehen blieb und mit ihnen scherzte. Der Schießprügel in ihrem Arm sah aus wie ein Luftgewehr. Komisch, dachte ich.

Da erreichte mich die schönste Nachricht des Tages: »Das Frühstück ist fertig!«

Juliana kam aus dem Camper und setzte sich zu mir in ihren Stuhl. Ich füllte uns beiden Müsli in die Schale und goss Milch darüber.

»Guten Appetit.«

»Toll«, sagte sie, »was es hier alles zu kaufen gibt!«

Nach meinem Einkaufsbummel gestern im Supermarkt von Victoria Falls war es im Auto eng geworden.

»Es gab praktisch alles, was es zu Hause auch gibt.«

Juliana sah interessiert zu mir, denn ansonsten herrschte Mangel im Land. »Und wie waren die Preise?«

»Etwa so wie zu Hause.« Entsprechend hatte ich beim Einkauf zugeschlagen: zarte Rindersteaks, Zimbabwe Beer, das hervorragend schmeckt, Joghurt, Brot, Müsli, Butter und jede Menge Früchte. »Das tut doch einfach gut«, sagte ich und schob mir einen Löffel Müsli in den Mund.

Da nahm ich eine Bewegung wahr. Sie glich einem Schatten, der in die Büsche huschte. Die Sonne stand noch tief und blendete mich. Ich legte die Hand über die Augen, um besser sehen zu können. Das wäre nicht erforderlich gewesen, denn der Schatten huschte zu uns zurück.

»Ein Pavian!«, hörte ich Juliana.

»Eine Pavianmutter«, sagte ich, »sieh nur das Junge auf ihrem Rücken.«

»Wie putzig!« Juliana nahm vorsichtig die Kamera vom Tisch und reichte sie mir.

Im Nachhinein muss ich sagen, dass die Paviandame ein perfektes Affentheater abgezogen hatte. Keine drei Meter von uns entfernt verharrte sie jetzt. Sie schien sich in einem Wechselbad zwischen höchster Alarmbereitschaft und affiger Neugier zu befinden. Das Junge krallte sich in Mamas Haaren fest und starrte mich mit ängstlichem Gesichtsausdruck an. Der kleine Körper zitterte.

»Das Arme!«, sagte Juliana.

Ich wechselte schnell das Objektiv meiner Kamera. In diesem Moment verschwand irgendetwas hinter mir in der geöffneten Tür des Landcruisers. Ich sprang auf.

Das Weibchen kam auf mich zugeschossen, nahm einen fiesen Gesichtsausdruck an, das Junge keifte. Von wegen »das Arme«!

Juliana war jetzt auch aufgesprungen, ihr Campingstuhl fiel in sich zusammen. Und während wir gebannt nach hinten blickten und sahen, wie zwei große Paviane unser Auto plünderten, entging mir, wie die Pavianmutter den Müslibeutel vom Frühstückstisch an sich riss und mit olympiaverdächtigen Sätzen davonjagte.

Mir war, als läge auf dem Gesichtsausdruck des Jungen auf ihrem Rücken diabolische Schadenfreude.

»Lass das affenartige Gegrinse!«, schleuderte ich hinter Mutter und Kind her.

»Eine Affenschande«, entfuhr es Juliana.

In diesem Moment erschien die junge Frau mit dem Gewehr an unserem Auto. Es war tatsächlich ein Luftgewehr. Sie legte an und ballerte hinter der Pavianbande her. Die Paviane waren bereits zwischen den Bäumen verschwunden, wo sie von den anderen Mitgliedern der Affen-Gang erwartet wurden. Schrilles Gekreische drang wie höhnisches Gelächter zu uns herüber.

»Das war saubere Guerillataktik«, brummte ich missmutig. »Vorn lenkt dich einer ab, und hinten greifen sie an und plündern dein Auto.«

»Sieh mal«, Juliana zeigte in Richtung der Bäume, wo jetzt die zerfledderte Plastikhülle unseres Toastbrotes langsam aus der Krone eines Baumes schwebte. Auch die Bananen müssen köstlich gewesen sein. Minutenlang herrschte Stille, dann klatschten gelbe Schalen herab.

»Vielleicht sparen sie sich das Müsli für morgen zum Frühstück auf.« Juliana grinste. Dann lachten wir, dass sich die Balken bogen. Die Paviane müssen das ihrerseits für eine Affenschande gehalten haben, denn ein giftiges Keifen regnete auf uns herab.

»Irgendwie klasse!«

Ich untersuchte den Schaden. »Nur ein paar Lebensmittel fehlen, Bananen, Äpfel und unser Toastbrot.«

»Vergiss das Müsli nicht«, prustete Juliana.

»Schade, dass ich die Kamera nicht im richtigen Augenblick parat hatte.«

»Warte bis zum nächsten Mal.« Ich meinte, in ihren Augen ein spitzbübisches Lächeln zu entdecken, so als steckte sie mit den Affen unter einer Decke.

Wenn ich morgens aufwachte, hörte ich das Trommeln der Fälle. »*Mosi oa tunya*« nennen sie die Einheimischen, »Rauch, der donnert«. Wohl zwei Kilometer waren es von unserem Camp bis hinunter zu den Fällen. Wir gingen die Strecke immer wieder, so verführerisch »afrikanisch« war der Weg durch den Urwald dorthin. Manchmal liehen wir uns Fahrräder und radelten durch den Nationalpark, der den Sambesi begrenzt, vorbei an riesigen, bauchigen Baobab-Bäumen hinunter zu den Falls. Dort griffen wir immer wieder in unsere Taschen und bezahlten den unverschämten Preis für den Eintritt, der auch nicht zum Preisgefüge Simbabwes passte.

Ich diskutierte dann mit mir selbst: Darf man, um solch ein Highlight der Natur zu genießen, so kräftig zur Ader gelassen werden? Bedenke, sagte die andere Stimme, dass du zu Hause auch deine geographischen Vorteile gern zu nutzen verstehst. Du hast dich doch an die Schnäppchen gewöhnt, im Supermarkt und im Kaufhaus, Dinge die du nur deshalb für 'nen Appel und 'n Ei kriegst, weil die Menschen der Entwicklungsländer sie für einen Sklavenlohn produzieren. Die beiden Stimmen in mir hatten sich nach diesem Dialog miteinander versöhnt.

Juliana und ich erlebten während dieser Tage die Victoriafälle aus verschiedenen Perspektiven und zu verschiedenen Tageszeiten. Wir saßen an ihrem Rand, wenn der Wind durch die vom Sambesi geschliffene Schlucht pfiff und neblig-weißen Spray wie eine Rauchwolke nach oben wirbelte.

»Rauch, der donnert«, brüllte ich Juliana zu. Wir hatten uns unter einer gelben Plastikplane verkrochen, die wir selbst mitgebracht hatten, was nicht ganz einfach durchzusetzen gewesen war. Denn draußen vor dem Eingang der Fälle hatten wir ein Dutzend junger Burschen abwimmeln müssen, die uns Regenjacken, Regenschirme, Gummischuhe und Regenschutzplanen vermieten wollten.

»Danke nein, haben wir selbst!« Letztlich waren wir vor ihnen geflüchtet.

»Aber nicht so gut wie unsere!«, hatten sie uns hinterhergebrüllt.

Der Spray der Victoriafälle prasselte in dicken Tropfen auf die gelbe Plane, lief an den Seiten hinab, machte unsere Sandalen platschnass. Keine 50 Meter hinter uns war das Land grün, dschungelhaft grün. Dem Spray sei Dank.

Wir erlebten die Victoriafälle auch im Nachmittagslicht, wenn Sonne und Wassernebel riesige Regenbogen zaubern.

Dort, wo der Sambesi sich durch eine gut 100 Meter tiefe Felsschlucht gräbt, wo seine Wasser am turbulentesten sind und die beiden Steilufer sich am weitesten nähern, wollte Cecil Rhodes, der Architekt des britischen Südafrika, seinem Traum von einer durchgehenden Eisenbahn von Kapstadt nach Nordafrika näher kommen. Wie man weiß, wartet das visionäre Vorhaben noch heute auf seine Vollendung. Zwischen Simbabwe und Sambia wurde 1905 allerdings ein unübersehbarer Meilenstein des Projekts gesetzt, die Brücke über den Sambesi.

Unser Auto hatten wir in unserem Camp in Victoria Falls stehen lassen. Mit ihm die Grenze nach Sambia zu überqueren hätte nur komplizierte Grenzformalitäten nach sich gezogen. Wir wollten ja nur kurz hinübergehen, um von der sambischen Seite einen Blick auf die Fälle zu werfen.

Unser kleiner Touristenort Victoria Falls lag zu dieser Morgenstunde noch in schläfriger Ruhe.

»Taxi!« Ich streckte die Hand vor. Der Wagen hielt.

»Wohin?«

»Zur Sambesi-Brücke.« Wir stiegen ein.

Das Taxi war billig. Den Preis hatten wir an der Rezeption unseres Camps erfragt. Es gab auch anschließend keine Feilscherei mit dem Fahrer, was mir die Sache sympathisch machte. Wir hätten natürlich die Strecke auch zu Fuß gehen können, wären dann aber den Schleppern am Eingang der Victoriafälle in die Arme gelaufen.

Kurz vor der Brücke stiegen wir aus. Es ist nur ein »kleiner« Grenzverkehr, der hier zwischen den beiden Ländern pendelt. Ein paar Männer, die leichte Lasten auf den Rücken trugen. Frauen mit vollen Taschen in der einen oder anderen Richtung. Nur ein halbes Dutzend kleiner Lkw verkehrte an diesem Tag zwischen den beiden Ländern. Zur Kolonialzeit hatten diese Nord- und Süd-Rhodesien geheißen.

»Horch mal.« Juliana verlangsamte den Schritt. Wir lauschten. Das Rauschen wurde immer lauter. Zwei Männer hatten sich an das Brückengeländer gelehnt und schauten hinab in die Tiefe.

»Das sieht aus, als kletterten dort Ameisen runter.«

Ich nahm das Fernglas. »Bestimmt 20 Menschen.«

Unten, am Ufer des Sambesi, konnte ich große Ausrüstungsberge erkennen.

»Sieht mir nach Schlauchbooten aus.«

Ich kletterte über die in der Mitte der Straße verlaufenden Eisenbahnschienen hinüber zur anderen Seite der Brücke.

Das ist nur was für Schwindelfreie, dachte ich, als ich mich über das Geländer lehnte. Gut 100 Meter unter mir tanzte ein Kajakfahrer mit einer gelblichen Nussschale wie ein Virtuose auf den

Wellen, paddelte mit ein paar kräftigen Schlägen mitten hinein in das Auge des Strudels, dem Zusammenfluss zweier Strömungen. Es war, als ritte er sekundenlang auf dem Buckel einer Riesenwelle, eine Primaballerina des Wassers. Dann erwischte ihn doch die Strömung. Sie riss die Nussschale herum, er stabilisierte sein Boot, sauste aber mit der Strömung im Nu 50 Meter abwärts. Dort kam er in eine Gegenströmung, die ihn mit ihrem Sog zurück zu dem Punkt trieb, an dem er Momente zuvor noch gewesen war.

»Fantastisch«, murmelte ich.

Die »Ameisen« hatten mit ihren Gepäckstücken auf dem Rücken derweil die Flöße erreicht.

»Ich wäre gern bei ihnen«, sagte ich zu Juliana, die sich neben mich gestellt hatte.

»Wenn du hier von allen Angeboten Gebrauch machst, wärst du bald ein armer Schlucker«, meinte sie nur. »Hundert Dollar hier, hundert Dollar da!«

»US-Dollar!«, ergänzte ich.

Auch der Pferderitt, den wir gestern durch die Buschsavanne des Nationalparks am Rande des Sambesi unternommen hatten, war knallhart in US-Dollar abgerechnet worden. Völlig überteuert. Doch dann hatten uns die beiden schwarzen *guides* bis auf 50 Meter an eine 22-köpfige Herde wilder Kaffernbüffel herangeführt und ich hatte gedacht: Jeder Dollar dieser Show ist es zehnmal wert. Drei Stunden waren wir mit Jonah und Elia durch den Busch geritten.

Jonah zog die Zügel seines Pferdes an, kurz bevor wir uns dem Reitstall des weißen Eigentümers näherten.

»Hat es euch gefallen?« Er lächelte dabei sein höfliches Lächeln aus dem fein geschnittenen dunklen Gesicht.

»Ja, gewiss«, sagte ich.

»Ist euch das ein Trinkgeld wert?« Er sah uns dabei treuherzig, aber wach aus seinen klugen Augen an.

Früher hätte ich vielleicht sauer und ablehnend reagiert. Hatten wir nicht einen Spitzenpreis für diesen Ritt hingeblättert? Und das trotz all der vorangegangenen Verhandlungskünste unsererseits. Natürlich waren auch wir über die Jahre des Reisens mit allen Wassern orientalischer Verhandlungskunst gewaschen worden.

Juliana sah mich kurz an. Ich deutete das als »okay«.

Ich gab den beiden Burschen 15 US-Dollar Trinkgeld.

»Teilt euch das!«

Im Nachhinein war ich gar nicht mal sauer auf mich selbst und das, was ich tat. Obwohl ich das Ansinnen der beiden für unverschämt hielt. Und offenherzig hatte Elia noch gesagt, sein weißer Boss habe angeordnet, sie dürften keine Trinkgelder annehmen.

Aber waren es nicht die beiden gewesen, die uns mit ihrer Lebensfreude und ihrem Engagement den Tag so verschönt hatten? Ich vermute, dass ein Familienvater in den schwarzen Randsiedlungen von Victoria Falls ein oder zwei Tage arbeiten müsste, um 15 US-Dollar nach Hause zu bringen. Aber diese beiden kannten die Welt der Weißen in Simbabwe – ein Lebensstil, der Lichtjahre von demjenigen in den Dörfern der Schwarzen am Rand der Scheinwelt dieses Touristenmagneten entfernt war.

Ich schreckte aus meinen Gedanken auf, als ein junger, athletisch wirkender Mann auf uns zukam.

»Hi!« Er stellte sich neben mich. »*Nice day, isn't it!*«

»*Yeah*«, sagte ich.

Der Wasserartist in seinem Wildwasserkajak wirbelte noch immer durch die Strudel. Ich sah jetzt, wie die ersten Schlauchboote langsam aus der Richtung der Victoriafälle auf uns zudrifteten. Aus der Perspektive des Adlers vernahm ich keinen Laut. Nur ein diffuses Rauschen lag tief unter mir. Doch ich stellte mir vor, wie sie vor Vergnügen juchzten, als die *rafts*, die riesigen Schlauchboote, den Wasserbuckel hinab in die Spitze der keilförmig aufeinander zulaufenden Strudel hineinrasten. Der Sambesi hatte hier seine stärkste Strömung. Das erste Floß prallte gegen aufgewühlte, hoch aufspritzende Wogen. Wasserberge warfen es hin und her. Einen Moment lang dachte ich, das Boot würde kippen. Es stellte sich quer, doch der Rudergänger hatte die Sache im Griff. Sekundenlang geriet das *raft* in stilles Fahrwasser, doch die nächsten *rapids* lauerten schon ein Stückchen unterhalb.

Ich hatte die Luft angehalten. Jetzt pfiff ich erleichtert durch die Zähne. Ich sah zur Seite, wo eben noch der braun gebrannte Athlet mit dem blauen T-Shirt gestanden hatte. Er war auf einmal nicht mehr da.

»Da hinten ist er«, sagte Juliana, die meinem Blick gefolgt war. Ich sah hin. Der Bursche gestikulierte, sein Gegenüber schien zu schlottern.

Die beiden gingen auf eine an der Sambesi-Brücke angeschraubte, etwa drei mal drei Meter große Plattform. Der Schlotternde griff in die Tasche, zog einen Batzen Geldscheine heraus und drückte sie dem Athleten in die Hand.

»Sieht nach US-Dollar aus«, meinte Juliana.

»Ich glaube, der Bursche ist noch eine Nuance käsiger geworden als zuvor.«

»Was haben die mit ihm vor?«

Ich sah jetzt, wie ihm Fesseln um die Füße gelegt wurden.

»Sieht aus wie moderne Piraterie!«.

Die beiden standen sich gegenüber. Der Athlet hatte uns den Rücken zugewandt. Ich las den Aufdruck auf seinem T-Shirt: *»111 metres of big African air«.*

Der Käsige pumpte jetzt wie ein Maikäfer. Er schaute mit versteinertem Gesicht auf die Hände des Athleten, die ihm jetzt einen freundschaftlichen Klaps auf die Schultern gaben. Mit einem Schrei sprang er in die Tiefe.

Seine Gestalt wurde immer kleiner, bis sie nur noch als Pünktchen über dem Wasser pendelte und wie ein Jojo hoch und runter poppte.

»Verrückter Typ«, bemerkte Juliana trocken.

»Und zahlt dafür auch noch satte 100 US-Dollar!«

Das Gummiseil des Bungeejumpers wurde langsam hochgezogen. Er hing mit dem Kopf nach unten. Dann beugte er sich mit dem Oberkörper nach vorn und winkte uns, den auf der Brücke Stehenden, begeistert zu.

Ich sprach mit dem Athleten. »Die Bungeejumper hier kommen aus Australien, USA, Neuseeland, Europa und Südafrika, eigentlich aus der ganzen Welt!«

Der Bungeejumper hatte den Brückenrand erreicht. Von wegen »käsig«. Er hatte jetzt einen Kopf wie eine Tomate und strahlte über das ganze Gesicht.

Die Formalitäten für Tagesbesucher waren am sambischen Grenzposten in Nullkommanichts erledigt. Hier schien mir alles viel leiser zuzugehen als in Simbabwe. Keine Burschen, die wie Kletten an den Besuchern hingen, um ihnen Regenumhänge, Seifensteinschnitzereien oder Bootstouren aufzuschwatzen. Im Schatten knorriger Bäume hockten Handwerker auf dem Boden, die aus dem steinharten Holz ebenso knorriger Äste mit einfachen Werkzeugen hübsche Porträts herausmeißelten, andere feilten diese Grobvorlagen, wieder andere verfeinerten sie mit Schmirgelpapier. Den letzten Schliff bekamen die Arbeiten mit Schuhcreme.

Wir waren stehen geblieben. »Tolle Kunst! Wäre das nicht auch etwas für uns?«

»Um Himmels willen! Der Landcruiser ist doch schon jetzt randvoll.«

Als wir nach dem Kurzbesuch Sambias über die Sambesi-Brücke zurückwanderten, waren wir nicht mehr allein. Juliana schleppte zwei Holzköpfe, ich die beiden anderen.

»War das ein Schnäppchen!« Ich war begeistert. »Nur 35 US-Dollar für vier große Kunstwerke – da kann doch kein Mensch dran vorbeigehen!«

Sie schob den etwa 70 Zentimeter langen, acht Kilo schweren

Ast mit dem abstrahierten Gesicht eines Mannes auf ihrer Schulter ein wenig zur Seite und musterte mich, wie sie das manchmal tut, wenn sie meint, dass die Pferde wieder mit mir durchgegangen seien. »Ich hoffe, deine Begeisterung hält noch an, wenn's ans Packen geht!«

Von den Victoriafällen fuhren wir nach West-Botswana. Von dort wollten wir über Maun und Buitepos wieder nach Namibia einreisen.

Drei Viertel der Landmasse Botswanas werden vom roten Mantel der Kalahari bedeckt. Menschenleere Weiten einerseits und großer Tierreichtum andererseits sind, aus der Sicht des Naturliebhabers, die großen Pluspunkte hier. Über die anderen Schätze lacht sich die botswanische Regierung eins ins Fäustchen. Denn seit Ende der Sechzigerjahre werden hier an drei Stellen in großer Menge Diamanten aus dem Boden geholt. Natürlich mischt auch hier De Beers kräftig mit.

Reichtum also auf der ganzen Linie. Das gibt dem Land Selbstbewusstsein, welches sich auch darin niederschlägt, dass sich Botswana knallhart bei seinen Besuchern ein Ausleseverfahren erlaubt, das nur auf die wohlhabende Klientel abzielt. 1989 wurden quasi über Nacht die Eintrittspreise für die Nationalparks um 600 Prozent erhöht. Der Massentourismus aus Südafrika blieb fern und so konnte man es sich erlauben, auf *Up-market*-Tourismus zu bauen. Die Rechnung »klein, aber fein« ging auf. Safari-Nobellodges, vor allem in den Okavango-Sümpfen, ziehen heute die Betuchten dieser Welt an.

»Passen wir da hin?«, hatte ich Juliana gefragt.

Natürlich genießen wir Komfort, wie jeder andere auch. Ich hatte mich gelegentlich selbst gern verzaubern und verwöhnen lassen. Manchmal hatte dies etwas Unwirkliches an sich, vergleichbar einer gekonnt inszenierten Show. Ich fragte mich jedoch, wie es sein musste, wenn man sich nicht auf eigene Faust bis dorthin vorgearbeitet hatte. Wenn man vorgestern noch im Büro gesessen hatte und sich 48 Stunden später dank der perfekt getimten Jet-Connection plötzlich zwischen Löwen und Krokodilen wiederfand. War das nicht ähnlich »real« für die Betreffenden wie die Bilder eines fernen Landes abends auf der Mattscheibe im Wohnzimmer daheim?

Doch Botswanas Rechnung scheint aufzugehen. Wenige, aber wohlhabende Kunden lassen viel Geld in der Kasse klingeln. Und dem Land und den Tieren bekommt es.

Ich blickte auf die Karte und sah das Rot, das Sand verhieß. »Etwa 80 Prozent Botswanas sind vom Kalahari-Sand bedeckt«, sagte ich zu Juliana. »Wenn ich mir die Verteilung der Siedlungen und Städte ansehe, lebt die Masse Mensch im Osten des Landes.«

Wir wählten den Westen. Vom Grenzort Kazungula folgten wir der schnurgeraden Asphaltstraße nach Westen. Ich registrierte hier mehr Paviane auf der Fahrbahn als Autos. So sah der Auftakt unseres Botswana-Abenteuers aus.

»Aufpassen, damit wir die Abzweigung nach Süden durch den Chobe Nationalpark nicht verpassen«, schärfte Juliana mir ein.

Wir verpassten ihn nicht. Gut so, denn Chobe ist *das* Paradies für Elefanten. Nirgendwo auf Erden gibt es eine höhere Konzentration an Dickhäutern als hier. Unser Landcruiser bewies, was in ihm steckte. Große Streckenabschnitte fuhren wir in *low gear*, im Geländekriechgang. Dabei blieb genügend Zeit, um die Elefanten zu beobachten, die mit uns durch die Savanne zogen. Berge von Elefantenlosung bedeckten die Piste.

Wer sich mit dem Auto auf eigene Faust durch den Chobe Nationalpark durchgebissen hat, möchte auch im Savuti Camp übernachten. Ich hatte von Elefanten gehört, die dort durch die Campsite spazieren. Und während der Trockenzeit, heißt es, sei keine Wasserleitung vor den Dickhäutern sicher.

Aber erst einmal mussten wir ins Savuti Camp hineinkommen. Wir waren sogar bereit, den unverschämt hohen Preis für nichts weiter als einen Autostellplatz zu bezahlen, für den wir anderswo ein komfortables Hotelzimmer bekommen hätten.

»Die Campsite hätten Sie schon ein Jahr im Voraus von Europa aus buchen können«, strahlte uns die schwarze Campmanagerin an.

»Aber vor einem Jahr wussten wir doch noch gar nicht, dass wir heute hier sein würden.«

Das sei doch nicht ihr Problem, sagte sie. Das Interesse an uns hatte jetzt merklich nachgelassen. Sie konzentrierte sich auf die Spitzen ihrer Finger, die sie sorgfältig untersuchte.

Eine Hinterlassenschaft der Briten in ihren einstigen Kolonien ist die Bürokratie, die hier oft wahre Tollhausblüten schlägt. Ich habe das in Indien, Ostafrika und jetzt auch hier beobachtet.

»Sind denn alle Campsites belegt?«

»Nein«, sagte sie.

»Können wir denn nicht auf eine der freien Campsites gehen?«

»Nein, die sind schon Monate im Voraus von Übersee reserviert worden.«

»Können Sie denn nicht nachsehen, ob nicht vielleicht jemand abgesagt hat?«

»Nein«, beharrte sie. »Die Belegungslisten werden in unserer Hauptstadt Gabarone geführt.«

Bleib cool, Junge, sagte ich mir. Diesen Dialog könnte ich seitenlang fortspinnen. Aber da solche Gespräche in Büchern nicht so knisternd sind wie im wahren Leben, beschränke ich mich auf das Ergebnis: Wir bekamen doch noch eine wunderschön gelegene Campsite.

Es geschah so plötzlich, als hätte jemand im Kopf der Parkbediensteten einen Schalter umgelegt, und zwar in dem Moment, in dem sie das Interesse von den Spitzen ihrer Fingernägel wieder auf uns verlagerte. Wir bezahlten den regulären Eintritt, niemand fragte nach einem Trinkgeld, und schon waren wir im Savuti Camp.

Müsste ich die Bilder der Erinnerung auf drei Highlights reduzieren, sähe ich den riesigen Elefanten vor mir, der keine 15 Meter von uns entfernt seinen dicken Hintern an dem Baum der benachbarten Campsite rieb. Die Äste knackten und der Boden bebte. Dann sah ich den Dusch- und Toilettenblock, der von meterhohen und meterdicken Betonmauern umgeben war. Um zur Dusche zu gelangen, mussten wir durch schießschartenartige Öffnungen gehen.

»Warum?«, fragte Juliana die Parkmanagerin.

»Der Elefanten wegen, die in der Vergangenheit die Duschen kurz und klein geschlagen haben, wenn sie durstig waren.«

Und dann waren da diese lustigen, langschnäbeligen Tokos, die zu Dutzenden auf unserer Campsite herumhüpften und uns mit schräg gelegten Köpfen aus großen Augen hungrig anschauten.

Als die Sonne sank und gewiss niemand mehr in das Camp kommen würde, waren die drei Campsites neben uns noch immer leer.

»Siehst du«, sagte ich, »ein Toast auf unsere Beharrlichkeit.« Ich hob den Becher mit dünnem Kaffee und prostete Juliana zu.

Feiner Staub lag in der Luft, die roten Strahlen der Abendsonne wirbelten in ihm. Da polterte es wieder mal hinter uns.

»Elefanten«, sagte Juliana nur trocken. Als wir am anderen Morgen aus dem Landcruiser schauten, waren zwei neue riesige Haufen Elefantenlosung da.

Von Chobe aus lenkten wir den Landcruiser in das Okavango-Delta und damit in eine der außergewöhnlichsten Landschaften unserer Erde. Es kommt mir vor, als sei der Okavango River müde nach seiner rund 1200 Kilometer langen Reise, die ihn von Westen her nach Osten führt. Sein Ziel, die Ostflanke des Kontinents, den Indischen Ozean, wird er nicht erreichen. Er verfächert sich in der Kalahari und formt eine 16 000 Quadratkilometer große Seenlandschaft, eben das Okavango-Delta.

Moremi Wildlife Refuge heißt das Herzstück dieses Binnendeltas. Wir campten zwischen Sümpfen voller Krokodile auf der einen Seite und durch die Savanne brechenden Elefanten auf der anderen. Doch der Zeitplan setzte unserem afrikanischen Traum Grenzen.

»Komm, es ist noch ein gutes Stück bis nach Windhoek«, sagte Juliana. In der Tat, unsere Reise näherte sich schon fast dem Ende. Eine Woche später überfuhren wir den Grenzposten Buitepos.

Das Bindeglied zwischen Botswana und Namibia ist der Trans-Kalahari-Highway. Noch vor Jahren war dieser Abschnitt eine elende Sand- und Schotterpiste. Nichts erinnert mehr daran.

»Weißt du noch, wie wir uns damals mit dem VW-Bulli hier durchgequält haben?«

Ich wusste es noch sehr gut. Alle zehn oder zwanzig Kilometer hatte ich gestoppt, hatte immer wieder ein Gutteil der Luft aus den Reifen gelassen. Und mit wabernden Reifen, die jetzt fast die doppelte Breite hatten wie im Normalzustand, hatte sich unser VW-Bulli durch den Sand gequält. Aber so waren wir durchgekommen. Einmal hatten wir am Ende eines solchen Tages unweit der Piste gestoppt. Von einem kleinen Hügel genossen wir einen weiten Blick über das Land. Es dämmerte bereits, die Nacht zog schnell herauf. Ich sah in den Himmel und behauptete, dies sei der schönste, klarste und funkelndste Sternenhimmel, den ich je gesehen hätte. An diesem Tag war mein Geburtstag. Juliana überraschte mich mit einem Topfkuchen, den sie im Kochtopf gebacken hatte. Er bekam einen Puddingguss obendrauf. Als Dekoration spendierte sie uns Erdbeermarmeladeklekse. Es war köstlich.

Das lag einige Jahre zurück. Der Nachthimmel schimmerte jetzt zum Ende der hiesigen Sommerzeit nicht so klar wie damals im Winter.

Juliana öffnete unsere von der Autobatterie gespeiste Kühlbox und holte Backwaren heraus, die wir in Botswana an der Tankstelle von Ghanzi gekauft hatten. Auf dem Trans-Kalahari-Highway bretterte, nur einen Steinwurf entfernt, ein 30-Tonnen-Truck vorbei. Ich las »Windhoek – Johannesburg«. Der Sog des Highway-Monsters ließ mir die Haare zu Berge stehen.

»Komm, lass uns Pläne schmieden.«

Juliana folgte mir zu dem kleinen Campingtisch neben unserem Landcruiser. »So viele können wir doch gar nicht mehr machen. In einer Woche fliegen wir schon zurück nach Deutschland.«

Ich beugte mich über die Karte. »Ein oder zwei Abstecher sind vielleicht noch drin.«

Ich ließ den Finger suchend über die Namibiakarte gleiten. »Hier müsste Harnas liegen.«

Ich hatte mehrfach von der Harnas Lion Foundation gehört und davon, dass Nick van der Merwe bedrohten Löwen ein Rückzugsgebiet geboten hatte.

»Nur noch diesen kleinen Abstecher …«

Mitten im Buschland, etwa 100 Kilometer nördlich von Gobabis, schuf Nick van der Merwe einen siebten Himmel für Raubkatzen. Seine Tochter Marlice empfing uns.

»Was ist denn das für ein kuscheliges Kätzchen?«, fragte ich die junge blonde Frau. Sie lächelte und streichelte das kleine Fellknäuel auf ihrem Arm. Jetzt bekam das Knäuel Konturen und zeigte einen possierlichen graubraunen Kopf mit dunklen Streifen, die wie dunkle, senkrecht verlaufende Tränen aussahen. Es war ein winzig kleiner Gepard.

»Kommt rein.« Wir folgten Marlice über einen Steg, unter dem junge Krokodile lagen. Hinter einem Gitter faulenzte ein mächtiger Löwe. Straußenhähne stolzierten hochnäsig durch das Gelände. Sie ging uns voraus. »Kommt doch bitte mit in die Küche.« Sie öffnete die Tür. Wir traten ein.

Baby-Cheetah fühlt sich wohl in den Armen von Marlice van der Merwe.

»Ich muss gerade noch meine Babys füttern.« Ein Pavianbaby machte einen Riesensatz von der Küchenlampe auf Marlices Schulter, sodass der Schnuller, den es um den Hals trug, wie ein Pingpongball hin und her schlug. Es grapschte in Marlices Haar, verwuschelte es und machte sich dann über den kleinen Geparden her. Der war das offenbar gewohnt.

»Einige der Tiere hier bei uns haben eine traurige Hintergrundgeschichte.« Die Tiere hatten jetzt von Marlice abgelassen. Sie setzte sich.

»Wir haben 29 Paviane. Die meisten sind Waisen, ihre Eltern wurden erschossen.«

Marlice begann, von den anderen Tieren zu erzählen: »Insgesamt sind es derzeit bei uns 292, davon 19 Geparde, neun Leoparden, 26 Wildhunde und 16 Löwen, um nur einige zu nennen.«

»Das kostet doch immenses Geld!«

Marlice nickte: »Deswegen haben wir ein Adoptionsprogramm. Jemand anderes übernimmt die Kosten, und immer wenn er hierher kommt, hat er ›sein‹ Tier. Wir haben auch einige ›Adoptiveltern‹ aus Übersee, insbesondere aus Deutschland.«

Marlice' Vater hatte vor mehr als 20 Jahren begonnen, verfolgten Raubkatzen ein Rückzugsgebiet zu ermöglichen. Seit knapp zehn Jahren lässt er auch Gäste daran teilhaben.

»Ist der Gepard in Namibia in Gefahr?«

»Ja«, antwortete sie und wurde ernst. »Einer der Farmer in dieser Gegend schoss fast 30 Geparden in einem Jahr.«

»Ist das erlaubt?«

»Genau genommen nicht in diesem Umfang, aber du kannst ein wildes Tier töten, wenn es ein Problem für dich darstellt, und *cheetahs* reißen schon mal ein Kalb oder ein Schaf. Auch wir auf unserer Farm verlieren Nutztiere durch Raubkatzen. Aber wenn wir die Geparden schießen würden, träten andere an deren Stelle, um für das frei gewordene Territorium zu kämpfen. Du änderst also nichts ... es sei denn, die ganze Gepardenpopulation würde ausgerottet.«

Wir folgten Marlice in den an das Haus grenzenden Garten. Wie eine Hauskatze, deren ganzes Trachten nach Spielen steht, hatte sich ein ausgewachsener Gepard in einem Feld blühender Ringelblumen versteckt. Der Schalk schaute ihm aus dem Gesicht, während er sich immer tiefer duckte, um nicht von dem zweiten Geparden beim Katz-und-Maus-Spiel gesehen zu werden. Derweil balgten sich die beiden Hauskatzen mit einer ausgewachsenen Hyäne.

»Vorsicht«, sagte ich zu Juliana, »du trittst sonst auf die Erdmännchen.« Wie eine Säule hoch aufgerichtet, naseweis den Kopf gedreht, schaute der putzige Kerl genau zwischen Julianas Beinen hervor. Ein dritter Gepard und ein Rottweiler maßen derweil ihre Kräfte beim Ringkampf.

»Kommt bitte mit«, sagte Marlice. Wir gingen nach draußen

zu einem Gehege, hinter dem mehrere Löwen lagen. Sie schloss das Tor auf und ging hinein.

»Komm, mein Kleiner«, sagte sie und kraulte dem mächtigen Tier die Mähne. Der Löwe erhob sich, gähnte, reckte den Hals zu ihr und schien ihr ein Begrüßungsbussi zu geben.

»Wie heißt er?«

»Schabu.« Sie zerzauste ihm die mächtige Mähne.

An diesem Abend gab es noch viel Aufregung.

»Eine Gepardin hat draußen im Farmgelände ein Junges zur Welt gebracht!« Marlice strahlte. »Wir müssen uns beeilen, bevor die Hyänen den Nachwuchs aufstöbern.«

Als wir im Schein unserer Petroleumlampe draußen im Camp saßen, lag das Brüllen und Fauchen der Löwen in der Luft. Es war unheimlich.

»Unheimlich schön!«, sagte ich.

Zwei Tage später erreichten wir Windhoek.

Afrika adio

»Was für ein vielseitiges Land.« Wir fuhren von Gobabis kommend an Windhoek vorbei in Richtung Süden.

»Wenn wir zurückkommen, wird der deutsche Winter schon erträglich sein.« Sie war offenbar mit ihren Gedanken woanders. »Ob die Krokusse zu Hause schon blühen?«

Ich sah aufs Thermometer: 28 °C zwischen Windhoek und Rehoboth! »Noch vier Tage«, sagte ich.

»Schön«, sagte sie.

»Schade«, sagte ich.

Die letzten Nächte dieser langen Reise wollten wir nicht in einem schicken Hotel in der Stadt verbringen.

»Noch ein Abend am Lagerfeuer, bitte.« Ich bin nun mal kein Mensch der Städte, schon gar nicht am Ende einer solchen Spurensuche in Namibia.

Wir hatten uns auf eine verschwiegene Stelle am Rand der mächtigen Abbruchkante des zentralen Hochplateaus geeinigt.

Der Abend wurde zünftig. Bei der Einfahrt in das trockene Flussbett, mit dem wir geliebäugelt hatten, blieb ich trotz Allrad und Kriechgang stecken. Juliana kugelte sich vor Lachen.

»Das kann jedem passieren. Außerdem gibt es so die witzigsten Erinnerungsfotos.«

Starker Wind pfiff durch die Schlucht. Im Schutz hoher Felsen bauten wir unser Lagerfeuer. Ich schleppte Treibholz heran, Juliana bereitete Tee.

»Den Sand und die Holzstückchen musst du aber erst noch

herausfischen.« Sie lächelte wie ein Spitzbub, als sie mir den Becher mit Tee reichte. Klang da leise Schadenfreude durch?

Sie wäre die letzten Tage lieber in Windhoek geblieben, um in aller Ruhe packen zu können. »Denk nur an deine vielen Souvenirs«, hatte sie gesagt.

»Unsere!«, hatte ich verbessert. Sie konnte es sich nicht verkneifen, mich daran zu erinnern, dass ich es dieses Mal sein würde, der die 25 Kilo Hartholz mit den wunderschönen Porträts in den ohnehin schon vollen Rucksäcken unterbrächte. »Denk an dein Versprechen von den Victoriafällen!«

Der Wind hatte sich jetzt gelegt. Still flackerte das Feuer. Der Rauch war würzig. Roter Lichtschein züngelte über unseren Landcruiser.

Ich lehnte mich im Campingstuhl zurück und sah in den Sternenhimmel. Da löste sich aus den Millionen Lichtpunkten eine Sternschnuppe. Ich hatte einen Wunsch frei …

Am nächsten Tag besuchten wir – »als Highlight am Schluss« – Daniel, der unweit des Spreetshoogte Pass die Camp Gecko Desert Ranch betrieb. Wir hatten Daniel vor vielen Wochen in der Gondwana Cañon Lodge bei der Arbeit mit Manni Goldbecks Pferden beobachtet.

»Daniel ist unser namibischer Pferdeflüsterer«, hatte Manni anerkennend gesagt. Ich war neugierig geworden. Und als Daniel sagte, dass ihn daheim seine Leopardin Kiara begleite, wo immer er durch die Wüste wandere, hatte mich eigentlich kaum noch etwas halten können.

»An der Leine?«, hatte ich vorsichtig gefragt.

»Bei mir gibt es keine Leinen.«

Daniels Desert Camp lag an der Schnittstelle von Bergen und Wüste, unterhalb der Abbruchkante des Hochlandplateaus in 900 Metern Höhe. Große, bequeme Safarizelte mit allem Komfort, den man in einer Wüste erwarten konnte, standen in einem wogenden Meer aus goldgelbem Gras, aus dem hier und da rotbraune Felsen herausragten. Etwas oberhalb, wie ein Adlernest, befand sich über allem die Lapa, in der Daniels Gäste gut essen und die Seele baumeln lassen konnten.

Wie aus einem Adlernest war auch der Blick von hier. Daniels Hand beschrieb einen Halbkreis: »Im Norden ist das Gamsberg-Massiv, im Westen siehst du die Sparwaterberge und hinter uns, zum Inland hin, ist das Naukluft-Gebiet.«

Er wandte sich uns zu. »Bis vor wenigen Jahren war dies eine Farm.« Daniel lächelte. »Sie trug den Namen Probeer. Doch das Ausprobieren der Vorbesitzer war nicht erfolgreich. Dieses Land ist zu trocken, nicht für die Viehzucht gemacht.«

Während unseres Gesprächs strich uns Kiara um die Beine.

»Die Leopardin kam als Baby zu uns, ihr ganzes Leben hat Kiara mit Menschen verbracht.«

Dass Geparde domestiziert werden, ist nichts Neues. Aber eine Leopardin! Ich streichelte Kiaras geflecktes Fell. Sie schnurrte wie eine Hauskatze.

»Ein wunderbarer Abschluss unserer Reise!«, sagte ich zu Juliana. Wir blickten über die weite Buschsavanne, über der große Akazienschirme wie einsame Wächter standen. Bei mir schlichen sich Gedanken an den Abflug ein. Daniel holte mich in die Gegenwart zurück.

»Hier ist dein Pferd.« Er reichte mir die Zügel. Der Braune war bereits gesattelt. Wir saßen auf.

»Bis gleich«, verabredeten wir uns mit unseren Frauen. Wir hatten uns irgendwo da hinten in der Savanne zum *braai*, zum Grillen, verabredet. Juliana würde mit dem Geländewagen nachkommen.

Die Sonne wird in einer halben Stunde untergegangen sein, dachte ich und beobachtete Daniel vor mir, der seinen Dienst als Feldwebel bei der deutschen Bundeswehr zu Gunsten dieser stillen Schönheit hier quittiert hatte. Ein guter Entschluss, fand ich.

Wir ritten in den immer glühender werdenden Ball der Sonne hinein, der Staub der Namib und der aufgewirbelte Spray des Atlantik im Westen hatten ihr Licht gebrochen und sie übergroß erscheinen lassen.

Ich hatte meine Kamera dabei, um ein paar Erinnerungsfotos zu machen. Es sollte ja nur ein Ritt von einer halben Stunde werden. Ich nahm sie von der Schulter in die Hand, stellte die Blende ein, fotografierte und lauschte wieder dem Klopfen der Hufe auf Wüstenboden. Dass dieser Traum nie zu Ende gehen möge, wünschte ich mir.

Da scheute mein Pferd, tänzelte nervös, stieg vorn senkrecht auf. Ich hatte die Kamera in der einen Hand, die Zügel in der anderen. Als ich etwas unelegant am Körper des Pferdes entlang in Richtung Erde glitt, schoss mir nur »Meine brandneue Leica!« durch den Kopf. »Nur nicht fallen lassen, nur weg vom Pferd.« An meinen eigenen Kopf dachte ich nicht. Dann riss mein innerer Film, aber wohl nicht für lange. Das Pferd bäumte sich mit den Vorderhufen auf, und dort, wo es niedertraf, war mein Gesicht. Es tänzelte erneut und traf mich dieses Mal im Rücken.

Juliana, die Momente später mit dem Landcruiser eintraf, sagte, mir sei das Blut nur so aus dem Gesicht gelaufen. Vermutlich hätte meine Mutter ihren Sohn nach diesem Unfall nicht erkannt.

»Wo solch ein Wüstenhengst hintritt, wächst kein Gras mehr.« Aus meinem Ballongesicht kamen sogar noch ein paar Witze. Das ließ hoffen. Das Wesentliche an meinem Schädel schien also heil geblieben zu sein.

Juliana sagte an diesem Abend nicht: »Siehst du, im Hotel in Windhoek wäre das nicht passiert.« Das war lieb von ihr. Nur einmal schrie sie erschreckt auf, als ihr Kiara im Dunkeln von hinten in den Nacken sprang und ihr die Tatzen in den Rücken hieb.

»Aber ganz harmlos, ganz ohne Krallen«, lachte sie eine Sekunde später erleichtert.

Daniel plünderte seinen Eisschrank und anstelle Whisky *on the rocks* gab's für mich Eisbeutel aufs Gesicht.

Irgendjemand witzelte über »Gesichtskontrollen« bei der Einreise auf dem Münchner Flughafen. »Wer den Schaden hat, spottet jeder Beschreibung«, grinste ich. Kopf und Rücken schmerzten ungemein. Wie ich meinen schweren Rucksack vor und nach dem Flug tragen sollte, war mir noch nicht klar.

Die Flammen des großen Feuers schlugen wohl einen Meter hoch. Ihr Lichtschein zuckte über Julianas Gesicht und ich meinte, den Schalk in ihren Augen blitzen zu sehen.

»Wie war das denn nun, wolltest nicht du dieses Mal die 25 Kilo Schnitzereien von den Victoriafällen verpacken und im Fluggepäck verstauen?« Juliana lächelte, und ich dachte, wie schön es ist, alles miteinander zu teilen, vor allem beim Reisen. Viel intensiver noch als daheim. Das galt auch für solche Momente.

Und ich fühlte, wie ihre Hand die meine im Dunkeln suchte, sie fand und kräftig drückte.

Infos für Namibia-Reisende

Outdoor Highlights

Naturparks

Mit 105 559 qkm geschützten Landes machen die Natur- und Nationalparks Namibias vergleichsweise mehr als ein Viertel der Fläche der Bundesrepublik Deutschland aus. Nur wenige Regionen hier sind von Straßen durchzogen, nur kleine Gebiete sind den Touristen zugänglich. In der fragilen Wildnis der Skelettküste haben Individualreisende aus naturschützerischen Gesichtspunkten nichts zu suchen. Starke Reglementierungen durch die Naturschutzbehörden also. Doch der Flora und Fauna kommt das zugute.

An mehreren Stellen schließen sich an die staatlichen Naturschutzgebiete private Schutzgebiete an: z.B. Namib Rand östlich des Namib-Naukluft-Parks und der Gondwana Nature Park östlich des Fish River Canyon.

Als Unterkunft stehen in den Naturschutzgebieten die so genannten Restcamps zur Verfügung, in den privaten Parks gibt es ein qualitativ hochwertigeres – vor allem auf den Individualtourismus zugeschnittenes – Angebot an Unterkünften und Unternehmungen.

Buchungen für Übernachtungen sollten rechtzeitig im Voraus erfolgen. Generelle Auskünfte zu den Nationalparks bei:

Namibia Wildlife Resorts Ltd.
Private Bag 13378
Windhoek
E-Mail: nwr@mweb.com.na
www.namibiawildliferesorts.com

Bwabwata Nationalpark (früher Caprivi Game Park)
Keine Camps.
Das 1963 geschaffene Schutzgebiet (6000 qkm) umfasst in seiner ursprünglichen Form den 32 km breiten und 180 km langen Landkorridor zwischen der Bagani Brigde am Okavango River und der Kongola Bridge über den Kwando River. Die Durchgangsstraße B 8 (Rundu – Katima Mulilo), die nicht verlassen werden darf, bietet die einzige Möglichkeit, den Park zu bereisen. Ganzjährig geöffnet.

Cape Cross Seal Reserve
Lage: 120 km nordwestlich von Swakopmund an der C 34, 53 km von Henties Bay. Nur Tagesbesucher.
Geschützt wird eine 60 qkm große Pelzrobbenkolonie von 80 000 bis 100 000 Tieren. Dank der reichen Fischvorkommen im Benguelastrom finden die Tiere hier ideale Lebensbedingungen vor. Pelzrobben nehmen pro Tag rund 8 % ihres eigenen Körpergewichts zu sich. Im November/Dezember kommen die Jungen zur Welt. Die größte Gefahr für sie sind der Schakal und die Braune Hyäne. In der Nähe des Cape Cross (Kreuzkap) befinden sich Repliken des 1486 von Diego Cão errichteten Entdeckerkreuzes.

Daan Viljoen Game Park
Lage: ca. 26 km westlich von Windhoek an der C 28 (Khomas-Hochlandstraße).
Camp: Unterkünfte in geräumigen Hütten, kleiner Campingplatz.

Es gibt Wander- und Tierbeobachtungsmöglichkeiten: Springbock, Elen- und Oryxantilope, Kudu, aber auch Bergzebras. Nicht selten räumen Paviane die Mülleimer leer.

Schloss Duwisib
Lage: ca. 80 km südwestlich von Maltahöhe.
Camp: Campingmöglichkeit, Haustiere nicht erlaubt.
Das 1908 von Baron Hansheinrich von Wolf erbaute Schloss gehört zu den namibischen Nationalparks und steht unter Denkmalschutz. Es beherbergt ein Museum und kann täglich besichtigt werden.

Etosha-Nationalpark
Lage: 115 km nördlich von Outjo, ca. 440 km von Windhoek und 110 km von Tsumeb.
Camps:
Okaukuejo: Beliebtestes und meist frequentiertes Camp, das in Spitzenzeiten unter dem Besucheransturm ächzt. Ein besonderes Highlight hier ist das stark von Tieren frequentierte und nachts beleuchtete Wasserloch von Okaukuejo.
Halali: Unterkünfte, Camping und Wasserloch.
Namutoni: Unterkünfte im alten Fort der Deutschen Schutztruppe. Camping, Wasserloch.
In allen genannten Camps gibt es Swimmingpool, Restaurant, Läden und Tankstelle.
Der »Liebling« unter den Nationalparks Namibias weit im Norden des Landes ist 22 270 qkm groß. Mehr als 110 Säugetier- und mehr als 330 Vogelarten leben in ihm. Namengeber des Parks ist die Etosha-Pfanne, eine weiße, zumeist wasserlose Senke von 4590 qkm. Die westliche Parkhälfte des in rund 1000 m Höhe gelegenen Parks ist für Individualreisende nicht zugänglich. Ein Mopane-Wäldchen westlich von Okaukuejo zählt zu den weiteren Highlights dieses Parks.

Fish River Canyon
Lage: ca. 720 km von Windhoek, 230 km von Keetmanshoop, 50 km von Ai-Ais.
Camps:
Ai-Ais Hot Springs: Unterkünfte, Restaurant und Camping. Beliebte heiße Quellen und Swimmingpool.
Hobas: Wenige Kilometer vor dem Fish-River-Canyon-Aussichtspunkt gelegen. Campingplatz, Swimmingpool. Der größte Cañon Afrikas mit einer Länge von 161 km, einer Breite von bis zu 2,7 km und einer Tiefe von bis zu 549 m ist das Highlight im Süden. Während der Regenzeit voller Wasser, hat der Fluss auch während der trockenen Jahreszeit über große Abschnitte seines Verlaufs Wasserpools. Beliebt ist der Fish River Canyon Trail, ein Wanderpfad, der während des südlichen Winters begangen werden kann.

Groß-Barmen Hot Springs
Lage: südwestlich von Okahandja.
Unterkunft: Bungalows und Campingplatz.
Attraktion des nahe Okahandja gelegenen Parks sind warme Quellen (Mineralbäder, Thermalschwimmbad). Unterkünfte, Campingplatz, Laden, Restaurant und Tankstelle. Das ganze Jahr über geöffnet. Motorräder sind nicht zugelassen.

Hardap Recreation Resort
Lage: ca. 20 km nordwestlich von Mariental, ca. 250 km südlich von Windhoek.
Camps: Bungalows, Campingplatz, Restaurant, Läden und Swimmingpool.
Der Hardap-Damm staut den mit 25 qkm größten See Namibias. Die Gesamtfläche des Game Park beläuft sich auf 257 qkm. Man trifft auf Springbock, Kudu, Elen-, Oryxantilope, aber auch Bergzebra. Auf dem Wasser sind regelmäßig Pelikane zu sehen.

Kaudom Game Park

Lage: 760 km nordöstlich von Windhoek, ca. 330 km nordöstlich von Grootfontein.

Camps: Sikereti und Kaudom, Hütten und Campingplatz.

Der gut 3800 qkm große Wildnispark ist nur erfahrenen (!) Allradfahrern mit absolut zuverlässigen und bestens ausgerüsteten Fahrzeugen zugänglich.

Gute Tierbeobachtungsmöglichkeiten, oft große Elefantenherden, Giraffen, Elenantilopen, Kudus, Büffel und Roanantilopen.

Lüderitzbucht/Kolmanskuppe

Camping im Restcamp auf der Wind und Wetter ausgesetzten Haifisch-Halbinsel (Shark Island).

Besichtigung des Geisterortes Kolmanskuppe: Eintrittskarten müssen vorab bezogen werden bei: Kolmanskop Tour Company.

Fahrten ins Sperrgebiet Elisabethbucht, Robbenkolonie, Pomona und Bogenfels ebenfalls nur mit Kolmanskop Tour Company.

Mahango Game Reserve
(Teil des neuen Bwabwata Nationalparks)

Lage: 15 km von Popa Falls, 230 km östlich von Rundu.

Camp: Keines. Ca. 15 km entfernt jedoch Unterkünfte und Camping bei den Popa Falls.

Das Ergebnis einer Zählung per Helikopter kann sich sehen lassen: 64 Flusspferde, 103 Säbelantilopen, 34 Krokodile und 319 Elefanten. Bei einer Fläche von nur 2450 qkm ist das ein gewaltiger Bestand. Ein anderes Highlight des Parks ist ein Riesen-Baobab am Ufer des Okavango. 22 große Schritte sind nötig, um den bauchigen Stamm zu umrunden.

Mamili Nationalpark

Lage: ca. 120 km südwestlich von Katima Mulilo (Caprivi-Zipfel).

Zwei einfache Campsites, bei denen der Besucher auf sich selbst gestellt ist. Nur mit Geländewagen zugänglich. Zu dem außerordentlich großen Wildbestand gehören 1000 Büffel, große Elefantenherden, Impalas, Kudus, Roanantilopen und Litschi-Moorantilopen. Die Flüsse sind von Krokodilen und Flusspferden bevölkert.

Mudumu Nationalpark
Lage: ca. 30 km südlich von Kongola (Caprivi-Zipfel).
Camp: Keines.
Der 1010 qkm große und 1990 gegründete Park befindet sich westlich des Mamili Nationalparks und ist über die Straßen D 3511/D 3501 zu erreichen. Anders als in Mamili dominiert hier Mopane-Buschland. Von 620 in Namibia erfassten Vogelarten sind 430 in diesem Teil Ost-Caprivis vertreten.

Namib-Naukluft-Park
Lage:
Sesriem Camp: ca. 320 km von Windhoek.
Naukluft: ca. 330 km von Walvis Bay.
Welwitschia Drive: ca. 20 km von Swakopmund.
Sandwich Harbour: 45 km von Walvis Bay.
Camps:
Sesriem: Camping, Swimmingpool, Laden, Tankstelle.
Naukluft: Camping, Wandermöglichkeiten, 4x4 Trail.
Namib Section des Parks: Camping z. B. an Blutkuppe, Groot Tinkas und Vogelfederberg.
Mit rund 50 000 qkm ist dies der größte Park des Landes. Er erstreckt sich von der Durchgangsstraße B 4 (bei Lüderitz) im Süden bis zur Höhe von Swakopmund im Norden. Seine touristisch zugänglichen Highlights sind vor allem die fotogenen Dünen des Sossusvlei (Ausgangspunkt ist Sesriem Camp), außerdem das Vogelparadies von Sandwich Harbour, das Natur- und Campingerlebnis der Namib Section des Namib-Naukluft-Parks und

die spröden, steinigen Naukluftberge, die sowohl zum Wandern als auch zu einer Allradtour einladen. Dazwischen begegnet man den lebenden Fossilien, den Welwitschias. Der größte Teil dieser riesigen wüstenhaften Landschaft ist Besuchern aus Naturschutzgründen nicht zugänglich. Aufgrund des Wüstenklimas ist das Wild nicht allzu artenreich, obwohl man es immer wieder sieht: Springböcke, Oryxantilopen, Strauße, Bergzebras, aber auch die Wildpferde der Namib, denen es hier – mit Hilfe des Menschen – gelang, in fast wasserloser Wüste zu überleben.

National West Coast Tourist Recreation Area
Lage: unmittelbar nördlich von Swakopmund.
Camps: Vier Campingplätze mit einfachen sanitären Anlagen. Hier darf man ohne Permit angeln, aber nur bis zu bestimmten täglichen Höchstmengen. Keinerlei Versorgung; also Wasser, Lebensmittel und Kraftstoff mitbringen.

Popa Falls
Lage: ca. 4 km südlich von Bagani (Caprivi-Zipfel).
Unterkunft: Hütten und Campingplätze.
Lauschiges kleines Camp am Ufer des Kavango River. Das ganze Jahr über von Sonnenauf- bis Sonnenuntergang geöffnet. Motorräder sind nicht zugelassen.

Reho Spa Recreation Resort
Lage: 82 km südlich von Windhoek, am Stadtrand von Rehoboth.
Unterkünfte: Bungalows und Camping.
Von Akazien umgebene Anlage mit Thermalbad und Swimmingpool. Ganzjährig geöffnet.
In Rehoboth lohnt ein Abstecher zu dem nahe der Stadt gelegenen Lake Aonob; Wassersportmöglichkeiten, Camping, Unterkunft, Restaurant. Sehr reizvolle Lage.

Skeleton Coast Park

Lage: 330 km westlich von Outjo (Springbok Gate) und ca. 130 km nördlich von Henties Bay (Ugab Rivier Gate).

Camps:

Terrace Bay, Zimmer, Restaurant, Versorgung.

Torra Bay, nur zwischen Dezember und Januar geöffnet, Camping.

Rund 500 km erstreckt sich der Skeleton Coast Park vom Ugab Rivier im Süden bis zum Kunene River an der Grenze Angolas im Norden. Der 16 390 qkm große Park kann nur an seinem südlichen Ende (mit Permit) von Individualtouristen bereist werden. Der nördliche Parkteil ist nur mit staatlich lizensierten Safariunternehmen zugänglich. Während die südliche Parkhälfte landschaftlich weniger spektakulär ist und graue, monotone Sandflächen dominieren, ist der nördliche Parkteil durchsetzt von hohen Dünen. Besonders sehenswert sind die Pelzrobbenkolonie von Cape Frio und die Wüstenelefanten, z.B. im Bereich des Hoarusib Rivier. Es gibt Fragmente von Schiffswracks, die der Skelettküste zu ihrem Namen verhalfen.

Von Bach Recreation Resort

Lage: nahe Okahandja.

Camp: Hütten und Camping.

Wassersportmöglichkeiten und Angeln (Permits am Eingang erhältlich). Ganzjährig von Sonnenauf- bis Sonnenuntergang geöffnet. Weder Haustiere noch Motorräder sind erlaubt.

Waterberg Plateau Park

Lage: 80 km westlich von Otjiwarongo.

Camp: Bernabé-de-la-Bat-Parkzentrum mit Bungalows und Campgrounds, Restaurant, Tankstelle, Swimmingpool.

Zahlreiche Wanderpfade und Friedhof der Deutschen Schutztruppe.

In dem 450 qkm großen Naturpark wurden gefährdete Tierarten wie das Breitmaulnashorn (White Rhino), Büffel, Säbel- und Roanantilope wieder eingeführt. Game drives mit Fahrern der Parkverwaltung führen auf das Plateau des rund 2000 m hohen Waterbergs, auf dem etwa 200 verschiedene Vogelarten zu finden sind.

Die schönsten Wanderrouten

Auf den ersten Blick erscheint Namibia nicht als Dorado für Wanderer. Das wüstenhafte Klima macht den Hike, die mehrtägige Wanderung oder auch die Tagestour, leicht zum gefahrvollen Abenteuer. Entscheidend ist neben der Wahl der richtigen Jahreszeit (am besten die Wintermonate auf der südlichen Halbkugel, ca. Mai – September) das Mitführen ausreichender Wasservorräte. Man sollte nicht allein gehen, sondern in Begleitung. Das minimiert das Risiko.

Wer geführte Touren bevorzugt, kann sich an das Unternehmen Tok Tokkie Trails wenden. Marc und Elinor Dürr von der ehemaligen Farm »Die Duine«, 390 km südwestlich von Windhoek im zauberhaften Namib Rand Nature Reserve, veranstalten individuelle Wüstenwanderungen von 1 bis 4 Tagen Dauer. Das Schleppen schwerer Rucksäcke entfällt, auch die Mahlzeiten werden gestellt. Man schläft in zünftigen Wüstencamps. Vor und nach dem Hike wird auf »Die Duine« übernachtet.

Tel/Fax 0 02 64 (61) 23 54 54. Weitere Infos über Namib Rand Nature Reserve bei www.wolwedans.com.na

Auch in den staatlichen Naturschutzgebieten besteht die Möglichkeit für Wanderungen; z.B. Tagestour auf den Waterberg und im Daan Viljoen Game Park nahe Windhoek. Zu den Highlights für Wanderer aber zählen der Fish River Canyon Trail und der Naukluft Hiking Trail. Beide Trails unterliegen dem strengen Reglement von Namibia Wildlife Resorts Ltd.

Fish River Canyon Trail
Die Wanderung auf dem Fish River Canyon Trail vom Main View Point unweit Hobas Camp bis zu dem rund 90 km entfernten Ai-Ais ist nur vom 1. Mai bis 31. September gestattet. Der Hike ist äußerst beliebt, die Genehmigung ist unbedingt rechtzeitig im Voraus bei Namibia Wildlife Resorts Ltd. zu beantragen. Erforderlich ist ein ärztliches Attest über die körperliche Fitness (nicht älter als 40 Tage), das vor Beginn der Wanderung in Hobas vorgewiesen werden muss. Für die Wanderung selbst sind mindestens vier Tage anzusetzen.

Wer über die gesamte Distanz dem Flussbett folgt, marschiert 90 km, werden Abkürzungen benutzt, sind es rund 80 km. Obwohl Wanderungen nur in der kühlen Jahreszeit zugelassen werden, sollte auch im dortigen Winter nicht in der heißen Mittagszeit gewandert werden. Empfehlung: Zwischen Sonnenaufgang und elf Uhr sowie von 15 Uhr bis höchstens 18 Uhr, da es danach schnell dunkel wird.

Jeder Wanderer schleppt während des Hikes seine Ausrüstung und Lebensmittel selbst. Wasserdesinfektionstabletten und Sonnenschutzmittel sind erforderlich. Die Wanderkarte mit Hintergrundinformationen »The Fish River Canyon« sollte an der Rezeption im Hobas Camp erhältlich sein.

Trailnotizen:
Unweit vom Main View Point führt ein steiler Pfad hinab zum Fish River auf den Grund des Cañons(Dauer ca. 1 Std.). Die Route des ersten Wanderabschnitts bis Palm Springs folgt hauptsächlich der linken Flussseite. Palm Springs ist der Favorit zum Übernachten, dank des hier aus 1000 Meter Tiefe kommenden, 57 °C heißen Wassers, in dem Wanderer sich gern räkeln und entspannen.

Der markante Table Mountain wird 30 km nach dem Start erreicht. Etwa zwischen km 50 und km 65 gibt es drei Abkürzungsmöglichkeiten, die all jene benutzen werden, die sich einige Mäander des Flusses ersparen wollen. Etwa bei km 65 befindet sich auch das Grab von Trothas. Die 60 °C heißen Quellen von Ai-Ais sind jetzt nur noch etwa einen Tagesmarsch entfernt.

Naukluft Hiking Trail

Die Naukluftberge befinden sich östlich der Straße C 19 zwischen Solitaire und Sesriem. Ein Netz unterschiedlich langer Trails lädt hier Wanderer ein. Highlight ist der Naukluft Hiking Trail. Dieser Rundkurs ist 120 km lang. Etwa acht Tage sind dafür anzusetzen.

Zugang: Im Dreieck Solitaire, Sesriem und Büllsport nordöstlich von Sesriem. Zufahrt über D 854.

Wanderungen sind nur zwischen dem 1. März und dem 31. Oktober gestattet. Feuer sind auf dem Trail nicht gestattet, ein kleiner Kocher muss im Rucksack sein. Am Ende einer jeden Tagesetappe gibt es einfache steinerne Schutzbauten (so genannte Shelter) sowie eine Hütte (Hut).

Es ist ein trockenes Land, das Mitführen ausreichender Wasservorräte ist extrem wichtig, ebenso sind eine strapazierfähige und leichte Ausrüstung sowie stabiles Schuhwerk erforderlich. Auch hier gibt es – wie überall im Land – Schlangen und Skorpione. Augen auf und kräftig auftreten.

Permit für den Namib Naukluft Trail erteilt Namibia Wildlife Resorts Ltd.

Trailnotizen:

1. TAG: 14 km, ca. 6 Stunden. Beginn an der Naukluft Hütte nahe der Naukluft Campsite. Der Trail folgt weitgehend einem Zebra-Pfad. Großartiger Ausblick auf das 300 m tiefer liegende Tal. Der erste Übernachtungsplatz, »Putte«, wurde nach der nahe gelegenen Quelle benannt, an deren Handpumpe Wasser erhältlich ist.

2. Tag: 15 km, ca. 6 Stunden. Rund drei Stunden nach dem Start wird eine als »Bergpos« bezeichnete Trail-Gabelung erreicht. Von hier aus führt ein Weg zum Ubusis Kloof, dem nächsten Übernachtungsplatz. Die Ubusis-Hut war ein Ferienhäuschen, bevor auch sie Teil des Nationalparks wurde.

3. Tag: 12 km, 4 – 6 Stunden. Zurück bis zum Abzweig bei Bergpos. Von da auf einfachen Pfaden über das Plateau nach Adlerhorst Shelter.

4. Tag: 17 km, 6 – 7 Stunden. Wanderung durch relativ flaches Gebiet, bevor es in die Schlucht des Tsams River hinabgeht. Diesem für einige Zeit folgen, dann verlässt der Trail den Fluss, es geht vorbei an einem Wasserfall. Letztlich wird der Fluss wieder erreicht, bis man an einen gewaltigen Moringabaum (Umfang vier Meter) kommt. Kurz bevor das Tagesziel Tsams Ost erreicht wird, passiert man einige Quellen. Übernachtung im Tsams Ost Shelter.

5. Tag: 17 km, 6 – 7 Stunden. Tagesziel ist »Die Valle Shelter«. Zunächst führt der Trail von der Hütte steil hinab nach Broekskeur, man sieht Köcherbäume und Moringabäume. Wasservorräte können in Fonteinpomp aufgefüllt werden. Die letzten 11 km bis zur Hütte »Die Valle Shelter« geht es entlang einem Flusstal.

6. Tag: 16 km, ca. 6 Stunden. Der Trail führt Richtung Die-Valle-Wasserfall, der allerdings nur dann spektakulär ist, wenn er Wasser führt. Der Pfad zweigt auf ein kleines Plateau oberhalb des 200 m hohen – zumeist trockenen – Wasserfalls ab. Danach folgt er einer schmalen Schlucht, bevor es hinab in das »Arbeit Adelt Valley« geht.

7. Tag: 14 Kilometer, ca. 5 Stunden. Nach ca. drei Wanderstunden wird das Plateau erreicht, von wo sich großartige Ausblicke auf das Trockenbett des Tsondab River rund 600 m tiefer bieten. Tagesziel ist Kapokvlakte-Shelter .

8. Tag: 16 km, ca. 5 Stunden. Heute geht es hinab ins Trockenbett

des Naukluft River. Dieser Tagesabschnitt folgt von nun an einem Teil der Waterkloof-Tageswanderung. Vom ersten Wasserloch im Flussbett sind es noch ca. 40 Minuten bis zur Naukluft Hut, dem Ende des Trails.

Wer den kompletten Naukluft Hiking Trail angehen will, sollte rechtzeitig (schriftlich bis zu 18 Monate, telefonisch bis zu elf Monate im Voraus) bei Namibia Wildlife Resorts reservieren.

Namib-Naukluft: Mit dem Auto durch die Wüste

Mit 50 000 qkm ist er nicht nur der größte Nationalpark Namibias, sondern der größte Afrikas und der viertgrößte der Welt. 1907 legte die deutsche Kolonialverwaltung mit dem »Tierreservat Nr. 3« den Grundstein für den Namib-Naukluft-Park. 1966 kam das Areal der Farm Naukluft dazu. Nachdem die Consolidated Diamond Mine riesige Flächen des Diamantensperrgebiets II freigegeben hatte, nahm 1986 Namibias Wüstenjuwel seine heutige Gestalt an. Die Naturschutzverwaltung wacht argwöhnisch über ihren Schatz. Nur wenige Regionen sind Touristen ungehindert zugänglich: Sesriem, Sossusvlei, der Naukluft-Zipfel und das nördliche Parkende, die Namib Section des Namib-Naukluft Parks. Dieser Abschnitt ist noch ein Gebiet für Insider. Offizielle Informationen sind spärlich und beschränken sich auf kaum mehr als handgezeichnete, fotokopierte Lagepläne.

Eine zweitägige, 390 km lange Rundfahrt mit Start- und Endpunkt in Swakopmund führt in einige der reizvollsten Wüstenlandschaften – ohne Dünen, denn die bleiben dem Sossusvlei vorbehalten, doch mit von Erosion geschliffenen Bergen wie der Blutkuppe und aus Granitfelsen herausgemeißelten Torbogen. Es ist eine Fahrt entlang »lebender Fossilien« und zu einigen der naturnahesten Campingplätze, die Namibia zu bieten hat – eine Reise, für die ein Geländewagen wünschenswert ist.

Streckenreport:

KM 0: Start in Swakopmund. Hinter der Dampfmaschine »Martin Luther« zweigt die C 28 (Ausschilderung »Goanikontes«) nach Südwesten ab. 14 km später wird auf ihr der Namib-Naukluft-Park erreicht.

KM 17: »Welwitschia Nature Drive via Moonlandscape« liest man auf einem Schild. Die Straße zu den ausschließlich in Namibia vorkommenden Welwitschia-Pflanzen führt auf gut ausgebauter Schotterstraße an den Rand einer als Mondlandschaft apostrophierten Region. Eine bei der Nationalparkverwaltung erhältliche Broschüre, »Die Weltwitschia-Fläche, eine faszinierende Fahrt«, listet die markanten Highlights dieser Strecke auf. Steinplatten mit den entsprechenden Nummern markieren sie am Straßenrand

Erster Stopp bei einer dunklen Spur im grauen Wüstenstaub. Bei genauem Hinsehen entpuppt sie sich als ein Teppich aus unzähligen Flechten. Ihr Gedeihen hängt, wie so vieles hier, vom Küstennebel ab. Gießt man ein Glas Wasser auf die Flechten, offenbart sich schnell ein kleines Wunder, sie dehnen sich und bekommen Farbe. Diese Wüste ist empfindsam. Man ahnt das wenig später an den alten Ochsenkarrenspuren des vor 150 Jahren von Jonker Afrikaner zwischen Swakopmund und Windhoek angelegten »Baiwegs«. Noch Jahrzehnte nachdem er aufgegeben wurde, sind die Radeindrücke zu sehen. Die Flechten haben sich noch nicht erholt – sie wachsen einen Millimeter pro Jahr!

»Mondlandschaft« heißt das von unzähligen Schluchten gefurchte Land am Swakop-Tal. Es ist baum- und strauchlos und schimmert in allen Nuancen von Gold bis Braun. Gegenüber diesem »Tal des Todes« erhebt sich der Rössingberg.

KM 30: Abzweig zur Oase Goanikontes. Malerisch windet sich die Piste entlang zerbröseltem Gestein in die Schlucht des Swakop Riviers. Schlagartig, so als habe jemand die Pforte zu einem grünen Garten geöffnet, steht man zwischen Büschen und Bäumen.

Mit Grill-, Campingplätzen und Reitmöglichkeiten ist Goanikontes für den Reisenden eine kleine Oase. Doch zurück auf den Weltwitschia Drive …

KM 48: 1915 rasteten hier Truppen der südafrikanischen Armee. Der Markierungsstein Nr. 7 steht heute dort, wo sie ihren Schrott in Form riesiger Fahrzeugketten, alter Ölkannen und Flaschen zurückließen.

Bei KM 54 beginnt die eigentliche Welwitschia-Fläche. Es scheint, als habe hier jemand eine »Chinesische Mauer« errichtet. Baumeister war die Natur selbst, die vor Jahrmillionen durch Risse im Erdinneren flüssige Lava nach oben quetschte. Später erodierte das umliegende Land und die erkaltete Lava blieb als Wall zurück.

Das Bett des Swakop Rivier wird gleich danach durchquert. Zwischen Kameldorn-, Anabäumen und Tamarisken laden hier Übernachtungsplätze zum zünftigen Campen ein.

KM 72: Ankunft an der 1500 Jahre alten Riesen-Welwitschia. Man nennt sie »lebendes Fossil«. Dieses einzigartige Zwergnadelgewächs ist mit der Kiefer verwandt. Es hat den Anschein, als ob die Welwitschia aus vielen ineinander verschlungenen Blättern bestünde. Tatsächlich aber hat sie nur zwei Blätter, die immer weiter wachsen und sich mit der Zeit spalten. Die Pflanze ist eingeschlechtig. Die Befruchtung erfolgt durch Insekten.

KM 97: Ende der Welwitschia-Route und Rückkehr auf die schnurgerade Khomas-Hochlandstraße (C 28).

KM 112: Abzweig zur Blutkuppe und Tinkas-Fläche. Ein Schild auf einem Naturstein lässt Kommendes ahnen: »4 x 4«. Zünftig ist der Auftakt: Eine Straußenhenne rast kopflos über das Land, Staub und Steine wirbeln, und 20 Springböcke federn über die geröllübersäte Fläche. Namibia ist immer für Überraschungen gut: »Langer Heinrich« heißt der Fels, auf den der Pfad zuführt. Nicht ganz, denn ein Schild warnt schon bald: »Privatstraße – Uranmine«. Großflächig wird der Lange Heinrich umfahren, das aber erhöht den Reiz.

KM 140: Hier muss der Teufel mit riesigen runden Felsbrocken gemurmelt haben. Doch dann kam die Erosion, sie nagte an seinen Rundlingen, schnitzte, meißelte und fräste sie. In ausgewaschene Felsen grub sie kleine Mulden, in denen heute nach der Regenzeit Wasser steht. Man findet halbmeterhohe Torbogen und »Murmeln«, die wie mit einem Messer glatt durchgetrennt wurden.

KM 159: Ende der Geländewagenstrecke, die Haupt-Pad ist wieder erreicht.

KM 163: Die Anfahrt zur Blutkuppe, dem »Ayers Rock« Namibias, ist spektakulär. In Auswaschungen des Granitfelsens gezwängt, laden kleine Campingplätze mit Feuerstellen zum Übernachten ein. Einige der lauschigsten Camps befinden sich am Ende eines sandigen Pfades, der in eine verschwiegene Nische des Berges führt. Achtung: wegen Versandungsgefahr nur mit Allradfahrzeug passierbar.

Im Januar und Februar wird man in den muldenartigen Auswaschungen der Blutkuppe Wasser finden. Es ist zauberhaft, hier abends in der Stille der Wüste am Lagerfeuer zu sitzen, in den sternklaren Himmel zu schauen, das Steak über offenem Feuer brutzeln zu hören und den Schimmer des Lagerfeuers über das Geländefahrzeug huschen zu sehen. Und das nur weniger als zwei Autostunden von Swakopmund entfernt.

KM 169: Aufbruch von der (zuvor natürlich erklommenen) Blutkuppe. Ca. eine Stunde für Auf- und Abstieg einplanen.

KM 171: Abzweig zur Tinkas-Fläche, wo nach Regenfällen eine

für hier außergewöhnlich dichte Vegetation Oryxantilopen und Springböcke anzieht.

KM 175: Der Pfad teilt sich. Ein Schild weist nach rechts: »Middle Tinkas«. Folgt man der nicht ausgeschilderten linken Fahrspur, steht man vor zwei Soldatengräbern aus dem Jahre 1895. 150 Meter entfernt befindet sich das winzige Fort, das den beiden eigentlich Schutz hätte bieten sollen. Folgt man dem Pfad an ihm entlang, wird bei

KM 177: ein schwarzes Benzinfass erreicht, das als Wegweiser dient. Ein Pfeil zeigt geradeaus: »Middle Tinkas Rock Arch«. Der Boden dorthin ist felsig. Scharfkantige Steine erschweren das Fahren.

KM 179: Beginn des »Tinkas Nature Walk«, einem vier- bis fünfstündigen, markierten Wanderpfad, der einer auf die Felsen gemalten Oryxantilopenfährte folgt. Die Route hält sich an das Bett des Tinkas Rivier. Hyänen, Oryxantilopen und Springböcke benutzen das trockene Flussbett genauso wie Wanderer.

KM 186: Ankunft am Rock Arch, einem Fels, der sich wie ein Torbogen über die Namib wölbt. Ein reizvoller Campground lädt zum Übernachten ein. Dieser Felsbogen ist das Ende des Abstechers.

KM 194: Rückkehr zum schwarzen Benzinfass. Jetzt der Ausschilderung »Groot Tinkas« folgen. Nach sechs Kilometern wird ein Campground und ein nicht mehr genutzter Wasserdamm erreicht.

Die Weiterfahrt auf der Groot-Tinkas-Fläche lässt das Gefühl aufkommen, auf dem Dach der Welt zu sein. Über dem Rand der Fläche schweben Berggipfel und Antilopen, in Wahrheit handelt es sich um Luftspiegelungen.

KM 217: Ankunft auf der Straße C 28 (Swakopmund – Windhoek via Khomas-Hochland).

KM 239: Die Straße D 1982 ist erreicht (Walvis Bay – Windhoek via Us-Pass). Ihr folgt man bis zur Einmündung auf die C 14.

KM 296: Unübersehbar zur Linken liegt der abgerundete Felsbuckel des Vogelfederbergs. Unter seinem kappenartig vorstehenden Granitwulst befinden sich einige zauberhafte Zelt- und Picknickplätze (vorher Campingpermit besorgen).
KM 340: Am Schild »Duin No. 7« Abzweig zur Düne Nr. 7, einer riesigen roten Düne, die man besteigen kann. Picknickplätze befinden sich am Fuß des weitläufigen Dünengeländes.
KM 354: Walvis Bay.
KM 390: Rückkehr nach Swakopmund.

Land und Leute

Seit dem 21. März 1990 ist Namibia ein unabhängiger Staat. Zwischen dem 17. und 29. Breitengrad im Südwesten Afrikas gelegen, nimmt das Land mit etwa 825 000 qkm fast die doppelte Fläche der Bundesrepublik Deutschland ein. Mehr als 1,8 Millionen Menschen leben hier. Die Hauptstadt ist Windhoek.

Namibia wird im Westen vom Atlantik, im Norden von Angola und Sambia, im Süden von Südafrika und im Osten von Botswana begrenzt.

Das zentrale Hochland liegt knapp 1700 m hoch und ist eine bergige und wasserarme Region. Von Windhoek, das fast in der geographischen Mitte Namibias liegt, führen gute Straßen – überwiegend ausgebaute Schotterstraßen – in alle Regionen des Landes.

Im vegetationsarmen Süden Namibias, der vom Orange River nach Süden hin abgegrenzt wird, leben nur wenige Menschen. Jahrmillionen erdgeschichtlicher Entwicklung und klimatische Einflüsse prägten das heiße, trockene Land.

Die Namib-Wüste reicht von der südafrikanischen bis zur angolanischen Grenze, die Grenze im Osten bildet das zentrale

Hochland. Die Sanddünen machen 15 % der gesamten Fläche Namibias aus. Hier findet man die unterschiedlichsten Landschaftsformen: hohe, rotgelbe Sand- und Wanderdünen, grauweiße Gesteinsplateaus, Granitberge, Lagunen mit Wasservögeln und die einsame, neblige und legendenumwobene Skelettküste. Aufgrund der geologischen Entwicklung gilt die Namib als die älteste Wüste der Erde. Ein großer Teil von ihr steht als Namib-Naukluft-Park und Skeleton Coast National Park unter Naturschutz.

Nordöstlich der Städte Tsumeb und Grootfontein liegt das so genannte Buschmannland mit dem Kaudom Game Reserve.

Der Norden präsentiert sich flach; das Kaokoland im Nordwesten ist karg und wüstenhaft, der Osten zeigt sich im Caprivi-Zipfel mit tropischer Vegetation.

Politisch ist Namibia seit 1992 in 13 Regionen aufgeteilt, eine Gliederung, die die überholte Aufteilung in Homelands für Schwarze und die vorwiegend von Weißen bewohnten Regionen ablöste.

Namibia ist reich an Bodenschätzen: Das Land ist fünftgrößter Uranproduzent der Erde. Die Diamantenvorkommen gehören zu den größten der Welt. Außerdem werden Mengen von Zink, Zinn, Silber und Osram gefördert.

Eine herausragende Stellung nimmt die Diamantenindustrie ein. Rund die Hälfte der Jahresproduktion von 1,3 Mio. Karat hochwertiger Schmuckdiamanten kommt mittlerweile vom Meeresboden vor der Küste, dank einer neuen Technik, die seit 1991 Anwendung findet.

Mit dem Beginn der Förderung im so genannten Kudu-Gasfeld wurde in den Achtzigerjahren ein weiterer bedeutender Impuls für die namibische Wirtschaft gegeben. Die Vorkommen befinden sich ca. 130 km vor der Küste in einer Tiefe von ca. 4000 m.

Der Fischfang rangiert unter den Top Ten der Welt. Die kalten Wasser des aus der Antarktis kommenden Benguelastroms entlang der ca. 1850 km langen Küstenlinie schaffen ideale Bedingungen für den kommerziellen Fischfang.

Aber trotz aller Bodenschätze und wirtschaftlichen Erfolge leben immer noch rund 70 % der Bevölkerung von der Kleinwirtschaft und damit oft von der Hand in den Mund. Die Landwirtschaft steuert nur 8 % zum Bruttosozialprodukt bei.

Das Wappen des Staates ziert das Motto »Unity, Liberty, Justice«, Einigkeit, Freiheit und Gerechtigkeit. Darüber befindet sich das Bild einer Welwitschia-Pflanze, der erfolgreichen Überlebenskünstlerin in der Namib. Das Zentrum des Wappens bildet ein Schild mit den Farben des Landes: Grün, Rot, Blau sowie Weiß und Gelb. Gestützt wird es von zwei Oryxantilopen, den Symbolen für Mut, Eleganz und Stolz. Darüber wacht ein Fischadler.

Die Nationalflagge hat die Farben der Befreiungsbewegung SWAPO wieder aufgenommen. Von links unten nach rechts oben verläuft ein breiter, roter Streifen, der zwei Dreiecke schafft, von denen eines in Blau, das andere in Grün gehalten ist. Links oben, im blauen Dreieck, geht die Sonne auf.

Bevölkerung

Die Bevölkerung in Namibia setzt sich aus vielen Ethnien und Kulturen zusammen, von denen hier die größten erwähnt werden: z. B. Herero, Damara, Ovambo, Nama, Kavango, Caprivianer, Tsawa, Himba, Baster, San (»Buschmänner«), Afrikaans- und Englischsprechende sowie Deutsche. Aufgrund der topographischen und klimatischen Gegebenheiten, vor allem der ungleichmäßig fallenden Niederschläge, ist die Bevölkerung sehr ungleich verteilt: Gut 25 % aller Einwohner leben im Norden in den Omusati-, Oshana-, Ohangwena- und Oshikoto-Regionen.

Unter Berücksichtigung des derzeitigen Bevölkerungswachstums von gut 3 % jährlich wird sich die Einwohnerzahl Namibias bei gleich bleibender Entwicklung in ca. 20 Jahren verdoppelt haben. Die Zunahme ist dabei ungleich verteilt: 5,6 % in den Stadtgebieten und ca. 2 % auf dem Land. 40 % aller Namibier sind jünger als 15 Jahre. Eine Frau bringt im statistischen Landesmittel 5,4 Kinder zur Welt! Nur 10 – 15 % der unterprivilegierten Familien betreiben Familienplanung. Denn eine große Kinderschar gilt noch immer als die beste Altersversorgung und als wertvolle Hilfe für die Familie.

Die meisten Volksgruppen Namibias sind während der vergangenen Jahrhunderte hierher gezogene Einwanderer, die sich das – auf den ersten Blick unwirtliche – Land wählten, weil es für sie in den angrenzenden Ländern Schwarzafrikas, in Südafrika oder Europa zu lebensfeindlich oder zu eng geworden ist. Mit Ausnahme der San, denn vermutlich sind sie die ersten Namibier.

Nördlich von Windhoek ist das Land der traditionell Vieh züchtenden Herero. Die Ovahimba im Nordwesten, gleicher Abstammung, zogen jedoch ein Nomadenleben im Kaokoland vor. Die Ovambo bewohnen das Grenzland zu Angola östlich der Namib. Noch weiter im Nordosten leben die Kavango und Caprivianer. Die südliche Landeshälfte wird dominiert von den Nama. Die Holländer am Kap der Guten Hoffnung, von wo aus sie später gen Norden zogen, nannten sie Hottentotten. Damara, »Schwarze Menschen«, ist die zumeist treffende Bezeichnung für jene, die in der Bilderbuchlandschaft rund um Khorixas leben. Sie gelten als zweitälteste Bevölkerungsgruppe im Land.

Rund 70 % der Einwohner Namibias gehören der Bantu-Sprachgruppe an; davon machen die Ovambo mit 50 % der Gesamtbevölkerung den Löwenanteil aus, mit großem Abstand gefolgt von den Kavango (9 %) und Herero (7 %). 7 % der Bevölkerung sind Damara, 5 % Nama, 3 % San, die Coloureds machen 7 % aus, die Weißen haben an der Gesamtbevölkerung trotz Dominanz in Wirtschaft und Handel nur einen Anteil von 6 %. Den Rest bilden kleinere Volksgruppen wie zum Beispiel Tswana und Baster.

ca. 80 000 v. Chr. Auf dem späteren Gelände der Farm Hoba, unweit Grootfontein, schlägt der größte bislang auf der Erde gefundene Meteorit ein.

ca. 27 000 v. Chr. Eine frühe, unbekannte Kultur schafft die ältesten bekannten Felsmalereien. Diese Werke wurden 1969 in der so genannten »Apollo-11-Höhle« in den Hunsbergen im Süden Namibias entdeckt.

ab 5000 v. Chr. Die ersten Felsgravuren bei Twyfelfontein entstehen. Ihre künstlerische Ausdrucksform blieb bis ins 19. Jh. hinein fast unverändert.

ab ca. 2000 v. Chr. Unbekannte Kulturen hinterlassen in vielen Teilen Namibias Malereien (wie am Brandberg).

1486 Im Auftrag des portugiesischen Königs João bricht Diego Cão von Lissabon auf und segelt an der westafrikanischen Küste entlang. Nördlich von Swakopmund errichtet er ein als »Padrao« bezeichnetes steinernes Kreuz.

1487 Der Seefahrer Bartolomeu Diaz errichtet ein Steinkreuz an dem später als Diaz Point bezeichneten Punkt an der heutigen Lüderitzbucht.

1550 Herero-Stämme wandern in den Norden Namibias ein.

1723 Von Südafrika kommend, erreichen Holländer den Orange River. Es sollte aber noch weitere 40 Jahre dauern, bis Jakob Coetzee Jansz als erster Weißer den Fluss nach Norden hin überschreitet.

1800 Zuzug der Orlam-Nama (man nennt sie »Hottentotten«) nach Namibia.

Ca. 1825 Dürre in Namibias Norden und der zunehmende Nama-Zuzug führen zu kriegerischen Auseinandersetzungen zwischen Herero und Nama um die besten Weideplätze. Dabei profiliert sich später der Nama-Häuptling Jan Jonker Afrikaner.

1840 Jan Jonker Afrikaner lässt sich in der Region des heutigen Windhoek mit seinem Stamm nieder.

1842 Ankunft der Rheinischen Missionsgesellschaft im Raum Windhoek.

1844 Gründung der Missionsstation Okahandja durch Carl Hugo Hahn.

1866 Die britisch verwaltete Kapkolonie annektiert alle Inseln vor der namibischen Küste.

1868 300 Baster ziehen von Südafrika nach Namibia. 1871 gründen sie den Ort Rehoboth.

1878 Das Königreich Großbritannien annektiert die Walfischbucht.

1883 Heinrich Vogelsang hisst die deutsche Flagge in Angra Pequeña, um hier Handel zu treiben. Sein Auftraggeber ist der Bremer Kaufmann Adolf Lüderitz. Ein Jahr später wird in Lüderitzbucht durch den Reichskanzler Bismarck das deutsche Schutzgebiet proklamiert.

1885 Unter Reichskommissar Dr. Göring entsteht die erste deutsche Kolonialverwaltung in Otjimbingwe. Zwei Jahre danach wird Otjimbingwe durch den Nama-Führer Hendrik Witbooi überfallen.

Noch 1885 ziehen Buren – so genannte »Dorslandtrekker« – aus dem südafrikanischen Transvaal in die Gegend des heutigen Grootfontein und gründen die Republik Upingtonia. Sie wird allerdings schon zwei Jahre später aufgelöst.

1888 Hendrik Witbooi wird Nachfolger des Nama-Kapitäns Moses Witbooi. Seine Raubzüge und Kämpfe gegen die Herero dehnt er auch auf andere Stämme des Nama-Volkes aus.

1890 Abschluss des Helgoland-Sansibar-Vertrages zwischen Großbritannien und dem Deutschen Reich. Darin werden die Grenzen des heutigen Namibia weitgehend festgeschrieben. Durch den »Caprivi-Zipfel« erhält Deutschland Zugang bis fast nach Ostafrika.

1891 Windhoek wird Verwaltungszentrum der Kolonie. Im Jahr darauf wird Swakopmund gegründet.

1892 Hendrik Witbooi erkennt die deutsche Herrschaft nicht an. Er schließt – trotz vorhergegangener jahrelanger Kriege – Frieden mit den Herero unter Häuptling Samuel Maharero.

1893 Hendrik Witboois Raubzüge werden immer dreister. Er stiehlt 150 Pferde der Schutztruppe und überfällt mit 200 Mann Windhoek. Curt von François greift ihn in seiner Befestigung Hornkranz an. Nach erneuten Gefechten im Naukluft-Gebiet kommt es im darauf folgenden Jahr zu Friedensverhandlungen mit Witbooi. Major Theodor Leutwein löst von François als Landeshauptmann ab.

1897 3000 Weiße leben in Südwestafrika, davon 200 in Windhoek. Die Schutztruppe umfasst 750 Mann.

1898 Major Leutwein wird Gouverneur von Deutsch-Südwestafrika.

1902 Aufnahme des Eisenbahnverkehrs zwischen Windhoek und Swakopmund.

1904 Herero und Nama erheben sich. Die Niederschlagung des so genannten »Herero-Aufstandes« festigt die Position der deutschen Kolonialverwaltung im Land. Tausende Herero verlieren auf der anschließenden Flucht ihr Leben.

1905 Auch Hendrik Witbooi fällt.

1907 Der geborene Leipziger Thorer importiert Karakulschafe und legt damit die Grundlage für einen wichtigen landwirtschaftlichen Erwerbszweig. Im selben Jahr wird die Etosha-Pfanne zum Naturschutzgebiet erklärt.

1908 Erste Diamantenfunde bei Lüderitz. Die Glückspilze heißen Zacharias Lewala und August Stauch. Fertigstellung der Eisenbahn Lüderitz – Keetmanshoop.

1910 Einer Volkszählung zufolge leben u.a. 19 962 Herero, 4858 Buschmänner, 13 858 Nama und 18 613 Damara in Namibia.

1914 Beginn des Ersten Weltkriegs. Südafrikanische Truppen marschieren in Deutsch-Südwestafrika ein.

1915 Die Deutsche Schutztruppe kapituliert in der Nähe von Otavi.

1919 Gemäß Versailler Vertrag wird Deutsch-Südwestafrika Mandatsgebiet des Völkerbundes. Bis zur Unabhängigkeit im Jahr 1990 wird Südwestafrika wie eine 5. Provinz Südafrikas verwaltet.

1939 Nach dem Ausbruch des Zweiten Weltkriegs werden Deutschstämmige in Südwestafrika interniert.

1959 Aufstand in Windhoek gegen die im Zuge der Apartheid vorgenommene Zwangsumsiedlung der Bewohner von »Old Location« am Stadtrand von Windhoek nach Katutura.

1960 Gründung der SWAPO, der »South West African People's Organisation«, mit dem politischen Ziel, die vom rassistischen Südafrika gesteuerte Regierung abzulösen.

1964 Nach dem Vorschlag der Odendaal-Kommission werden nach südafrikanischem Vorbild in Namibia »Homelands« eingerichtet.

1966 Erste Kämpfe zwischen SWAPO-Anhängern und südafrikanischem Militär.

1968 Gemäß Beschluss der Vereinten Nationen soll Südwestafrika den Namen »Namibia« tragen.

1977 Das Pro-Kopf-Einkommen der weißen Bevölkerung liegt bei 3000 Rand im Jahr, das der schwarzen Bevölkerung im selben Zeitraum bei 125 Rand.

1978 Am 4. Mai greifen südafrikanische Soldaten das SWAPO-Quartier bei Cassinga an. Zahlreiche Menschen kommen dabei ums Leben. Der so genannte »Cassinga Day« am 4. Mai ist heute nationaler Feiertag.

1979 Ruacana-Staudamm und Elektrizitätswerk werden in Betrieb genommen.

1988 Der »Finger Gottes«, eines der bekanntesten Wahrzeichen des Landes, stürzt um. Ein weiterer Erdrutsch – wenn auch im übertragenen Sinn – erfolgt ein Jahr später: Die SWAPO erhält bei freien Wahlen die Mehrheit der Sitze in der verfassunggebenden Versammlung.

1989 97 % aller registrierten Wähler geben bei der Wahl einer verfassunggebenden Versammlung ihre Stimme ab. Die SWAPO gewinnt mit 41 Sitzen eine deutliche Mehrheit gegenüber der Demokratischen Turnhallenallianz (21 Sitze).

1990 Am 21. März erhält Namibia seine Unabhängigkeit. Sam Nujoma wird erster Präsident.

1993 Einführung einer eigenen Währung, des Namibischen Dollar.

1994 Südafrika zieht sich aus der Enklave Walvis Bay zurück. Die Hafenstadt wird Teil der Republik Namibia.

1998 Der Trans-Caprivi-Highway ist durchgehend asphaltiert.

1999/2000 Die namibische Regierung gestattet angolanischen Streitkräften von Namibia aus Angriffe auf die Unita in Angola auszuführen, was zu Vergeltungsschlägen der Unita im Caprivi-Zipfel führt.

2000 »Jahrhundertregenfälle« in Namibia. Am Hardap-Damm müssen mehrmals die Schleusen geöffnet werden, was zu teilweisen Überflutungen von Mariental und des Ai-Ais Camps am Fish River Canyon führt. Auch das Sossusvlei ist wieder wassergefüllt. Der Kuiseb River läuft fast bis ins Meer.

2001 Die fotogenen kolonialen Straßenschilder in Swapokmund (z.B. Kaiser-Wilhelm-Str.) werden gegen solche mit Namen schwarzer Politiker und Helden ausgetauscht.

2002 Nach der letzten Volkszählung leben 1,82 Millionen Menschen im Land (936 718 Frauen, 890 136 Männer),

Namibia ist zu jeder Jahreszeit eine Reise wert. Ein umfangreiches touristisches Angebot und eine gute Auswahl an Geländewagen, Wohnmobilen, Miet-Pkw und Unterkünften steht bereit.

Die Jahreszeiten sind denen der nördlichen Halbkugel entgegengesetzt. Das ist reizvoll für den, der den Ausweg aus dem grauen mitteleuropäischen Winter sucht.

Namibia gilt als politisch stabil und auch sonst recht sicher.

Informationen über Land und Leute erteilt:

Namibia Tourism
Schillerstr. 42-44
60313 Frankfurt
E-Mail: info@namibia-tourism.com
www.namibia-tourism.com

Da die Überlandroute von Europa wegen politischer Unwägbarkeiten auf der Nordhälfte des afrikanischen Kontinents derzeit nur schwer befahrbar ist, wird sich die Anreise nach Namibia in der Regel auf den Flug beschränken. Mehrere Airlines steuern Namibia von Deutschland aus direkt an.

Die **Einreise** ist für Touristen in der Regel problemlos. Für Besucher aus der Schweiz, Österreich und Deutschland ist zur Zeit bei einem Aufenthalt von bis zu zwei Monaten ein Visum nicht erforderlich. Der Reisepass muss bei der Einreise eine Gültigkeit von sechs Monaten haben. Bereits beim Anflug werden Zollerklärungen und Einreiseformulare ausgefüllt. Die **Dauer des Aufenthalts** wird vom Immigration Officer festgesetzt. **Impfungen** sind zur Zeit in Namibia nicht vorgeschrieben. Nach offiziellen Informationen besteht keine Gefahr von ansteckenden

Krankheiten. Wer in den Norden des Landes fährt, sollte jedoch unbedingt mit **Malaria-Prophylaxe** vorsorgen. Das gilt auch für den Besuch der Etosha-Pfanne, insbesondere aber für das Caprivi-Gebiet. Wegen der wirkungsvollsten Prophylaxe sollte dem behandelnden Arzt das genaue Reisegebiet genannt werden. Die Tabletten rechtzeitig besorgen und bereits vor Reiseantritt einnehmen! Antimalariatabletten können auch rezeptfrei und preisgünstiger in Namibia gekauft werden.

Die Distanz vom Airport nach Downtown Windhoek ist mit dem **Airportbus** schnell überbrückt. Ein Taxi kostet nur unwesentlich mehr (Verhandlungssache). Im Übrigen haben mehrere **Mietwagenfirmen** ihre Niederlassungen auch im Flughafengebäude. Es wird empfohlen, das Fahrzeug vorab zu reservieren. Das gilt insbesondere für die Hauptreisezeiten. Das ist zum einen während der europäischen Sommerferien (insbesondere August), zum anderen aber zwischen Mitte Dezember und Mitte Januar, wenn Namibier und Südafrikaner *holidays* haben und es durchaus Engpässe geben kann.

»4WD (*four wheel drive*)« wird in Namibia, wo es 34 000 Kilometer Schotter- und Erdstraßen, aber nur 4000 Kilometer Asphaltstraßen gibt, groß geschrieben. Der Geländewagen erschließt jede Region. Er ist robust, hat ein besseres Fahrverhalten als herkömmliche Pkw und erhöht das Fahrvergnügen auf den zumeist recht gut ausgebauten Schotterstraßen. Gelegentlich werden von Namibiern kritische Blicke auf Ankömmlinge aus Europa geworfen, die die »Pads«, Namibias Schotterstraßen, mit europäischen Autobahnen verwechseln. Mancher hat den »Bleifuß« schon schmerzhaft und teuer mit einem Überschlag bezahlt. Dringende Bitte: Auf Pads sollte nicht mehr als 90 km/h gefahren werden. Zum einen der unberechenbaren Tiere wegen, z. B. Warzenschweine oder Kudus, die gern am Straßenrand grasen, zum anderen wegen des tückischen »Wellblechs«, quer zur Fahrbahn verlaufenden Rillen, die sich insbesondere in Kurven finden. Die Folge: Der Wagen gerät ins Schwimmen, verliert auf dem Geröll die Haftung und driftet seitwärts ab.

Man sollte sich bei der **Wagenübernahme** unbedingt davon überzeugen, dass das Bordwerkzeug funktionsfähig und vollständig ist. Besonderes Augenmerk auf eine Luftpumpe legen. Um die Geländegängigkeit zu erhöhen, muss im weichen Sand gelegentlich der Luftdruck drastisch reduziert werden. Auch wäre zu prüfen, ob ein funktionsfähiger Wagenheber und ein großes, stabiles Brett dabei sind, ansonsten ist das Aufbocken des Wagens im Sand fast unmöglich.

Für Geländefahrten sollten mindestens 20 Liter, im entlegenen Gelände 60 Liter **Reservetreibstoff** mitgenommen werden. Auch **Trinkwasser** ist einzuplanen, wobei eine Trinkwasserreserve von mindestens fünf Litern pro Person und Tag das Minimum sein sollte. Eine **Selbstbeteiligung** im Schadensfalle wird grundsätzlich auch bei Vollkaskoversicherung gefordert. Da Geländewagenfahrten nun einmal risikoreich sind, wird empfohlen, die maximale Deckung einzugehen. Für Abstecher nach Botswana und Simbabwe sind vorab mit dem Vermieter die Formalitäten zu klären.

Tipps für das Fahren auf Schotterstraßen

1. Die vorgeschriebene Höchstgeschwindigkeit von 100 km/h niemals überschreiten. Empfehlung: maximal 90 km/h.
2. Nehmen Sie Verkehrsschilder ernst, die auf Kurven hinweisen: a) Bei leichten Kurven die Geschwindigkeit noch vor Anfang der Kurve um ein Drittel verringern. b) Bei scharfen Kurven die Geschwindigkeit vor Beginn der Kurve um die Hälfte reduzieren.
3. Auf Staubstraßen immer Licht einschalten.
4. Bei Gegenverkehr langsamer fahren und weit links halten. Sonst Steinschlaggefahr und Windschutzscheibenbruch.

5. Der Reifendruck spielt für die Straßenlage eine wichtige Rolle. Ein Blick ins Autohandbuch hilft.
6. Nachtfahrten nach Möglichkeit vermeiden. Kollisionsgefahr mit Tieren.
7. Bei Regen sind Schotter- und die so genannten Salzstraßen besonders rutschig. Auf Senken achten. Dort kann die Straße vom Wasser weggespült sein. Runter vom Gas!
8. Nach Tieren auf und an der Fahrbahn Ausschau halten.

Tipp: Eine **Kreditkarte** (z. B. Eurocard) sollte für Automieten als Sicherheit immer mitgeführt werden. Oft ist ohne sie ein Mietwagen nicht zu erhalten.

Obwohl man im Lande ganz selten danach fragt, wird offiziell der **internationale Führerschein** gefordert. Seine Beschaffung bei der heimischen Zulassungsstelle ist nur eine Formalität.

In Namibia herrscht **Linksverkehr**. Das merkt man zumeist schon beim ersten Besteigen des Autos – wo man sich anstatt hinter dem Lenkrad auf dem Beifahrersitz wiederfindet. Auf der rund 40 Kilometer langen und verkehrsarmen Straße vom Airport nach Windhoek wird man Gelegenheit finden, sich an die linke Fahrbahnseite zu gewöhnen. Zettel am Lenkrad mit Hinweisen wie »links fahren« oder ein angeklebter, nach links weisender Pfeil könnten hilfreich sein.

Wüstenfahrten: In extrem entlegenen Gegenden sollte man nicht allein unterwegs sein. Für den Kaudom Game Park im Nordosten ist eine Begleitung mit zweitem Fahrzeug obligatorisch und für das entlegene Kaokoland ist ein Führer ratsam.

Im Falle einer **Autopanne** sollte man das nächste Fahrzeug anhalten und bitten, die Automobile Association of Namibia anzurufen bzw. ein Abschleppunternehmen zu beauftragen. Grundregel: Insbesondere in Wüstengebieten nicht vom Fahrzeug entfernen.

Wer das ganze weite Land kennen lernen will, wird kaum darum herumkommen, sich – und sei es zur Ergänzung einer organisierten Rundreise – ein Auto zu mieten. **Hitchhiker**, Anhalter, dürften es relativ schwer haben, denn die Konkurrenz ist groß. Insbesondere im Norden suchen viele schwarze Namibier Mitfahrgelegenheiten. Das Angebot an öffentlichen **Bussen** ist gering. Alternativen bieten die zahlreichen **Tourunternehmen**.

Namibias Straßen laden zum **Motorradfahren** ein, wenngleich in National- und Tierparks nicht mit Motorrädern eingereist werden darf.

Karten: Eine kostenlose **Straßenkarte** ist beim **Namibischen Fremdenverkehrsamt** erhältlich. Die auf den ersten Blick wie handgemalt wirkende Karte wird sich vor Ort als äußerst genau und zuverlässig herausstellen. Mittlerweile gibt es ein umfangreiches Kartenangebot auch im heimischen Buchhandel.

Das **Campingerlebnis** gehört zu den großen Highlights der Namibia-Reise. Abends im Freien zu sitzen, in die Stille der Wüste zu lauschen, über sich den klaren Himmel des Südens – all das darf auf einer Reise durch das Wüstenland nicht fehlen. Einige Regeln sollten allerdings unbedingt bedacht und beachtet werden: Je einsamer und schöner der »wilde« Campingplatz, umso unberührter und empfindlicher ist in der Regel die ihn umgebende Natur. Büsche und Bäume wachsen in trockenen Wüstenregionen beispielsweise extrem langsam. Ein Busch, der wie ein einladender Holzlieferant für das Camp-Feuer wirkt, benötigte Jahrzehnte oder gar Jahrhunderte, um zu dieser Größe heranzuwachsen. Daher nur herumliegendes, totes Holz aufsammeln. Besser noch: an Tankstellen oder Supermärkten gebündeltes Holz kaufen. Das gibt den Menschen, die es andernorts schlagen oder sammeln, ein kleines Zubrot und schützt die Wüstenregionen. Besonders in der Buschsavanne sollte die Feuerglut zum Schluss sorgfältig mit Wasser gelöscht oder mit Sand erstickt werden.

Hinterlassen Sie den Platz so, wie Sie ihn vorgefunden haben. Es muss selbstverständlich sein, leere Konservendosen, Plastikabfälle und Flaschen wieder einzupacken.

Von dem heutigen Verhalten der Camper und Geländewagenfahrer wird es abhängen, wie die Einstellung der Naturschutzbehörden sowie die öffentliche Meinung gegenüber dem Individualtourismus in Zukunft aussehen wird. Schon melden sich kritische Stimmen.

Campingplätze findet man sowohl in den staatlichen Game Parks und Resorts als auch auf manchen Gästefarmen. Die Ausstattung ist dabei recht unterschiedlich. Viele der Farmen bieten zünftiges Camping-Ambiente.

Die Campingplätze in den staatlichen Game Parks und Resorts zeichnen sich oft durch ihre reizvolle Lage aus.

Einige Städte (z. B. Tsumeb und Otjiwarongo) bieten kommunale Campingplätze. In entlegenen Regionen (z. B. Kaokoland) ist es üblich, dass man im Allrad-Camper oder im Zelt übernachtet. Man muss sich allerdings zuvor vergewissern, dass man sich nicht auf Privatgrund befindet. Im Zweifelsfall ist um Erlaubnis zu bitten.

Allradfahrzeuge mit Dachzelt sind äußerst beliebt. Bewährt hat sich der »4x4 Bushman« auf Toyota-Landcruiser-Basis von Britz Namibia. Die meisten Mietwagenfirmen bieten ihre Fahrzeuge komplett mit Campingeinrichtung an – vom Kocher über das Handtuch bis hin zum Schlafsack.

Nicht vergessen: Winternächte sind im Hochland Namibias sehr kalt. Ein warmer Schlafsack ist dann unbedingt erforderlich.

Als komfortable Alternative zum Camping gelten die zahlreichen **Bungalows und Hütten**, oft in traditioneller afrikanischer Rundbauweise, in Natur- und Wildparks, z. B. im Daan Viljoen Park nahe Windhoek, am Waterberg oder in den Camps des Etosha-Nationalparks.

Sehr beliebt sind **Gästefarmen**. Das Angebot stieg sprunghaft, nachdem sich die ehemaligen Karakulfarmer wegen sinkender Nachfrage beim Karakulfell (Persianer) nach neuen Einkünften umsehen mussten. Zumeist reizvoll auf dem Land gelegen, bieten Gästefarmen beste Einblicke in das Land- und Farmleben. Zumeist gehobener Standard und freundliche Aufnahme. Auf den meisten Gästefarmen wird deutsch gesprochen.

Die Preise in **Restaurants und Bars** sind in der Regel günstiger als z. B. in Deutschland. Wer gewohnt ist, zum Essen ein Gläschen Wein oder Bier zu trinken, sollte sich die Symbole an der Rezeption seines Hotels, seiner Gästefarm oder des Restaurants anschauen: »YYY« = fully licensed, d. h. man verkauft Wein, Bier und Hochprozentiges. »YY« = der Ausschank von Wein und Bier zu den Mahlzeiten ist gestattet. **Alkohol** wird grundsätzlich nur in ***»bottle stores«*** verkauft, oft erkennbar an dem großen Schriftzug »Drankwinkel«. Namibias Bier wird auch verwöhnte Zungen zufrieden stellen. Es wird nach dem deutschen Reinheitsgebot gebraut.

Trinkgelder werden durchaus erwartet. Man gibt sie nach Ermessen. In Restaurants wird ein »Tip« von zehn Prozent des Rechnungsbetrages empfohlen. Auch Gepäckträger erhalten ein Trinkgeld. An Tankstellen wird dem Tankwart allgemein nur dann etwas in die Hand gedrückt, wenn er einen besonderen Service erbringt, z. B. Fensterputzen.

Geld spielt im Urlaub eine besondere Rolle. Seit 1993 gibt es den Namibischen Dollar (N$). Ein Dollar = 100 Cent. Um das Risiko bei einem Diebstahl zu minimieren, werden **Reiseschecks** (Traveler Cheques/TC) empfohlen. Für das Einlösen von TCs werden Gebühren erhoben. Die **Kreditkarte** hat sich auch in Namibia durchgesetzt. Mit ihr können bei Banken Barbeträge abgehoben werden, in größeren Hotels, besseren Restaurants und Geschäften werden sie auch als Zahlungsmittel akzeptiert. In Gästefarmen hingegen nicht immer, hier nimmt man aber in der Regel Reiseschecks an. Wie auch immer – die Credit Card ist eigentlich beim Reisen unentbehrlich. Mietwagen sind häufig ohne sie nicht zu bekommen.

Reisezeit ist im südwestlichen Afrika eigentlich immer. Wer allerdings Schwerpunkte setzen will, z. B. bei der Tierbeobachtung oder beim Wandern, sollte Folgendes bedenken: Aufgrund der immensen Nord-Süd-Ausdehnung, seiner Höhenlage im Landesinneren und der Einflüsse des Benguelastroms variieren die **Witterungsverhältnisse** zur selben Zeit an den unterschiedlichen Orten erheblich. Es ist durchaus nichts Ungewöhnliches, im Februar zur Regenzeit in der Namib oder im Kaokoland schönstes Wetter zu haben, während es in Windhoek oder im Caprivi schüttet. Die Tatsache, dass die **Jahreszeiten** für Europäer verkehrt sind, erhöht den Reiz. Wenn in Mitteleuropa der Winter am unfreundlichsten ist, zieht es die Namibier zur Abkühlung zum frischen Benguelastrom nach Swakopmund. Sommer: Dezember bis Februar, Winter: Juni bis August. Auch diese Zeit ist sehr reizvoll und bietet sich vor allem für **Wanderer** an. Langstreckentouren wie Fish-River-Canyon- und Ugab-Trail sind nur in dieser Jahreszeit möglich. Im Hochland sollte man im Juni/Juli allerdings wärmere Kleidung dabeihaben, denn nachts sinkt die Temperatur dort schon mal unter 0 Grad, am Tag allerdings klettert das Quecksilber hinauf bis zu 25 Grad.

Kleidung: von Oktober bis April leichte Sommerbekleidung. Von Mai bis September sportliche wärmere Kleidung wie Anorak und Jeans, allerdings auch leichte Sommersachen für die zumeist warme Mittagszeit. Wer hauptsächlich Tiere beobachten möchte, sollte die Reise zwischen Juli und November in Erwägung ziehen, denn gerade in der Trockenzeit zieht es das Wild an die Tränken, wo es dann bestens beobachtet werden kann. Von Januar bis März ist mit Regen zu rechnen. Wasser führende Riviere können stunden- oder tagelang die Weiterfahrt unterbrechen.

Wer gerne **mit der Kamera auf Pirsch** geht, findet in Namibia ein Dorado: blauer Himmel, gelegentlich ausdrucksvolle Wolken, dazu das satte Rotbraun des Landes. Wegen des intensiven Lichtes sollte der Film nicht zu hochempfindlich sein. 100 bzw. 50 ASA geben wegen geringerer Körnigkeit mehr Schärfe. Für die Tierfotografie sollte ein Teleobjektiv nicht fehlen. Wer seine optischen Geräte nicht mit dem etwas unförmigen Tropenkoffer vor Staub schützen will, sollte die Fototasche auf Pisten zum Schutz vor dem alles durchdringenden Staub in größere Plastikbeutel (z. B. Müllbeutel) wickeln. Tipp: ausreichend Filmmaterial mitnehmen. Die Motivfülle ist groß, und die Farben Namibias sind spektakulär. Zumindest während der heißen Jahreszeit sollten die Filme in gut verschlossenen Kunststoffkästen in der Kühlbox transportiert werden. Eis zum Kühlen gibt es in den Bottle-Stores.

Vorsorge für den Krankheitsfall: Grundsätzlich ist man bei Ärzten und Krankenhäusern Selbstzahler. Der Abschluss einer **Auslandsreisekrankenversicherung** wird unbedingt empfohlen. Ebenfalls sehr ratsam ist vor Reisebeginn der Abschluss einer **Reisegepäckversicherung.**

Sprachen: Englisch ist seit 1990 die offizielle Landessprache. Neben den Einheimischensprachen wie Otji Wambo, Otji Herero und anderen afrikanischen Sprachen sind auch Afrikaans (die Sprache der Buren) und Deutsch weit verbreitet.

Es erstaunt, wie gut sich das Hochdeutsch in Namibia über rund ein Jahrhundert erhalten hat. Und doch gibt es ein paar Besonderheiten, die allgemein als »Südwester-Deutsch« bezeichnet werden. Das nachfolgende kleine »Südwester-Glossar« mag helfen, sprachliche Hürden locker zu meistern:

Biltong	Trockenfleisch
Bokkie	Ziege
Bottelschtoor	lizensierter Alkoholladen

Donkie	Esel
Dscherrie	Deutscher aus Deutschland
Foh-by-Foh	Geländewagen (4 x 4)
lekker	amüsant, köstlich
Lorrie	Lastkraftwagen
mooi	schön, hübsch
Oukie	Bursche
Pad	Straße
Papwiehl	platter Reifen
Potschie	Tante-Emma-Laden
Rivier	zumeist trockenes Flussbett
Robot	Ampel
stief	viel
Teier	Reifen